Das Italienisch-Lehrwerk 2

Allora, andiamo!

von
Maria Martorana-Frank
Matthias Frank
Cristiana Lucas

Langenscheidt

Berlin · München · Wien · Zürich · New York

Allora, andiamo!

Das Italienisch-Lehrwerk

Autoren:
Maria Martorana-Frank
Matthias Frank
Cristiana Lucas

„Ratgeber Lernen" von Elena Gallo

Beratende Mitarbeit:
Ulrike Steidl
Maria Balì

Umschlaggestaltung: Theo Scherling, München
Umschlagfotos: Susanne Busch (Lago d'Orta); Ralf Freyer (Rom, Campo dei Fiori)

Zeichnungen: Lucia Fabiani Galli-Zugaro, München
                     Aquarell S. 40: Aboca s.s., Sansepolcro

Fotos:
S. 8 (4): Ifa Bilderteam
S. 21: Renate Stege
S. 25: Ifa Bilderteam
S. 30, 33: Cristiana Lucas
S. 48: Christel Kammerer
S. 49 (1): Renate Stege
S. 52: Michael Reiter
S. 59: Ifa Bilderteam
S. 63 (2, 3): Ifa Bilderteam
S. 64: Lacoste
S. 65: (1, 2) APA Guides
S. 65 (4): Elke Sagenschneider
S. 69: Dolce & Gabbana
S. 80: Anthony Picture Power
S. 87: Verkehrsamt Venedig
S. 97: Agenzia Grazia Neri
S. 100: Bavaria Bildagentur
S. 102: Bavaria Bildagentur
S. 123 (1): Anthony Picture Power
          (2): Verkehrsamt Nuoro/Sardinien
S. 126 (1): Ifa Bilderteam
S. 127, 131, 132: Süddeutscher Verlag

Alle übrigen: Maria Martorana-Frank und Matthias Frank

Karten:
S. 24: Fremdenverkehrsamt Messina
S. 136: Fremdenverkehrsamt Nuoro
Alle übrigen: Matthias Frank

3. 4. 5. * 06 05 04

© 2000 Langenscheidt KG, Berlin und München
Druck: Landesverlag Druckservice, Linz
Printed in Austria – ISBN 3-468-**48311**-2

Cari amici!

Mit Band 1 von "**Allora, andiamo**" haben Sie bereits erste Grundkenntnisse des Italienischen erworben, die Sie nun mit Band 2 ausbauen werden.

Band 2 dieses Lehrwerks wird Ihnen durch vielfältige Themen und motivierende Texte viel weiteres Wissen über Italien vermitteln, Ihre Wortschatz- und Grammatikkenntnisse erweitern und diese in interessanten Aufgaben und Übungen festigen helfen. *Benvenuti, andiamo!*

"**Allora, andiamo**": Aufbau und Bestandteile

"**Allora, andiamo**" umfasst drei Bände, die Sie auch zum VHS-Zertifikat Italienisch (Europäisches Sprachenzertifikat) führen.

"**Allora, andiamo**" bietet den Lernstoff in kleinen Portionen dar, die Sie sich durch aktives Entdecken, Ausprobieren, Festigen und Anwenden aneignen.

La grammatica? Semplice! Die jeweils neue **Grammatik** wird meist in Form von knappen "Spotlights" beleuchtet. Es folgt am Ende jeder Lektion eine Zusammenfassung ("Ricorda"). Darüber hinaus gibt es eine Grammatikübersicht im Anhang.

Leggere? Ascoltare? Non c'è problema! Jede Lektion hat am Ende eine oder zwei **Leseseiten** mit einem Angebot an Lese- und Hörtexten; die Aufgaben dazu sind als Verstehenshilfen gedacht.

Ripetere? Buona idea! Nach jeder dritten Lektion gibt es eine **Wiederholungseinheit** ("Ripasso"), die auch eine Überprüfung des Lernfortschritts ermöglicht.

Esercizi – tanti e divertenti. Weitere **Übungen** zum Stoff der Lektionen werden im Übungsteil angeboten. Sie sind in erster Linie für die selbstständige Bearbeitung zu Hause gedacht; die Lösungen sind deshalb beigegeben. Eine eigene Audiokassette bietet Ihnen die Möglichkeit, Ihre Aussprache zu verbessern und das Verstehen von Hörtexten allein zu versuchen.

Ed inoltre … Anhänge:
– Eine systematische Darstellung der Grammatik und weitere Erklärungen bietet die **Grammatikübersicht**.
– Der "**Ratgeber Lernen**" versucht, Ihnen Lernvorgänge zu erläutern, und gibt praktische Tipps für ein wirkungsvolleres und selbstständiges Lernen.
– Ein **Vokabular** Italienisch-Deutsch nach Lektionen und ein **alphabetisches Wörterregister** sowie ein **Grammatikregister** bilden den Abschluss. *Ecco, questo è tutto.*

Didaktisch-methodische Grundlagen

In modo pratico. "**Allora, andiamo**" basiert auf dem Prinzip des "Learning by doing", das bedeutet 'Lernen durch Tun'. Sie arbeiten von Anfang an aktiv mit: Sie lernen z. B. die Bedeutung neuer Wörter durch Lösen einer kleinen Aufgabe kennen, oder Sie entdecken durch eine Aufgabe, wie eine Grammatikstruktur funktioniert.

Insieme agli altri … Sie lernen oft auch zusammen mit anderen, mit einem Partner oder in der Gruppe. Sie werden dabei erleben, dass das mehr Spaß macht, und dass es oft leichter ist, da Lösungen gemeinsam gefunden werden; und schließlich gilt die Erkenntnis: was im Austausch mit anderen gelernt wurde, prägt sich besser ein.

… o da soli. "**Allora, andiamo**" möchte ferner, dass Sie im Lauf der Zeit immer selbstständiger lernen, und versetzt Sie auch in die Lage dazu. Es zeigt Ihnen Möglichkeiten, sich selbst zu helfen.

Capito? Das Verstehen von Texten, geschriebenen wie gesprochenen, ist diesem Lehrwerk ein besonderes Anliegen. Relativ früh kommen schwierigere Texte vor, doch Sie bekommen Hilfestellung für das Verstehen und erwerben nach und nach die Fähigkeit, sich Texte selbstständig zu erschließen.

Buon divertimento! Viel Freude und Erfolg weiterhin wünschen Ihnen

Verfasser und Verlag

Inhaltsverzeichnis

Chi siamo?

Telegraficamente la nostra storia

Da ragazzo sono stato spesso in vacanza in Alto Adige con i miei genitori. Ho sempre guardato con attenzione i cartelli bilingui e così ho imparato le prime parole italiane. Dopo naturalmente ho frequentato dei corsi di lingua e a un certo punto ho deciso di cercare lavoro in Italia. Ho fatto il cartografo per tre anni a Rimini e a Firenze. Sono tornato in Germania con l'Italia nel cuore. Così do corsi d'italiano, ho collaborato a questo libro e... mia moglie è siciliana!

Ulm

Certo, quando sono a Ulm rimpiango le valli alpine dove sono cresciuta o il profondo blu del mare della Sardegna dove passo le vacanze con la mia famiglia. Vivo molto volentieri in Germania che per me è sempre stata la patria della musica, della filosofia e dello studio delle grandi culture classiche, per questo ho imparato la vostra bella lingua, ma che fatica! Ora vorrei aiutarvi ad imparare l'italiano, insieme non è difficile.

Torino

Palermo

Fin da piccola ho avuto il desiderio di conoscere altre culture, altra gente e così è stato. Eccomi qui a Ulm da dieci anni. È interessante vivere all'estero e la Germania mi piace, ma quando penso alla mia bella Sicilia, alla mia famiglia, a quel sole, al mare, al profumo che esce dalle cucine... Il tedesco, mamma mia, com'è difficile! Beati voi che lo sapete già! Cosa mi piace fare? Tutto. E scrivere per voi. Cosa non mi piace? Leggere durante le vacanze e fare "Wanderungen". Impazzisco per il nostro piccolo Martin.

E voi chi siete? Raccontate un po'.

1

A tavola

1 a) Quali prodotti alimentari conoscete?

Quando siete in Italia, preferite andare al mercato o al supermercato? Perché?

Avete notato delle differenze con il vostro paese?

b) Come si chiamano i prodotti delle foto?

Alimentari

Alimentari

salsiccia

mele

funghi

fagiolini

baccalà

➡ Esercizio 1

dare
do
dai
dà
diamo
date
danno

2 a) **Alla bancarella**

Quali dialoghi si possono abbinare alle foto?

b) Leggete i seguenti dialoghi tratti da quelli appena ascoltati.

① • Allora, signora, cosa Le do?

– Un po' di gamberi. Sono freschi?

• Freschissimi, come sempre!

– Basta, basta così, mezzo chilo mi basta. Sono proprio cari.

• Ma signora, sono così buoni. Come li cucina?

– Rosolati, con aglio e prezzemolo, sale e pepe.

• Ma no, li serva con le tagliatelle al Martini.

② – Un pane alle olive, per favore.

• Da un chilo o da mezzo chilo?

– Da un chilo va bene. Quant'è?

• Nient'altro? Allora tremila e due.

– Cinque a lei.

• Ecco il resto.

– Grazie e arrivederci.

• Arrivederci.

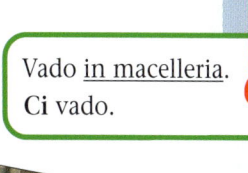

③ ▲ Ah, ciao, Carmelo, che bella giornata! Dove vai?
  – Faccio un salto in macelleria. Ci vado oggi perché hanno l'agnello.
    …
  • Buongiorno, signor Marini, desidera?
  – Vorrei mezzo chilo di salsiccia.
  • Altro?
  – Oggi ha l'agnello, vero?
  • Sì, il mercoledì sempre. Quanto?
  – Questo quarto qui mi basta. È tutto.

> Vado in macelleria.
> Ci vado.

④ – Buongiorno!
  • Buongiorno, signora Piloni! Desidera?
  – Mah, vorrei fare un bel minestrone. Cos'ha oggi?
  • Guardi, di verdura c'è proprio tutto: carote,
    fagioli, cavolo, patate, zucchini, sedano.
  – Bene, allora due carote e mezzo chilo di fagioli.
    Mi basta così. Il sedano ce l'ho, il prezzemolo anche.
  • Altro? Abbiamo rucola, olive favolose…!
  – La rucola no: è troppo amara. Ma le olive sì. Come sono?
  • Le assaggi.
  – Uhmm! Allora due etti. Quanto viene in tutto?
  • Sono quattro e nove più mille e cinque le olive, in tutto
    seimila e quattro.

> Il sedano ce l'ho.

c) **Rispondete.**

  • Quando va in macelleria Carmelo?
  • Perché va al mercato la signora Piloni?
  • Perché la signora Piloni non compra il sedano? Perché …    **Esercizio 1, 2**

d) **Cercate nei dialoghi le espressioni usate dai clienti e dai venditori.**

cliente	venditore
Cos'ha oggi? / Ha … ?	Che cosa Le do?
Basta così. / È tutto.	Desidera?
…	…

e) **Queste persone vanno al mercato:**
  – La moglie del signor Peri non c'è e lui fa la spesa con i bambini.
  – Il signor Ferri ha quattro bambini ed è solo per questo fine settimana. Deve fare la spesa.
  – Il signor Piatti fa la spesa per sé e per il suo cane.
  – I Mazza partono e la signora compra le provviste per il viaggio.
  Preparate per ogni situazione la lista e poi fate i dialoghi.

1

3 **a)** li, le, lo, la

1. Prenda lo zucchero! *Lo* prenda!
2. Aggiunga il prezzemolo! ....aggiunga!
3. Compri le zucchine! ....compri!
4. Assaggi le lasagne agli spinaci! ....assaggi!
5. Compri la frutta al mercato! ....compri!
6. Confronti i prezzi! ....confronti!
7. Prenda le olive! ....prenda!

> Assaggi le olive! **Le** assaggi!
> Come cucina i gamberi? **Li** cucino con l'aglio.
>
> **!**

li, le, lo, la, ci

1. Con che cosa serve gli spinaci? *Li servo con la carne.*

2. Quando prendete il caffè? ....

3. Con chi va al mercato? ....

4. Dove compra le patate? ....

5. Mangia la verdura cotta o cruda? ....

6. Usate volentieri i capperi? ....

7. Andate sovente in pizzeria? ....

b) Uno dopo l'altro
  Esempio:

      A dice: "le"
      B dice: "arance"
      C dice: "Le compro."
  E così continua il gioco.

lelalilo

comprareassaggiaremangiare

c) Usando alcune espressioni di a) e b) fate dei brevi dialoghi.
  Esempio: – Aspetti, devo comprare le arance.
      • Ma no, le prenda al mercato, costano meno.
      – Sì, è vero. Allora, andiamo.

➡ Esercizio 3–8

4 **Osservate e leggete.**
  a) Chiedete all'insegnante le parole che non conoscete.

pacco

bottiglia

scatola

pacchetto

barattolo

vasetto

scatoletta

b) **Che cosa c'è?**

    Esempio: C'è una bottiglia **di** vino.

                  Ci sono due pacchi **di** biscotti.

---

una porzione…
un po'…   … **di** tonno
cento grammi = un etto…
mezzo chilo…
un chilo…

una bottiglia…
un bicchiere…
un quarto…
mezzo litro…   … **di** vino
un litro…

c) **A turno: uno dice un alimento e l'altro risponde con la quantità o la confezione adatte e così si continua.**

pomodori

due chili di pomodori

---

5   **Dove cade l'accento nelle seguenti parole?**
     Ascoltate e scrivete le parole nella colonna corrispondente.

■ □ □	□ ■ □	□ □ ■ □
scatola	*biscotti*	*marmellata*

---

6   a) **La signora Piloni ha comprato al mercato la verdura per il minestrone.**   In un negozio
     Ora va al supermercato per fare il resto della spesa. Quanto ha speso?
     Quali di questi alimentari ha comprato? In che quantità? Completate.

tonno	*due scatolette di tonno*	mozzarella
mortadella	…	prosciutto crudo
pasta		maionese
caffè		pesce
biscotti		

1

b) Variazioni sul tema

A: Mi dica!

B: Vorrei *un pacco di caffè*.

A: Desidera altro?

B: Sì, *due etti di olive*. È tutto, grazie.

A: Ecco a Lei.

spaghetti	pesche
prosciutto	gamberi
tonno	maionese
vino	formaggio
latte fresco	insalata

7 Sei in un negozio di alimentari e vuoi comprare i prodotti della lista. Completa il dialogo.

Tu: ....

Commesso: Buongiorno, desidera?

Tu: ....

Commesso: Quale marca preferisce: Lavazza o Illy?

Tu: ....

Commesso: Lavazza 4 e 10 e Illy 6 euro e 20.

Tu: ....

Commesso: Altro?

Tu: ....

Commesso: Umbro o emiliano?

Tu: ....

Commesso: Li vuole naturali o alla frutta?

Tu: ....

Commesso: Quanto parmigiano?

Tu: ....

Commesso: È tutto?

Tu: ....

Commesso: Le prenda Lei, per favore. Sono lì.

Tu: ....

Commesso: Ecco, vediamo… in tutto sono 27 euro.

Tu: ....

– 1/2 chilo di caffè
– una bottiglia di aceto
  balsamico da 1/2 litro
– 3 yogurt (alla frutta)
– parmigiano reggiano
– due carote

ACETO BALSAMICO
Il più famoso è quello di Modena. È molto diverso dal normale aceto: è denso, marrone scuro e intensamente profumato. Si prepara per bollitura a fuoco diretto di vini bianchi DOC. La maturazione avviene in piccole botti di legno pregiato, come rovere, ciliegio e infine ginepro. I tipi più pregiati hanno da 20 a più di 50 anni. Poche gocce insaporiscono carne, pesce, verdure e insalate.

8 Che prezzi!

In gruppi di tre: A e B lavorano in due diversi negozi. Ognuno separatamente scrive i prezzi dei prodotti. C è il cliente ma ha solo 18 euro. Che cosa compra e in quale negozio?
Fate i dialoghi.

A

B

9 Questa è la ricetta del minestrone della signora Piloni.
Perché non provate anche voi? Avete tutti gli ingredienti in casa? Cosa vi manca?

Minestrone d'Asti

Ingredienti per 4 persone:
400 gr. di fagioli freschi
un piccolo cavolo
tre patate, due carote, sedano
200 gr. di riso
due spicchi di aglio, basilico, prezzemolo,
parmigiano, sale, pepe

basilico   salvia   mirto   erba cipollina   prezzemolo

Esecuzione:
– Bollire i fagioli in tre litri di acqua e sale,
  quando sono quasi cotti aggiungere il cavolo tagliato,
  le patate, il sedano e le carote in dadini.
– Fare cuocere per 40 minuti, quindi aggiungere il riso e ultimare la
  cottura.
– A parte, pestare aglio, basilico e prezzemolo. A questo pesto
  aggiungere il parmigiano e un po' di brodo di cottura.
– Quando il riso è cotto versare il pesto nel minestrone e insaporire
  con pepe. Servire ben caldo.

> **Bagnet piemontese (salsa verde)**
> Tritate finemente un mazzetto di
> prezzemolo. Aggiungete mezzo
> spicchio d'aglio schiacciato, due
> filetti di acciuga in pezzetti e
> peperoncino rosso pestato.
> Sempre mescolando bagnate a
> poco a poco con mezzo bicchiere
> di olio di oliva. Ultimate con sale,
> pepe, aceto e il tuorlo di un uovo
> sodo pestato finemente. Questa
> salsa è adatta a crostini, carne
> e pesce.

10 a) **In che regione siamo?**
Abbinate le specialità alla regione.

trenette al pesto

bagnet

saltimbocca alla romana

insalata caprese

pesce spada alla messinese

fegato con le cipolle

gnocchetti alla sarda

risotto alla milanese

focaccia alla barese

b) **Sapori**
Ad ogni alimento un aggettivo adatto

peperonata   dolce
focaccia alla barese   salata
pane da toast   amaro
tiramisù   piccante
salsa verde   insipido
caffè   saporita

→ **Es. 9, 10**

11 a) La famiglia Piloni è in vacanza in Germania.
   Oggi ha deciso di mangiare all'italiana.
   Ascoltate il dialogo al ristorante.

Ecco alcune specialità
del ristorante "bei Franco"

b) Ora leggete il seguente dialogo.

Cameriere:	Buonasera.
Signor Piloni:	Buonasera. C'è un tavolo libero? Siamo in tre.
Cameriere:	Sì, potete accomodarvi là, vicino alla finestra o qui se preferite.
	…
Cameriere:	Vi porto un antipasto? Abbiamo quello della casa che è un po' piccante ma ottimo.
Signor Piloni:	No, grazie.
Cameriere:	Come primo che cosa vi porto?
Signor Piloni:	Senta, come sono i ravioli al mago?
Cameriere:	Li facciamo ripieni con funghi porcini.
Signora Piloni:	Per me mezza porzione.
Signor Piloni:	Per me una porzione intera, ho appetito. E tu, Patrizia, cosa prendi?
Patrizia:	Spaghetti al pomodoro ma senza basilico.
Cameriere:	E di secondo?
Signora Piloni:	Vorrei una Paillard all'emiliana ben cotta. Anche tu, Sergio?
Signor Piloni:	No, non prendo il secondo, solo un'insalata caprese ma condita con un po' di aceto balsamico.
Cameriere:	Bene, e da bere?
Signora Piloni:	Ci porti una San Pellegrino grande, per favore. Ce l'avete naturale?
Cameriere:	Sì, sì.
	…
Signor Piloni:	Cameriere, per favore!
Cameriere:	Sì, mi dica!
Signor Piloni:	Per la bambina un gelato alla fragola senza panna e per noi due caffè. Anche il conto, per favore.
Cameriere:	Sì, subito.
	…
Signor Piloni:	Grazie e arrivederci.

Antipasto della casa
Melanzane arrostite

Ravioli al mago
Tagliatelle con gamberoni
Risotto

Ossobuco al maraschino
Paillard all'emiliana

Rucola grigliata

Cassata siciliana
Babà al rum

c) Anche voi siete al ristorante "da Franco".
   Guardate la lista delle specialità.
   Dividetevi i ruoli e fate i dialoghi.

dire
dico
dici
dice
diciamo
dite
dicono

12 Immaginate di essere al ristorante. Mentre mangiate, vi occorre…

1. …un piatto
2. …un bicchiere da acqua / da vino
3. …un coltello
4. …un cucchiaio
5. …una forchetta
6. …un cucchiaino

Come chiedete queste cose? Cosa dite al cameriere?

13 Una coppia cena al ristorante. Ascoltate il dialogo: cosa prende la moglie, cosa prende il marito?

	Prendono un primo? Quale?	Prendono un secondo? Quale?	Hanno bisogno di qualche cosa?	Prendono un dolce? Quale?	Prendono altro? Che cosa?
LEI					
LUI					

Es. 11–14

14 # E ora

- Come trovate la cucina italiana?
- Quali piatti italiani cucinate volentieri?
- Cosa preferite mangiare quando siete in Italia?

a) **Siamo a Venezia presso la famosa trattoria "da Ignazio" in Calle Saoneri 2749 nel sestiere San Polo. Il proprietario Fiorenzo Scroccaro racconta.**

La mia famiglia gestisce il locale dal 1951: prima mio padre e ora io. Mia madre Ada Vanin coordina la cucina. Abbiamo trasformato poco a poco l'originaria osteria veneziana, con giardino per giocare a bocce, nell'attuale ristorante. L'interno è curato, ha caratteristiche veneziane, si affaccia e si sviluppa attorno ad un giardino interno dove in estate si mangia sotto una pergola di edera e vite americana.

La clientela è in gran parte veneziana, ma molti sono anche i clienti stranieri che tornano di anno in anno. La cucina è quasi esclusivamente di pesce, affiancata da qualche piatto di carne.

Nella preparazione di molti piatti si segue l'alternarsi delle stagioni per l'abbinamento di pesce e verdure con le erbe spontanee. Usiamo in primavera ortiche o bruscandoli, che sono dei piccoli asparagi selvatici, e in autunno i vari tipi di funghi: porcini, chiodini, finferli…

Alcuni tipi di pasta vengono fatti in casa, come tagliolini e tagliatelle. Anche i dolci sono di nostra produzione.

La carta dei vini è ricca e varia. Comprende vini veneti, friulani, trentini, lombardi, piemontesi, toscani e qualche siciliano, spumanti italiani e vari *champagne*. Naturalmente non manca la buona grappa veneta.

b) **In gruppi di tre (A, B, C).**

A e B sono "da Ignazio", scelgono tra le specialità e ordinano. Il cameriere è C.

Scambiatevi i ruoli e continuate.

Menù

Antipasti
Cappe Sante gratinate al forno
Gamberetti alla Veneziana su polentina morbida
Branzino marinato
Scampi in saor

Primi piatti
Tagliolini alla granseola
Zuppa di pesce
Spaghetti con melanzane e zucchine
Tagliatelle con scampi e "castraure"

Secondi piatti **Pesce**
Branzino al forno con radicchio di Treviso
Filetto di rombo al forno con patate e olive nere
"Moeche" fritte
Fritto misto della Casa

Carne
Fegato alla veneziana con polenta
Ossobuco di vitello

Verdure
Varie di stagione

Dessert
Panna cotta con fragole
Tiramisù
Biscotti veneziani
Crème caramel della Casa

15 **a)** Vero o falso? Prima di leggere il testo segna nella prima colonna vero o falso, in base a quello che sai sulle abitudini alimentari degli italiani.

	V	F		V	F
La colazione è molto importante per gli italiani.	☐	☐		☐	☐
Molti italiani fanno uno spuntino tra le undici e mezzogiorno.	☐	☐		☐	☐
Ancora oggi quasi tutti pranzano a casa.	☐	☐		☐	☐
Tutta la famiglia fa merenda verso le quattro del pomeriggio.	☐	☐		☐	☐
Le famiglie cenano non dopo le otto di sera.	☐	☐		☐	☐
Gli italiani mangiano ogni giorno una minestra o un minestrone.	☐	☐		☐	☐

b) I pasti degli italiani

A colazione molti italiani bevono solo un caffè, altri prendono del latte con i biscotti. Più tardi, prima di mezzogiorno, si fa volentieri uno spuntino al bar o a casa con qualcosa di salato, come una pizzetta o un toast. Tra l'una e le due le famiglie sono riunite attorno alla tavola per il pranzo. Questo è un importante momento della vita familiare anche se oggi, purtroppo, chi lavora non può tornare a casa a quest'ora. Ma cosa si mangia a pranzo? Un assaggino di antipasto, come una bruschetta, poi un primo piatto di pasta o riso, un secondo di carne o pesce con verdure, un'insalata, frutta e caffè. Verso le quattro i bambini fanno merenda, di solito con qualcosa di dolce come pane e marmellata o frutta. La sera, non prima delle otto, la famiglia si riunisce ancora una volta per la cena. Anche questa consiste in diverse portate calde, ma è un po' più semplice del pranzo. Non mancano mai pane e vino. È il momento in cui tutti si rilassano, discutono e scherzano.

c) Ora segna la seconda colonna e confrontala con la prima.

d) Anche voi avete abitudini alimentari simili? Parlatene.

16 **a)** Straordinario tour fra enologia, storia e arte

GRANDI VINI E CASTELLI

Il Piemonte offre tanti itinerari per scoprire le antiche dimore patrizie e contemporaneamente degustare vini davvero eccelsi. (…)

Vini Doc e Castelli Doc, disseminati a centinaia sui colli verdeggianti di vigne. Tanti itinerari all'insegna dell'enologia, dell'arte e della storia. (...)
Trentotto vini Doc (a denominazione di origine controllata) e due Docg (controllata e garantita): sono i "nobili" delle vigne piemontesi, un vero "tesoro" delle colline della terra subalpina.

da: *Piemonte tuttovacanza*

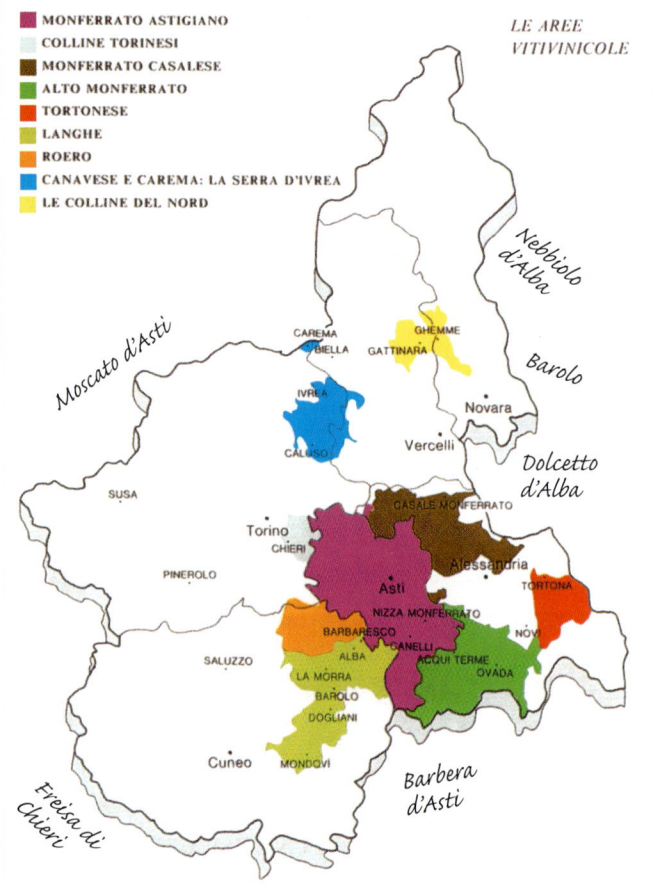

LE AREE VITIVINICOLE

MONFERRATO ASTIGIANO
COLLINE TORINESI
MONFERRATO CASALESE
ALTO MONFERRATO
TORTONESE
LANGHE
ROERO
CANAVESE E CAREMA: LA SERRA D'IVREA
LE COLLINE DEL NORD

RISTORANTI	CANTINE
*Agriturismo F.lli Revello, Fraz. Annunziata 103, La Morra. Solo su prenotazione. La cucina tradizionale piemontese propone l'insalata di toma con nocciole e sedano, la carne all'albese, i peperoni arrostiti alla salsa di acciughe e capperi, si prosegue con gli agnolotti vegetariani. Di secondo, coniglio al forno o maiale al latte. Ampia la scelta dei dessert. Tra i vini, anche un Barolo della casa. Sui 23 euro, vini inclusi. *Locanda Le Clivie, via Canoreto 1, Piobesi d'Alba. Superbo il filetto di vitello piemontese al midollo con salsa al vino rosso. Si spendono circa 37 euro senza i vini.	Sulla strada che da Cuneo conduce ad Alba sono numerose le cantine da visitare. A ricevere i visitatori sono i proprietari stessi, come Gagliardo Gianni o i fratelli Bruno, molto disponibili a spiegare tutto ciò che riguarda il processo di vinificazione. Segue la degustazione.

da: *La cucina italiana* Marzo 1999, adattato

b) • Scrivete il menù di un ristorante con i piatti descritti nella lettura.

• Nel testo avete letto i nomi dei vini delle Langhe. Conoscete altri vini italiani? Quali? Quando siete al ristorante, scegliete sulla carta dei vini o vi fate consigliare dal cameriere?

• Bevete volentieri un buon bicchiere di vino? Quando?

17

ALBA: TARTUFI BIANCHI E BAROLO

① Sono le otto del mattino di una domenica di ottobre. Alla Fiera dei tartufi di Alba, nel cortile della Maddalena, sono già arrivati i *"trifolau"* che nelle notti precedenti con i loro cani hanno raccolto i tartufi nei boschi delle Langhe.

② La commissione di qualità esamina ogni singolo tartufo. In primo luogo si giudica l'aroma. Quindi al microscopio si controllano: la superficie, le dimensioni e gli eventuali residui di terra o sabbia. Non tutti i tartufi superano questo severo esame.

Tartufi neri

③ Tartufo, il *"Tuber terrae"* dei Romani, il fungo che cresce sotto la terra e non sopra, conosciuto e apprezzato da millenni, ha prezzi tra i trecentoventi e i trecentoottanta euro all'etto. I circa 10.000 chili raccolti fruttano attualmente da 20 a 25 milioni di euro all'anno, una cifra non indifferente per l'economia locale.

④ L'aroma? Per alcuni impareggiabile, unico, indispensabile per esaltare piatti molto diversi tra di loro, dagli antipasti all'insalata. Per altri simile a quello delle calze di lana dopo lunghe passeggiate nei boschi umidi e nebbiosi delle Langhe, ma comunque favoloso, soprattutto se accompagnato da un bicchiere di Barolo: Dumas l'ha definito *"sancta sanctorum* della mensa".

da: *"Itinerari d'Italia"*, Mondadori 1998

Il testo sui tartufi è diviso in quattro periodi. Indicate le informazioni più importanti.

① ....

② ....

③ ....

④ ....

Ricorda

Faccio un salto in macelleria. Ci vado oggi perché hanno l'agnello.

• *ci* als Ersatz für eine Richtungsangabe

→ 7.7.1

vado in macelleria → **ci** vado
vado al mercato → **ci** vado

Il sedano ce l'ho.

• ce l'ho

→ 7.7.3

lo + ho → ce l'ho *(den habe ich)*
la + ho → ce l'ho
li + ho → ce li ho
le + ho → ce le ho

avere steht selten alleine mit einem Objektpronomen wie **lo**. *Es wird ein Ausdruck mit* **ce** *gebildet.* **Ce** *ist die lautlich angeglichene Form von* **ci**.
Gleiches gilt für die anderen Personen:
...................., ce l'hai, ce l'ha, ce l'abbiamo, ce l'avete, ce l'hanno.

• Die unregelmäßigen Verben *dare* und *dire*

	dare	dire
(io)	do	dico
(tu)	dai	dici
(lui/lei)	dà	dice
(noi)	diamo	diciamo
(voi)	date	dite
(loro)	danno	dicono

Allora signora, cosa Le do?

Imperativ:
da'! *oder* dai!   di'!   (Du-Form)
dia!   dica!   (Sie-Form)

– Come sono le olive?
• Buone! Le può assaggiare.

• Die direkten Objektpronomen (Plural)

→ 7.3.1

... le olive! → **Le** può assaggiare!
Come cucina i gamberi? → **Li** cucino con l'aglio.

– Posso assaggiare le olive?
• Sì, le assaggi pure!

• Die direkten Objektpronomen mit der höflichen Befehlsform

→ 7.3.4

Le assaggi!
Li prenda!

Beim Imperativ der Höflichkeitsform steht das Objektpronomen vor *dem Imperativ.*

• Mengenangaben machen
Vorrei mezzo chilo di salsiccia.

• Die Präposition *di* bei Mengenangaben

→ 6.1.1

un chilo **di** gamberi
mezzo litro **di** vino
un po' **di** sale

Nach Mengenangaben ist die Präposition di *notwendig. Auch* un po' *ist in diesem Sinne eine Mengenangabe.*
Mezzo steht immer ohne Artikel.

1 **a)** **Che mezzi di trasporto utilizzate?**

metropolitana

autobus

treno

tram

aereo

macchina

bicicletta

a piedi

b) **Alcuni dipendenti della Rinascente di Milano ed il loro nuovo collega Paolo Martini, durante la pausa di mezzogiorno nella pasticceria dei fratelli Freni. Ascoltate e poi leggete.**

Sig. Martini: Che bel posto! A due passi dall'ufficio. Ci venite spesso?

Una collega: Eh, quando possiamo. Tanto veniamo a piedi.

Sig. Martini: A proposito, la mattina come venite in ufficio?

Una collega: Io di solito prendo l'autobus. Non ci metto molto! Venti minuti in tutto.

Sig. Martini: E tu, Alessandra?

Alessandra: Io vengo a piedi.

Sig. Martini: Ah, sì? Davvero?

Alessandra: Certo, non abito lontano. A due passi da Sant'Ambrogio.

Una collega: Lei, signor Martini, come viene in ufficio?

Sig. Martini: Ma possiamo darci del tu. Mi chiamo Paolo.

Una collega: D'accordo. Sono Chiara.

Sig. Martini: Finora ho preso la macchina di mia moglie, e voi come fate?

venire
vengo
vieni
viene
veniamo
venite
vengono

Sig. Pini: Veniamo con la metropolitana da Piazzale Lotto. Per noi è comodo, è vero Carla? La fermata è davanti a casa nostra e poi ci mettiamo solo dieci minuti. Ma tu, Paolo, devi proprio usare la macchina anche in centro? Qui a Milano è terribile! E poi dove parcheggi?

Carla Pini: Pensa a noi che abitiamo in centro. Quanta aria inquinata respiriamo!

Sig. Martini: Avete ragione, e poi non è facile parcheggiare, ogni mattina cerco un posteggio per dieci, quindici minuti e qualche volta non bastano. C'è divieto di sosta dappertutto. Ma non posso fare diversamente. Abito fuori Milano, in campagna, vicino a Vigevano, è bello, ma un po' scomodo. Pazienza!

andare venire	**in**	aereo moto macchina taxi bicicletta
	a	piedi

andare venire	**con**	l'ultimo autobus **la** macchina della ditta **il** treno delle dieci

➡ Es. 1, 2

c) E voi, come venite al corso d'italiano? Perché?

– Vieni a piedi? Perché? ➜ • Perché non abito lontano.
– Paolo, perché prendi la macchina? ➜ • Perché abito
in campagna.

• Qual è il mezzo di trasporto più usato dalla classe?
• Per quale motivo?

2   Trasporti e comodità, traffico, inquinamento...

L'ACI svolge un'inchiesta. Ascoltate l'intervista e completate la tabella.

	prima intervistata	seconda intervistata	terzo intervistato
città			
mezzo di trasporto			
motivo			
destinazione			
usa il mezzo da solo			
ha rispetto per l'ambiente			

3   a) Chi di voi usa più spesso la bicicletta? Quante volte?

> molte volte al giorno   ogni due giorni   una volta all'anno
>
>   due volte al mese   tutte le settimane
>
> una volta al giorno   tutti i giorni

Ordinate.

1. *molte volte al giorno*   +

2. ....

3. ....

4. ....

5. ....

6. ....

7. ....   –

➡ **Es. 3, 4**

b) In piccoli gruppi chiedete agli altri studenti informazioni sulle loro abitudini.

Normalmente quante volte …

… prendi il treno?

… studi l'italiano a casa?

… vai in vacanza?

… devi prendere l'autobus?

… vai in montagna?

… passi le vacanze al mare?

… vai all'estero?

… devi usare la macchina per andare al lavoro?

Vado Sono	**a** Monaco. **in** Italia. **all'**estero. **al** mare. **in** montagna.

4 Variazioni sul tema

A: *Anna e Ugo vanno a Milano.*
B: Come ci *vanno? In autobus?*
C: No, *in treno.*

noi	Francia	macchina/bici
Salvo	mare	treno/macchina nuova
io	Sicilia	aereo/nave
lei	panetteria	moto/piedi

5

a) Paolo e sua moglie fanno progetti per le vacanze. Prima ascoltate e poi leggete l'ultima parte del dialogo.

Paolo: Dobbiamo decidere come andare a Castelsardo quest'estate.

Enza: Forse è meglio andare in aereo fino a Olbia. Là noleggiamo una macchina.

Paolo: Per carità! Un'altra volta una macchina a noleggio? Non ricordi quanti problemi abbiamo avuto? No, senti, ci conviene andare a Genova con la nostra e là prendiamo il traghetto delle dieci per Porto Torres. Se vuoi, guido solo io, tanto sono appena due ore di autostrada e poi ascoltiamo *Onda verde.*

Enza: Ah, quante ore! E tutta la notte in nave!

Paolo: Prima dici che sono io che mi lamento e poi tu: "Quante ore! Tutta la notte!" Guarda, appena siamo in nave comincia la vacanza, è un viaggio rilassante. E poi sai, quest'anno vorrei riuscire a vedere almeno le Tombe dei giganti.

Enza: Anch'io, anch'io…

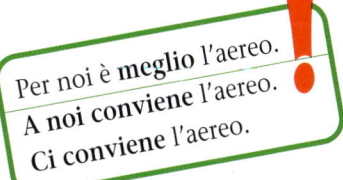

Per noi è **meglio** l'aereo.
A noi conviene l'aereo.
Ci conviene l'aereo.

2 b) Mi conviene, ti conviene...

Se vogliamo andare da Monaco a Milano,	*ci conviene*	*prendere il treno.*
Se devi andare in centro,	....	....
Paolo e Anna vanno a teatro, allora	....	....
Signor Frangi, se vuole andare in Piazza Duomo,	....	....
Se vuoi andare in Piazza San Marco,	....	....
Se devo fare la spesa,	....	....

No, secondo me è meglio... ←

... l'aereo prendere un taxi ... in macchina ... a piedi

usare la bicicletta ... vaporetto ....

➡ **Es. 5, 6**

c) **Come preferite viaggiare, con quale mezzo? Perché?**

Secondo me ...

Preferisco ...

Mi piace ...

6   Dialogo a due

a) **Scrivete le domande per un'intervista sui mezzi di trasporto. Ecco i vari punti:**

città ....

mezzo di trasporto pubblico o privato ....

destinazione ....

quando ....

mezzo usato per le vacanze ....

perché piace di più ....

inquinamento ....

b) **Cominciate l'intervista così:**
Sono ... e faccio un'intervista sui mezzi di trasporto. Può rispondere ad alcune domande?

... finite così:
La ringrazio per la Sua gentilezza.

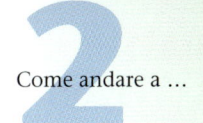

7 a) **Senta, scusi ...**

... per il Museo Egizio che tram devo prendere?
... dov'è la fermata dell'autobus per Piacenza?
... è questa la strada per L'Aquila?
... per andare alla piscina comunale?

> Prendiamo l'autobus **per** Piacenza.

 b) **Ascoltate e poi leggete.**

– Scusi, per il Museo Egizio che tram devo prendere?
• Non prenda il tram, Le conviene il 19 per la stazione. Scenda alla terza fermata.
– Ma è lontano dalla fermata?
• No, è vicino, cento metri a destra.
– Grazie, arrivederci.

– Senta, da dove parte l'autobus per Piacenza?
• La fermata è lì all'angolo, dopo il tabaccaio.
  Ma guardi che è già partito da dieci minuti.
– Accidenti. Beh, grazie lo stesso.

– Senta, scusi. È questa la strada per L'Aquila?
• Sì, ma è meglio prendere la A24. Giri a sinistra,
  dopo il semaforo vede l'indicazione.

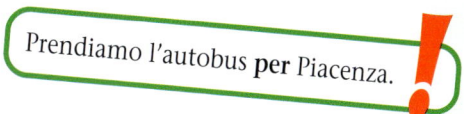

– Scusi, per andare alla piscina comunale, devo
  prendere il 15?
• No, non prendere l'autobus, va' a piedi, sempre
  dritto in fondo a questa strada. Ci metti solo due
  minuti.

> **Non prendere** l'autobus! (tu)
> **Non prenda** il tram! (Lei)

c) **Ripetete i dialoghi con:**

Galleria Vittorio Emanuele	tram	a piedi
fermata dell'autobus per Campobasso	vicino	all'incrocio
per Mestre	autostrada	statale
il cinema Astoria	a piedi	l'autobus
la trattoria *da Anselmo*	taxi	metropolitana

 **Es. 7, 8**

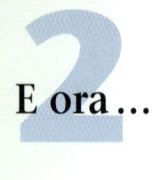

2 E ora...

A Messina?

In macchina!

No, manca il ponte.

In aereo?
In treno?
In traghetto?

8 a) Il ponte mai costruito

Ancora no! Il collegamento stabile tra Calabria e Sicilia è da sempre un tema di discussione. Nel 1860 l'ingegnere Alfredo Cottrau studia una soluzione adatta, ma tutto resta sulla carta. Dieci anni dopo, Carlo Navone propone un tunnel sottomarino lungo 22 km, che però rimane solo una proposta. Nel 1883 un gruppo di ingegneri progetta un ponte so-

speso a cinque campate, ma i politici non sono d'accordo. Tunnel sottomarino o galleria artificiale o ponte sospeso ad una o più arcate? Attualmente la soluzione migliore sembra il ponte sospeso a campata unica tra Torre Faro in Sicilia e Punta Pezzo in Calabria, distanti tra di loro circa 2800 metri. Ma ecco che le associazioni protezionistiche sono contrarie. Così il ponte rimane un mito.

b) Secondo voi quali sono gli svantaggi o i vantaggi della costruzione del tanto discusso ponte? Cosa proponete?

Sono a favore di...   Sono contrario a...   Secondo me...
Perché...

PRO	CONTRO
rapidità	ambiente
comodo	natura
economico	costi elevati
opera architettonica all'avanguardia	tempi di realizzazione troppo lunghi
...	...

c) Messina è facilmente raggiungibile per ferrovia, per mare, ...

Per ferrovia

Con ogni treno (IC, diretto, espresso, con vagoni–letto o con vagoni–cuccette) che parte da ogni località della penisola e prosegue per Palermo o per Siracusa.

Per strada

L'autostrada del Sole Milano–Reggio Calabria consente di raggiungere lo stretto senza pedaggio nel tratto da Salerno fino a Reggio. Chi viene da Bari–Brindisi può utilizzare la superstrada jonica che corre lungo la litoranea apulo-calabra. Entrambe le arterie permettono di raggiungere i porti di Villa San Giovanni e di Reggio Calabria, dove l'attraversamento dello Stretto si può effettuare a bordo di traghetti che partono e arrivano ad intervalli di mezz'ora.

Per mare in aliscafo

Da Reggio Calabria gli aliscafi per Messina viaggiano con una frequenza di mezz'ora ed impiegano per la traversata circa 15 minuti.

In aereo

Gli scali più vicini a Messina sono quelli di Reggio Calabria, Catania e Palermo.

Volete andare a Taormina. Quale mezzo scegliete? Perché?

d) Il 27 marzo iniziano le vacanze di Pasqua. I Licata di Patti in Sicilia hanno intenzione di andare per qualche giorno ad Arezzo dai loro amici. Hanno deciso di partire il 26 in aereo ma... Completate il dialogo.

– Nooo, c'è lo sciopero dei trasporti!

• Oh no, davvero?

– Sì, e dura proprio fino a _____ e chissà domenica che caos ancora! Come facciamo?

• Guarda, secondo me ci conviene prendere _____ questa sera perché oggi inizia lo sciopero dei treni e dei _____ e solo da dopodomani quello degli _____ .

– Ma non è così facile partire oggi, dobbiamo ancora preparare tutto e poi difficilmente troviamo due posti. No, non è possibile.

• Sai che ti dico? Partiamo domani perché i _____ non sono più in sciopero e prendiamo la macchina. Certo incontriamo il caos più completo, anche in autostrada, perché tutti vanno in macchina, ...

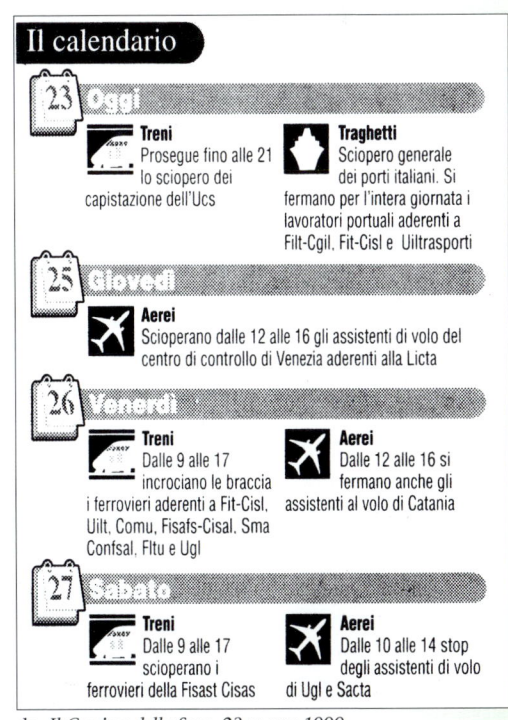

Il calendario

23 Oggi

🚄 **Treni**
Prosegue fino alle 21 lo sciopero dei capistazione dell'Ucs

⛴ **Traghetti**
Sciopero generale dei porti italiani. Si fermano per l'intera giornata i lavoratori portuali aderenti a Filt-Cgil, Fit-Cisl e Uiltrasporti

25 Giovedì

✈ **Aerei**
Scioperano dalle 12 alle 16 gli assistenti di volo del centro di controllo di Venezia aderenti alla Licta

26 Venerdì

🚄 **Treni**
Dalle 9 alle 17 incrociano le braccia i ferrovieri aderenti a Fit-Cisl, Uilt, Comu, Fisafs-Cisal, Sma Confsal, Fltu e Ugl

✈ **Aerei**
Dalle 12 alle 16 si fermano anche gli assistenti al volo di Catania

27 Sabato

🚄 **Treni**
Dalle 9 alle 17 scioperano i ferrovieri della Fisast Cisas

✈ **Aerei**
Dalle 10 alle 14 stop degli assistenti di volo di Ugl e Sacta

da: *Il Corriere della Sera, 23 marzo 1999*

Come prosegue il dialogo? Cosa conviene fare ai Licata? ➡ **Es. 9–11**

Cronaca

Anche solo per un'ora, paghi in base al chilometraggio.

LE MISURE

Il taxi "in società"

In questo progetto Napoli è all'avanguardia. Il capoluogo campano ha dato da tempo il via libera al taxi collettivo, l'auto gialla da prendere in più persone Anche se i clienti a bordo hanno destinazioni diverse.

"Car pooling" allo studio

Si chiama "car pooling", è l'auto da prendere in più persone. Così ci sono comuni italiani che valutano la possibilità di far accedere alle zone solitamente vietate al traffico regolare quelle vetture che hanno a bordo più persone.

La vettura con più padroni

la mattina all'impiegato che va in ufficio, il pomeriggio al dentista che ha lo studio lontano, la sera al figlio della vicina per andare al night: nasce l'auto in multiproprietà. A incentivarla - elettrica, a metano o a Gpl - è un decreto ministeriale.

Arriva l'auto in "multiproprietà"
Contro il mal di traffico quattro ruote collettive nelle città

ROMA – È come la casa in multiproprietà, solo che non si tratta di una villetta al mare o di uno chalet in montagna. Parliamo della macchina che usiamo per accompagnare i figli in piscina o per andare dal dentista. Tutte le volte che si desidera si può prenotare un'auto collettiva. È il *car sharing*, una delle misure antitraffico previste dai ministri dell'Ambiente, della Sanità e dei Trasporti.

Si tratta di un'unica struttura a livello nazionale con l'aiuto tecnico dell'Enea[1]. Il progetto partirà il prossimo anno in sei o sette città selezionate. Otto miliardi messi a disposizione da governo e comuni sovvenzioneranno le ditte private che organizzano il servizio.

Chi si vuole iscrivere deve pagare una quota. Con la tessera del club del *car sharing* si possono usare i parchi-auto di tutte le città che aderiscono al progetto. Ogni volta si paga secondo i chilometri e le ore.

Gianni Silvestrini, responsabile del progetto per il ministero dell'Ambiente, spiega: "Il *car sharing* è già utilizzato in 300 città, conta 57 mila iscritti. In Svizzera c'è una crescita del 50% annuo. In Germania la Volkswagen calcola che nei prossimi dieci anni si svilupperà in Europa un mercato di due milioni e mezzo di utenti".

Oltre al *car sharing* si parla di altre misure antitraffico: il *car pooling*, cioè l'ingresso in determinate aree riservate ad auto occupate da almeno tre o quattro persone e i taxi collettivi che utilizzano un sistema di controllo satellite delle macchine pubbliche in modo da garantire la rapidità del servizio.

Questo pacchetto di misure alleggerirà veramente il mal di traffico dei nostri centri storici?

adattato

[1] Enea è la sigla dell'Ente nazionale per le Nuove tecnologie, l'Energia e l'Ambiente.

b) **Abbiamo visto una pagina di un quotidiano. Indicate nella tabella:**

nome del quotidiano ....

data ....

è una pagina di... ....

titolo dell'articolo ....

sottotitolo ....

c) **Ci sono nel testo parole inglesi o francesi? Quali?**

....

Chi sa spiegarne il significato?

d) **Completate la frase.**

Napoli è all'avanguardia per
- ☐ il *car pooling*.
- ☐ la metropolitana.
- ☐ il taxi collettivo.

Arriva in multiproprietà
- ☐ la casa al mare.
- ☐ l'automobile.
- ☐ la piscina.

Il *car sharing* è
- ☐ un'auto collettiva.
- ☐ una sovvenzione.
- ☐ un tipo di taxi.

Il *car sharing* come misura antitraffico è previsto
- ☐ dai ministri: Ambiente, Sanità, Trasporti.
- ☐ dai cittadini.
- ☐ dai vigili.

L'aiuto tecnico è dato
- ☐ dalla FIAT.
- ☐ dall'Enea.
- ☐ dalla Volkswagen.

I soci del club del *car sharing* devono
- ☐ superare un esame.
- ☐ pagare una quota.
- ☐ pagare una multa.

e) **Sei a favore di ... / contrario a ...?**
   Annota la tua opinione con l'aiuto della tabella e poi discuti con i compagni.
   Secondo voi il *car sharing*, il *car pooling* e il taxi collettivo alleggeriscono veramente il traffico in città?

	PRO	CONTRO	PERCHÉ?
... la macchina propria			pratico caro
... centri storici chiusi al traffico			scomodo
... in centro solo uso della bicicletta			inquinamento
... una tessera *car sharing*			comodo
... il taxi collettivo			aria pulita
... il *car pooling*			pochi parcheggi

Ricorda

• Das unregelmäßige Verb *venire*

vengo
vieni
viene
veniamo
venite
vengono

• Über Verkehrsmittel sprechen

– Come vai al lavoro?
• In autobus ma qualche volta con la macchina di mia moglie.
– E come vieni a lezione?
• Spesso vengo a piedi o in tram.

andare/venire	in	macchina
		aereo
		bicicletta
		metropolitana
andare/venire	a	piedi
andare/venire	con	l'ultimo autobus
		il treno delle dieci
		la macchina nuova

Für Verkehrsmittel verwendet man normalerweise die Präposition in. A piedi *ist eine Ausnahme. Wird das Verkehrsmittel näher bestimmt* (il treno **delle dieci**), *verwendet man die Präposition* con.

• Die Häufigkeit angeben

→ 5.3

ogni giorno *(jeden Tag)*
ogni due giorni *(alle zwei Tage)*
una volta alla settimana
(einmal in der Woche.)

ogni + *Substantiv Singular*
ogni + due/tre/…+ *Subst. Plural*
una volta + a + *best. Artikel + Subst. Sing.*

• Den Ort angeben ("wo?")
– Dove è stato in vacanza?
• A Rimini. (In Rimini.)

• Die Richtung angeben ("wohin?")
– Dove va in vacanza?
• A Rimini. (Nach Rimini.)

a + Stadt: a Monaco
(in München; nach München)
in + Land: in Italia
(in Italien; nach Italien)

in ← vacanza / montagna / ufficio

al ← mare / lavoro

Dove kann sowohl "wo?" als auch "wohin?" bedeuten. Dementsprechend bedeuten in und a sowohl „in" als auch „nach".

• Ausdrücken, dass eine Sache besser geeignet ist als eine andere
Non voglio prendere un'altra volta una macchina a noleggio. Ci conviene andare a Genova con la nostra.

• Das Verb *convenire*

mi
ti
gli/le/Le
        + conviene + { *Substantiv oder Infinitiv*
ci
vi
gli

Die Konstruktion mi conviene, ti conviene *usw. kann im Deutschen mit „es ist besser für mich/dich usw." wiedergegeben werden.*

• Eine verneinte Aufforderung ausdrücken
– Non usare la macchina, prendi la bicicletta!
– Prenda il tram, non usi la macchina!

• Der verneinte Imperativ

→ 1.2.4

Non prendere la macchina!
(Du-Form)
Non usi la macchina!
(Höflichkeitsform)

• Eine Richtung angeben
Prendiamo l'autobus per Piacenza.

• Die Präposition *per*
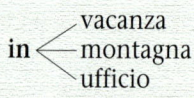

• nach dem Grund fragen
• den Grund angeben
– Perché vieni a piedi?
• Perché non abito lontano.

• perché

Perché kann sowohl „warum?" als auch „weil" bedeuten.

Lavorare 3

Formazione professionale

1 a) È una pagina di ... ?

un'agenda   una rivista   un quotidiano
          un diario   una lettera commerciale   un dépliant

Ieri sera mi sono addormentata molto tardi e stamattina non ho sentito la sveglia. Ho fatto una colazione veloce, ma poi ho perso l'autobus. Così sono arrivata tardi all'università, quindi addio lezione di Fisiologia Vegetale! Ho seguito solo la lezione di Chimica Analitica che è cominciata alle dieci. Mi sono annoiata da morire con la nuova assistente. Che docente! È una vera pizza! Sono tornata a casa con la speranza di trovare Anna e il suo ragazzo per dargli il mio materasso. Oggi si sono trasferiti qui. Ma non sono venuti. Mi sono chiesta: hanno sbagliato strada o è successo qualcosa? La sera non ho più studiato, ho preferito andare al cinema con Patrizia. Abbiamo visto un film che non mi è piaciuto affatto e che è durato fino alle undici e mezzo. Durante la pausa ho provato a chiamare Mario sul telefonino, ma non ha risposto. Finito il film, mi sono precipitata a casa. Ho letto un po' e poi subito a letto. Che giornataccia oggi!

trasferirsi
mi sono trasferito/a
ti sei trasferito/a
si è trasferito/a
ci siamo trasferiti/e
vi siete trasferiti/e
si sono trasferiti/e

Ieri sera **mi sono** addormentata tardi.
Si sono trasferiti qui.

La lezione **è cominciata** alle dieci. – L'insegnante **ha cominciato** la lezione puntuale.
La lezione **è finita** alle undici.   – L'insegnante **ha finito** la lezione.

La lezione **è durata** un'ora.

b) **Che cosa ha fatto la studentessa?**

Ieri sera si è addormentata molto tardi.

....
....
....
....
....
....
....
....
....

c) **Alcuni participi irregolari**

Infinito	Participio passato
fare	
	preso
	venuto
perdere	
	detto
chiedere	
leggere	
vedere	
	speso
	aperto
	chiuso

2 **a)** Variazioni sul tema

A: A che ora è cominciat*o* *il concerto*?
B: *È* cominciat*o* *alle nove.*
A: E quanto è durat*o*?
B: *È* durat*o* *fino alle undici e trenta.*
A: Ti è piaciut*o*?
B: *No, è stat*o* orribile.*

il film	20.00	22.15	bello
visita guidata	10.00	13.45	noioso
fuochi d'artificio	00.00	00.30	fantastico
lezioni	08.45	13.00	pesante

b) Giochiamo… Uno dopo l'altro:

la lezione, il film, la gita, le vacanze, …

è cominciato, sono finite, …

l'insegnante – la lezione, tu – il nuovo romanzo, noi – il lavoro, …

ha cominciato, abbiamo finito, …

A dice: "la lezione"
B dice: "cominciare"
C dice: "La lezione è cominciata."
etc.

➤ Es. 1–3

3 **a)** Sapete che… osservate e leggete!

b) Secondo voi…

quale facoltà frequenta Serena?
☐ Erboristeria ☐ Medicina ☐ Farmacia

in quale città studia?
☐ Pavia ☐ Parma ☐ Pordenone

il libretto dà informazioni
☐ sulle possibilità di alloggio per studenti.
☐ sui corsi. ☐ sulle università italiane.

Facoltà di
Farmacia

CORSO DI
**DIPLOMA
IN TECNICHE
ERBORISTICHE**

ANNO ACCADEMICO 1998/99

PIANO DEGLI STUDI
E PROGRAMMA DEI CORSI

UNIVERSITÀ DEGLI STUDI DI PARMA

c) Dove può lavorare Serena dopo il diploma? Ve lo racconta lei. Ascoltate.

d) Adesso leggete.

Studio Tecniche Erboristiche. Frequento il secondo anno. Questo corso di diploma è nato nell'anno accademico 97 / 98 presso la Facoltà di Farmacia di Parma. Si può iscrivere chi ha un diploma di scuola media superiore. Il corso ha la durata di tre anni. Il numero degli studenti è programmato e la frequenza è obbligatoria. Studiamo molta chimica, botanica, fitofarmacia e ci occupiamo anche di gestione agroindustriale. Inoltre, diversi seminari hanno luogo direttamente nelle aziende erboristiche e questo è certo l'aspetto più interessante perché possiamo provare manualmente quello che abbiamo appreso durante le lezioni. Quest'anno in luglio e agosto abbiamo preso parte a degli *stages* in Francia e Spagna. Questo è uno degli aspetti che preferisco, perché così acquisiamo maggiore esperienza. La nostra attività è interessante e anche molto richiesta. Infatti aumenta sempre di più il numero delle persone che preferiscono curarsi con le erbe.

E dopo il diploma? Gli sbocchi professionali non mancano: industria farmaceutica, erboristica, alimentare, cosmetica o direttamente nelle aziende agricole specializzate nella produzione di piante medicinali come Aboca, che dispone delle coltivazioni di erbe più estese d'Europa. Deve essere proprio bello lavorare in questa azienda in cima ad un colle fra i monti toscani di San Sepolcro!

Il boom della salute alternativa
Agopuntura, fitoterapia, Feng-shui: in Italia 5 milioni di fedelissimi

Serena usa espressioni che riguardano il lavoro. Quali sono?

formazione professionale	attività lavorativa
corso ...	

Cercate nel testo le espressioni corrispondenti alle seguenti parole:

- numero chiuso _____
- i seminari si svolgono _____
- amministrazione _____
- praticamente _____

- partecipare _____
- incontri di studio _____
- possibilità di lavoro _____
- più grandi _____

e) Dite se...

- avete già curato una malattia con metodi alternativi o con le erbe.
- nel vostro paese esiste un corso di diploma di questo genere.
- qualcuno di voi lavora nel campo farmaceutico.
- vi piacerebbe lavorare in questo campo.

4

Attività
lavorative

a) Professioni e attività

<table>
<tr><td>insegnante</td><td>assistente della direzione</td><td>rappresentante</td></tr>
<tr><td>ragioniere</td><td>*andare dai clienti e vendere*</td><td>tecnico di produzione</td></tr>
<tr><td></td><td>*occuparsi della contabilità*</td><td>*lavorare con i bambini*</td></tr>
<tr><td>*dare lezioni*</td><td>*guidare gli operai*</td><td>assistente di laboratorio</td></tr>
<tr><td>*eseguire analisi*</td><td>maestra di scuola materna</td><td>*organizzare* *scrivere rapporti*</td></tr>
</table>

Quali conoscete?

b) Completate le frasi.

Antonia è *ragioniera.*	Carlo è	Silvio è ....
Si occupa della contabilità	.... lingue	.... in uno
presso un grande magazzino.	moderne in un liceo scientifico.	stabilimento della Lancia.
La signora Fazio è	Pia è	Giorgia è ....
		.... presso
in un ospedale.	gli impegni del direttore.	la scuola materna Montessori.

5 a) Carriere

Ascoltate e poi leggete.

Rita racconta.

Ho 35 anni, sono laureata in Economia e Commercio.
Dopo la laurea ho lavorato con un contratto di formazione presso lo studio di un famoso commercialista di Piacenza. Alla fine del periodo di formazione, molto duro e stressante, ho avuto una buona offerta dalla Cassa di Risparmio di Cremona, perciò mi sono trasferita. Ho accettato volentieri perché il lavoro in banca è più sicuro. Ho cominciato allo sportello sempre a contatto con il pubblico, ma che fatica! Due anni fa ho vinto un concorso interno. Ora sono responsabile dei crediti alle piccole imprese. Ma la mia idea è quella di passare ad un'impresa come responsabile finanziaria. Attualmente la gestione e il *controlling* finanziario sono i campi che mi interessano di più. Ho ricevuto un'offerta da un'industria di robotica vicino a Milano. Ma chissà!

> Mi sono laureata due anni **fa.** *(vor 2 Jahren)*
> **Da** 24 anni sono in Germania. *(seit 24 Jahren)*

> **L'INDUSTRIA DEI ROBOT**
> **Piccole imprese, innovazione a passo di corsa**
> Milano. Le Pmi* spingono a fondo il pedale dell'innovazione e i produttori italiani di robot vedono il business di quest'anno volare a quota 600 miliardi...
> (03-03-99)
>
> * Piccole e medie imprese

Salvatore racconta.

Sono in Germania con la mia famiglia da 24 anni. Dopo la scuola dell'obbligo ho frequentato i corsi di formazione professionale e sono diventato meccanico per autoveicoli. Quindi ho lavorato per cinque anni in una piccola officina. Per sfruttare anche la mia lingua madre sono passato all'IVECO, una ditta metalmeccanica, nel dipartimento acquisti. La mia ditta produce autocarri e il mio dipartimento si occupa della gestione del materiale. Io lavoro a tempo pieno e la mia mansione principale è la logistica del materiale per l'assemblaggio. Viaggio molto tra la Germania e l'Italia, sono soddisfatto del mio lavoro anche se qualche volta è troppo.

produrre
produco
produci
produce
produciamo
producete
producono

b) Rita e Salvatore raccontano. Quali espressioni usano per i vari campi?

formazione e lavoro	tipi di imprese	mansioni e dipartimenti
laurea	*officina*	*controlling*

ORGANIGRAMMA AZIENDALE

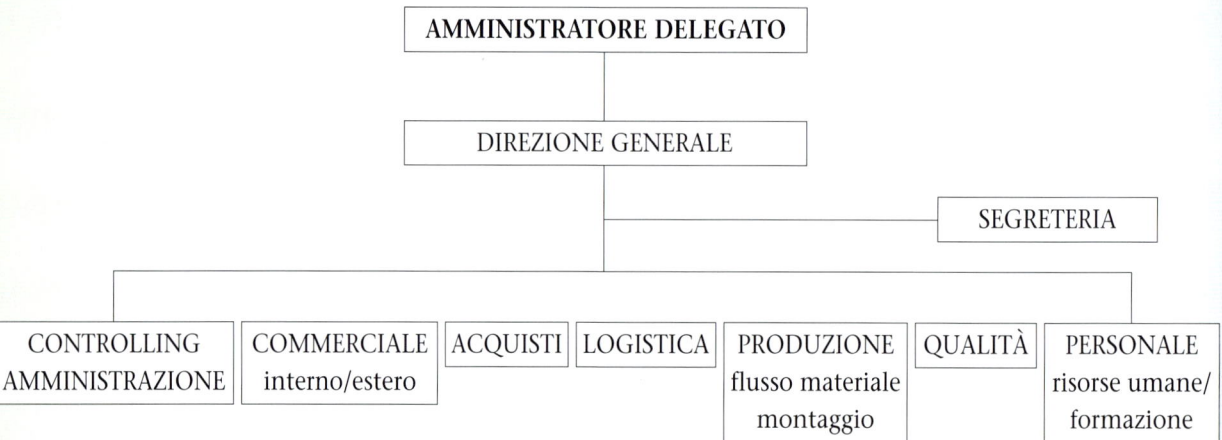

c) Giochiamo. Che professione svolge il signor X?
   Descrivete le attività tipiche e il settore o il luogo del suo lavoro.
   Il gruppo indovina la professione.

rispondere al telefono	**elettrotecnico**	**industria tessile**	

rispondere al telefono   **elettrotecnico**   **industria tessile**

dirigere un reparto   **segretaria**   *mandare fax*   **officina**   **banca**   **ospedale**

andare dai clienti   **occuparsi dei bambini**   **caporeparto**   *riparare elettrodomestici*

rappresentante   **una struttura pubblica**

lavorare al computer   **impiegato**   *lavorare allo sportello*   *disegnare le stoffe*

reparto assistenza clienti   *rilasciare documenti e certificati*   *aiutare i medici*   **ditta chimica**

designer   **infermiere**   **studio medico**

cucinare   **reparti amministrativi**   **a casa**   ????

Esempio: – Il signor X viaggia molto, deve parlare tanto, va dai clienti. La sua ditta produce
prodotti chimici.
   • Ah, è rappresentante di una ditta chimica. / Lavora presso una ditta chimica, nel
   dipartimento commerciale.

d) E voi cosa fate? Descrivete il settore ed il posto di lavoro.

nel dipartimento

in Comune   al reparto…

all'università   alla posta

in ambulatorio   al montaggio

negli uffici dell'amministrazione pubblica

e) Come trovate la vostra attività? Interessante, monotona, facile, dura,
   stressante, piacevole, …?
   Avete sempre svolto la stessa professione? Cosa avete fatto prima?   Es. 4–7

6 a)

Scrivete come è stata la giornata del signor Ranieri, rappresentante di prodotti farmaceutici.

Il signor Ranieri ha telefonato…

b) E voi ieri, come avete passato la giornata lavorativa? Raccontate e chiedete al vostro vicino.

7 L'emittente privata DIOX svolge un'inchiesta.
Durante l'ascolto dell'intervista completate la tabella.

Città	
Vicino o lontano da casa	
Mezzo di trasporto	
Professione	
Orario di lavoro	
Giorni liberi	
Vacanze	
Quale aspetto del suo lavoro gli piace di più?	
È contento del suo lavoro?	
È soddisfatto del suo stipendio?	

➡ **Es. 8, 9**

3

Usate sale marino in cucina? Conoscete i luoghi di produzione del sale?
Avete già visitato delle saline?

8 a) Poeta e salinaro

Mi chiamo Salvatore Toscano ma ho sempre preferito il
nome Turi. Sono nato nel 1933 a Trapani. Sono tecnico
della lavorazione del sale nelle saline di Ettore Inversa, a
Marsala.
Il mio è un lavoro antico ma ancora vivo. Certo è duro
rimuovere l'acqua, trasportare il sale con le carriole, tutto
il giorno sotto il sole cocente dei mesi estivi. L'ambiente
incantato delle saline con gli antichi mulini a vento e gli
azzurri silenzi del mare compensano la nostra fatica.
Ho trascorso tutta la mia vita qui, dove ho lavorato duro
e scritto versi nei pochi momenti liberi. Purtroppo non ho
avuto maestri: le uniche classi che ho frequentato sono state la prima e la seconda elementare. Ma
la tenacia e questo mondo che mi circonda mi hanno portato a scrivere versi da autodidatta. La famiglia, la natura, le stagioni, i ricordi, ma soprattutto la fede mi hanno suggerito i versi e così, da poeta
delle saline, continuo il mio cammino.

Turi Toscano

b) **Quali espressioni usa Turi Toscano a proposito del lavoro, della scuola e dei suoi spunti di
ispirazione? Non dimenticate che lui parla di due attività.**

scuola	lavori e attività	ispirazione

9 a) Le saline di Trapani

Uno degli aspetti più belli che si possono osservare
da Erice è la vista sulle saline lungo la costa siciliana da
Trapani a Marsala. Qui i Fenici hanno iniziato nel V sec.
a. C. la lavorazione del sale marino. Questa
attività è favorita dalla costa bassa, dalla particolare
densità salina del mare e dalle condizioni climatiche:
siccità estiva, frequenza di venti freschi.
L'evaporazione dell'acqua avviene in una serie
di vasche simmetriche. L'acqua, pompata dai
mulini a vento, passa da una vasca all'altra.
Durante questi passaggi la densità aumenta e
il sale cristallizza.
Si forma una crosta bianca di 5–10 centimetri
che viene frantumata a mano, raccolta in grandi
cumuli e coperta con tegole contro la pioggia.

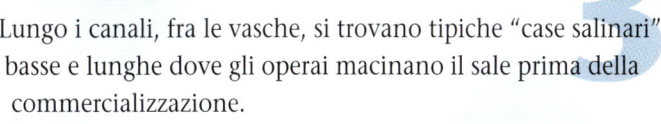

Lungo i canali, fra le vasche, si trovano tipiche "case salinari" basse e lunghe dove gli operai macinano il sale prima della commercializzazione.

Gli operai, in luglio e agosto, lavorano in squadre di venti sotto la guida del proprietario della salina.

In queste saline ancora oggi le tecniche di produzione sono simili a quelle introdotte dai Fenici, mentre estensione e rendimento dell'industria saliniera sono cresciuti nel corso dei secoli. Pensate, nel XVIII sec. più di cento navi veneziane arrivavano ogni anno a Trapani per caricare il sale. Dopo il 1861 la superficie delle saline era di 486 ettari con una produzione di 110 mila tonnellate annue. Oggi la produzione annua locale è di 200 mila tonnellate.

Questo immenso ambiente è importante anche per la ricchezza naturalistica. In primavera è bello camminare lungo le saline dove crescono margherite, crisantemi, acetosella, e dove nidificano moltissime specie di uccelli acquatici.

b) Rileggete il testo e completate per scritto.

Gli operai nelle saline…   *rimuovono l'acqua.*

frantumano ....

I Fenici nel V sec. a. C. hanno iniziato ....

Ancora oggi nelle saline… ....
.... sono simili a quelle dei Fenici.

.... e .... dell'industria saliniera sono cresciuti.

Oggi la quantità di sale prodotta ogni anno è… ....

Ricorda

3

– Da quando Anna e il suo ragazzo sono a Parma?
• Si sono trasferiti qui una settimana fa.

• Die reflexiven Verben im Perfekt

→ 1.3.3

trasferirsi

mi	sono	trasferito/a
ti	sei	trasferito/a
si	è	trasferito/a
ci	siamo	trasferiti/e
vi	siete	trasferiti/e
si	sono	trasferiti/e

Die reflexiven Verben bilden das Perfekt immer mit dem Hilfsverb essere.

Il film è durato fino alle undici.

• Besondere Perfektformen einiger Verben

→ 1.3.5.1

durare:	è durato/a
costare:	è costato/a
piacere:	è piaciuto/a
bastare:	è bastato/a

Diese Verben bilden, anders als im Deutschen, das Perfekt mit dem Hilfsverb essere.

La lezione è cominciata in ritardo.

Oggi ho cominciato un nuovo lavoro.

• Verben mit zwei verschiedenen Perfektformen

→ 1.3.5.2

cominciare
finire

Diese Verben bilden das Perfekt mit essere, wenn ausgesagt wird: „Eine Sache hat begonnen bzw. hat geendet." Sie bilden hingegen das Perfekt mit avere, wenn sie mit einem Objekt stehen: „Ich habe eine Sache begonnen bzw. beendet."

– Che cosa è successo?
• Ho perso l'autobus.

• Unregelmäßige Partizipien

→ 1.3.1

succedere	**successo**
perdere	**perso**
chiedere	**chiesto**
discutere	**discusso**
spendere	**speso**
aprire	**aperto**
chiudere	**chiuso**

Mi sono laureata due anni fa.

• Das nachgestellte *fa*

→ 5.2

due anni **fa** *(vor zwei Jahren)*

Beachten Sie, dass fa nachgestellt wird.

– Da quando è in Germania?
• Da 24 anni.

da 24 anni *(seit 24 Jahren)*

• Unregelmäßige Verben

produrre (Präsens)
produco
produci
produce
produciamo
producete
prod<u>u</u>cono

Es gibt eine ganze Reihe von Verben, die aus -durre mit Vorsilbe bestehen und die gleichen Endungen bilden:
tradurre *übersetzen*
condurre *führen*
ridurre *verringern.*

Partizip Perfekt:
prodotto

• **Eine Konsequenz angeben**
Ho finito di lavorare poco fa, quindi non ho cenato.

• Konjunktionen

→ 10.1

quindi	
per questo	} *(daher, deswegen)*
perciò	

1 • **Qual è il titolo adatto per il seguente testo?**

– *Mangiamo più di prima.*
– *Mangiamo come una volta.*
– *Mangiamo meno bene.*

La dieta alimentare mediterranea in questi ultimi anni è cambiata. Forse è la mancanza di tempo, forse è il seguire certe mode, il fatto è che tanti preferiscono comprare sempre più prodotti surgelati o preconfezionati. Certo, il tutto in cinque minuti è pronto, al microonde naturalmente, ma il sapore immaginatelo un po' voi! Non è ottimo e poi è sempre uguale in ogni regione e in ogni stagione. Addio proverbio: *Regione che vai, cucina che trovi*! D'estate mio nonno non beve mai coca cola. Per fortuna c'è ancora gente che preferisce i prodotti freschi ed ama passare molto tempo in cucina per preparare un buon minestrone o un piatto di spaghetti alle vongole fresche. La mia cucina è nuova, bella e grande.

• Di quale tendenza parla il testo? Succede lo stesso nel vostro paese?
• Avete certamente già provato i piatti menzionati nel testo. Come li trovate?
• Nel testo ci sono due frasi non adatte. Quali?

2 A catena: uno domanda e l'altro risponde. Attenzione alle preposizioni!

Come vai...   **Perché?**

		...treno
in città?		...aereo
...vacanza?	andare	...macchina
...corso d'italiano?	preferire	...bicicletta
...Vicenza?	prendere	...battello
...ufficio?		...piedi
...fare la spesa?		...metropolitana
...estero?		...tram
...Sardegna?		...autobus

3

La classe si divide in due gruppi.
Il gruppo A guarda la segnaletica e scrive le domande per un dialogo.
Il gruppo A legge le domande e il gruppo B risponde.

Esempio: – Che strada devo prendere per andare a.....?
        • Devi girare a destra e prendere....

4 Gioco. La classe si divide in due gruppi che hanno venti secondi per risolvere l'anagramma.
Il gruppo che ha fatto più errori perde e, per punizione, deve riconoscere ancora alcune parole anagrammate dall'altro gruppo.

NIAVEMO	IEVNI	ENVOGNO	VEGNO	IENEV	ETINEV

io	
tu	
lui/lei/Lei	

noi	
voi	
loro	

5 Con quale frequenza dovete svolgere le seguenti attività durante il vostro lavoro? Chiedi anche al tuo vicino.

| mai | raramente | tutti i giorni | una volta al mese | spesso | ...?? |

	io	il mio vicino
andare a pranzo con i clienti		
parlare con il capo		
andare all'estero		
parlare in italiano al telefono		
mandare dei fax		
usare il computer		

6 a) Che giornata! Ascoltate.

b) Cosa ha fatto Daniela? Completate.

7.30	È uscita	di casa.
8.20		al lavoro.
12.00		un salto al bar.
13.00		alla riunione.
19.45		a casa.
fino alle 18.20		in ufficio.

c) Come è stata la giornata di Daniela? Monotona, stressante...?

7 a) Ecco un articolo che vi dà informazioni sull'azienda Aboca di cui vi ha già parlato Serena Frola nella lezione 3.

La Aboca coltiva piante naturali ed erbe, senza trattamenti chimici. Le coltivazioni sono le più estese d'Europa. Al titolare, Valentino Mercati, sta a cuore il benessere dei consumatori ed anche quello dei suoi collaboratori: una parte dei dipendenti lavora trentacinque ore alla settimana, la paga è buona, la mensa aziendale è in un antico casolare toscano e serve solo cucina genuina.

Il titolare cerca specializzati in agricoltura ma non trova nessuno disposto a lavorare la terra: né un pensionato né un disoccupato né un giovane, nonostante uno stipendio di oltre due milioni. L'azienda si trova in cima a un colle fra i monti di San Sepolcro, in provincia di Arezzo, in Val Tiberina al confine tra Toscana e Umbria. È in montagna ma a cinque minuti di auto dalla superstrada che collega Cesena a Roma. Ogni mattina un autobus porta i collaboratori direttamente all'azienda. I dipendenti sono in tutto 152. Ogni anno Aboca fattura 40 miliardi e investe un miliardo e mezzo in ricerche e sviluppo.

da: *La Repubblica*, 24-11-97, adattato

b) Cosa fa? ....

Dov'è? ....

Quanti dipendenti ha? ....

Che collaboratori cerca attualmente? ....

Qual è il fatturato? ....

Quanto investe ogni anno? ....

Oggi mi sento proprio bene.

4

1

a) – Ciao, come stai?
- Molto bene, da favola! La maga mi ha predetto una salute di ferro per altri cent'anni.
– Ma tu credi a queste cose?

– E voi, come state?
- Bene, grazie. Ma mio marito si è ammalato.

stare
stiamo
state
stanno

Come va?	Molto bene.	+
	Bene.	
Come ti senti?	Abbastanza bene.	
	Non c'è male.	
Come stai?	Così così.	
Come sta?	Male.	
Come state?	Molto male.	–

b) Come stanno queste persone? Che cos'hanno? Completate.

stanco   preoccupato   triste   nervoso   malato
freddo   sonno   influenza   allergia   caldo   paura

– Come state?
Ho freddo.
Ho caldo.
Ho sonno.

È *in forma.*
Sta *molto bene.*

È ....

È ....
Sta ....

Ha ....

È ....

È ....

Ha ....

È ....

Ha ....

Ha ....

Hanno ....
Stanno ....

Ha ....
Sta ....

2

a) **Completiamo la tabella con le espressioni di 1 b).**

essere	avere	stare
stanco	*caldo*	*male*

b) **Mima una situazione dell'attività 1 b).**
Il gruppo indovina.

c) **Mini-dialoghi. Solo tre si riferiscono**
a situazioni di 1b) Quali?

➡ Es. 1,2

3

a) **Osserva questi disegni e leggi con cadenza appropriata.**

Sono	molto	stanco/-a	– Anch'io.
	un po'		– Ah, sì? Io, no.
Ho	molto sonno.		
	molta paura.		
Non sono affatto stanco/-a.			– Neanch'io.
Non ho affatto paura.			– Tu, no? Io invece, sì.

b) **Variazioni sul tema**

A: Ciao Carlo, come stai?
B: Bene, grazie e tu?
A: Anch'io. Perché *non*
    è venuto Luigi? Sta male?
B: No, *è solo un po' raffreddato.*

i ragazzi	andare a casa	stanco
Maria	chiedere di un medico	influenza
tuo fratello	non partecipare alla gara	nervoso
il vostro collega	non prendere l'aereo	paura

c) **E voi, come vi sentite oggi? Chiedete anche al vostro vicino.**

4 Vero o falso?

	V	F	Perché?
1. a) Il signore è molto nervoso.			
b) La signora non è nervosa.			....
2. a) La bambina ha paura.			
b) Il bambino non ha paura.			....
3. a) La signora ha caldo.			
b) Il signore non ha caldo.			....
4. a) La ragazza è preoccupata.			
b) Il ragazzo non è preoccupato.			....

➡ Es. 3

5 a) È colpa dello stress.

Carlo torna dal lavoro molto più tardi del solito e sua moglie...

– Finalmente! Sono qui che aspetto da tre ore. Sempre in ritardo. È successo qualcosa?

• Non mi chiedere nulla. Guarda, ho avuto una serie di imprevisti. Quello che vorrei in questo momento sono un caffè e un letto. E invece devo ritornare in città perché...

– Come, in città? Ma dobbiamo essere dai Baldi alle otto.

• Vorrei ma non posso. La mia collega arriva con il treno delle otto e Mario ed io dobbiamo essere puntuali alla stazione e poi vorremmo andare a cena insieme.

– Vorresti, vorresti ma non puoi. Come sempre! La verità è che non vuoi mai venire dai Baldi e così ogni scusa va sempre bene.

• Ma no, è che sono così stressato dal lavoro, dagli impegni, non è una scusa. Vorrei davvero passare una bella serata con te.

b) Lavorate a coppie.

Secondo voi come si conclude il dialogo tra Carlo e sua moglie?

volere
vorrei
vorresti
vorrebbe
vorremmo
vorreste
vorrebbero

c) Come ti senti?

Esempio: – Come ti senti?

    • Oh, sono un po' stanco.

      Come vorrei fare una passeggiata in questo momento!

    – Sarebbe bello! Vorrei anch'io, ma...

La foto rappresenta un particolare degli affreschi della sala Basile nella Villa Igiea di Palermo. Sono il massimo esempio di pittura liberty in Sicilia.

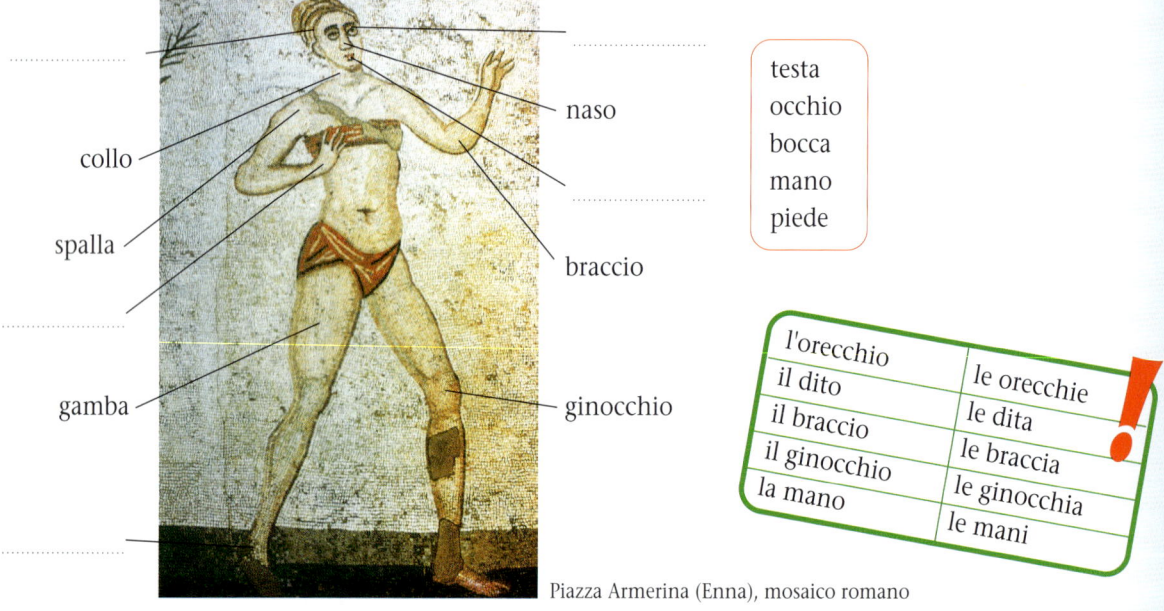

collo

spalla

gamba

naso

braccio

ginocchio

| testa |
| occhio |
| bocca |
| mano |
| piede |

l'orecchio	le orecchie
il dito	le dita
il braccio	le braccia
il ginocchio	le ginocchia
la mano	le mani

Piazza Armerina (Enna), mosaico romano

Peccato! Cosa manca a queste statue?

  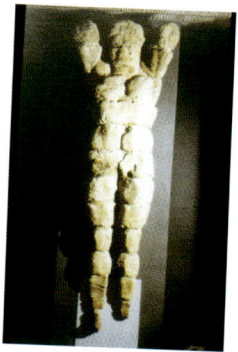

7

a) Come stanno, cos'hanno?

3	Ha mal di stomaco.
	Ha mal di denti.
	Sono raffreddati.

	Ha mal di testa.
	Ha la febbre.
	Ha mal di gola.

b) A coppie. Guardando il disegno A chiede e B risponde.
   Cosa dovrebbe fare il signore che ha mal di stomaco?

	Potrebbe prendere una camomilla.
	Dovrebbe smettere di mangiare dolci.
	Dovrebbe andare a letto.

	Dovrebbero coprirsi meglio.
	Potrebbe prendere un'aspirina.
	Potrebbe provare con latte caldo e miele o prendere gocce omeopatiche.

condizionale

potere
potrei
potresti
potrebbe
potremmo
potreste
potrebbero

dovere
dovrei
dovresti
dovrebbe
dovremmo
dovreste
dovrebbero

FARMACIA

c) Cosa vorresti / potresti / dovresti

...fare nel tempo libero? ....

...prendere contro il mal di stomaco? ....

...fare per essere in forma? ....

...fare per imparare più vocaboli? ....

...leggere durante le vacanze? ....

d) Confronta le risposte con quelle del vicino.
   Avete interessi simili?

➡ **Es. 4–7**

8

a) **Jogging jogging…**

Marisa, Piera e Roberto devono incontrare
gli amici alle sette e trenta per andare a correre.

Ascoltate il dialogo.

b) **Dopo l'ascolto leggete l'ultima parte del dialogo.**

Piera: Che voce! Cos'hai? Non stai bene?

Marisa: Ma, così così…Senti, ho un gran mal di gola
e la testa mi fa male.

Piera: Hai preso qualcosa? Uno sciroppo o che so,
un'aspirina,…

Marisa: Quante ne devo prendere? Mezza? Una?
Sai che non la prendo volentieri.

Piera: Ne puoi prendere una, due. Allora, non
ti aspettiamo?

Marisa: No, non voglio rischiare una bronchite.

Piera: Oh, non esagerare! Dovresti andare dal
medico piuttosto.

Marisa: Telefoni tu agli altri?

Piera: D'accordo, li avviso io.

Marisa: E Roberto come sta?

Piera: Non c'è male, grazie. Allora ciao e guarisci presto.
…

Roberto: Va bene, allora questa volta senza Marisa.
Peggio per lei che non vuole curarsi.

> Quante **ne** devo prendere?
> **Ne** puoi prendere **una**.

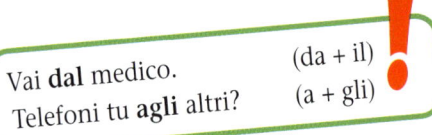

> Vai **dal** medico.   (da + il)
> Telefoni tu **agli** altri?   (a + gli)

c) **In piccoli gruppi combinate e formulate domande e risposte.**

Esempio: – Quante aspirine prendi?
• Ne prendo una contro il mal di testa./Non ne prendo mai. Perché…

1. aspirina   mal di stomaco…

2. sciroppo   mal di testa…

3. tranquillanti   *NE*   mal di gola…

4. gocce omeopatiche   essere nervoso…

5. tisana all'alloro   tosse…

9

Marisa non prende volentieri le medicine. Cosa fanno le altre persone?

	Cos'ha?	Cosa potrebbe fare?	Lo fa?
1			
2			
3			
4			
5			

10 Rispondete usando il condizionale di *dovere, potere, volere*. Dove è necessario usate il pronome.

Perché non ti iscrivi a una palestra?	lo	iscriversi	*Mi vorrei iscrivere ma ...*
Abitano in campagna i signori Bertini?	potere	abitare là	....
Volete provare questa tisana?		bere	....
Perché non fai una cura termale?	dovere	fare	....
	la		
I bambini possono mangiare i cioccolatini?	non	mangiare	....
Perché Sandro non smette di fumare?	ne	smettere	....
Perché non dimagrisci un po'?	le	perdere tre chili	....
Perché non dormite di più?	mi	dormire	....
Andate in bicicletta?	volere	andare	....
Non devono fare la dieta i ragazzi?	li	fare	....

11 A coppie. Uno sta male e l'altro dà un consiglio.

Esempio: – Cos'hai? / Come ti senti? / Non stai bene?
      • Ho...
      – Vuoi...? / Dovresti...

 **Es. 8–10**

E ora...

12 a) Volete provare la ricetta della nonna Antonina contro il mal di stomaco?

acqua: un    zucchero: un

alloro: tre    Mettere il tutto in un tegamino.

limone: solo la buccia    Bollire per cinque minuti.

b) Conoscete anche voi la ricetta di una tisana? Quale? Contro quali disturbi?

....

....

....

 **Es. 11, 12**

13 a) Al corso serale d'italiano i partecipanti raccontano cosa hanno fatto durante le vacanze di Pentecoste.

Ascoltate cosa ci racconta Christel Kammerer. Dopo l'ascolto leggete.

– Sono appena tornata da Vulcano. Come è bello: ogni volta faccio vacanze e cure termali. Ritorno con una bella pelle liscia, senza rughe, come dicono gli italiani, scusi, pelle di …?

• Pelle di pesca.

– Genau. Finora sono andata a Vulcano tre volte all'anno, ma vorrei andarci anche più spesso. Le mie amiche ed io con tutta la famiglia abbiamo fatto il viaggio in treno fino a Milazzo e dopo in traghetto direttamente a Vulcano. Appena arrivati, subito dentro la fossa con il fango caldo fino al collo per far ringiovanire la pelle. Come vorrei stare dentro il fango per delle ore! Purtroppo non è possibile perché bisogna uscire dopo circa venti minuti. Una volta usciti, si fa il bagno direttamente nel mare a pochi metri dalla fossa.

È un posto dove l'acqua ha una temperatura di 60°C.
Qualche volta rimango sdraiata sulla roccia in prossimità di qualche fessura dalla quale esce il vapore caldo e così la cura è completa. Subito dopo vado a casa per fare una bella colazione in giardino, con lo sguardo sempre rivolto al mare. Questo è l'ideale per abbattere lo stress e imparare a godere la vita come la gente di là: sempre gentile, accogliente e allegra. Non vorreste provare anche voi?

b) Rispondete alla domanda della signora Kammerer.

Esempio: Ci andrei, ma… / Ci sono già stato e… /
Mi piacerebbe perché…

c) • Voi avete fatto delle cure termali?
• Conoscete altre località termali in Italia o nel vostro paese?
• Conoscete la posizione dell'arcipelago delle Eolie?

14 a) Eolie

L'isola di Vulcano fa parte del gruppo delle Isole Eolie o Lipari. È l'isola dell'arcipelago più vicina alla Sicilia. Erodoto, storico greco, nel 475 a. C. la chiama Hiera, cioè sacra. Anche Tucidide nel V sec. a. C. scrive che Vulcano appare con molto fumo di giorno e alte fiamme di notte.
Vulcano è una lezione di geologia, c'è di tutto: colori clamorosi, vapori e fumo, mare che bolle, fango che borbotta sprigionando gas, forte odore di zolfo, spiagge fessurate da cui fuoriesce calore intenso, alte rocce, pittoreschi angoli selvaggi.
Il Porto di Levante ed il Porto di Ponente sono due spiagge ormai famose tra i turisti che arrivano qui per le cure termali. Al Porto di Levante, si aprono le fumarole e le sorgenti termali con il fango giallastro bollente.

Sul litorale orientale i battelli fanno una sosta per permettere ai turisti di fare il bagno ad Acquacalda, dove il mare gorgoglia di gas di zolfo e raggiunge vicino alle fessure sulla spiaggia i 100°C di temperatura. Alla base nord del Faraglione vi è una larga pozza di fango tiepido e grigiastro, nell'aria l'acre odore dell'idrogeno solforato. Qui la gente viene dai paesi più lontani per cospargersi il corpo di fango salutare per la pelle e per i reumatismi e per sciacquarsi poi con un bagno in mare.
Altri vengono per fare delle inalazioni naturali con il vapore che fuoriesce dalle fessure, ideale per curare le malattie della respirazione.

Sulla costa occidentale dell'isola di Lipari le acque sgorgano con una temperatura di 60°C e sono indicate per artriti e malattie della pelle.
Queste terme risalgono al tempo dei più antichi abitanti dell'isola. Durante i lavori di ripristino dello stabilimento è stato scoperto l'impianto termale risalente al XVII sec. a.C. Esiste anche una grotta sudatoria, sauna naturale, testimonianza delle attività termali organizzate dai Romani.

da: La provincia di Messina, Azienda Provinciale Turismo, adattato

b) **Quali espressioni del testo riguardano la natura e quali la salute?**

natura	*salute*

c) **Quali disturbi si possono curare a Vulcano e a Lipari?**

mal di gola	☐	stress	☐
malattie della pelle	☐	dolori reumatici	☐
gastrite	☐	mal di denti	☐

• Unregelmäßige Verben stare (Präsens)

(noi)	stiamo
(voi)	state
(loro)	stanno

Sono molto stanco.

• *molto* als Adverb
molto stanco / molto stanca
molto stanchi / molto stanche

molto *als Adverb („sehr") ist unveränderlich.*

Ho molto sonno.
Ho molta paura.

• *molto* als Adjektiv
molto sonno / molta paura
molti amici / molte persone

molto *als Adjektiv („viel, viele") gleicht sich an sein Bezugswort an. Diese beiden Regeln gelten auch für* tanto, poco *und* troppo.

Non sono affatto stanco.

• Verneinung
non … affatto *(überhaupt nicht)*

Wie bei der Verneinung mit mai, nessuno, per niente *muss auch bei der Verneinung mit* affatto *vor dem Verb* non *stehen.*

anch'io *(ich auch)*
neanch'io *(ich auch nicht)*

anche io *wird oft zu* anch'io *apostrophiert.*

Einen Wunsch ausdrücken:
Vorrei prendere un caffè, ma non posso…
Einen höflichen Ratschlag geben:
Dovresti andare a letto.
Wahrscheinlichkeit, Unsicherheit ausdrücken: Piera dovrebbe arrivare tra un quarto d'ora.

• Das Konditional der Modalverben   → 1.6.2

volere	potere	dovere
vorrei	potrei	dovrei
vorresti	potresti	dovresti
vorrebbe	potrebbe	dovrebbe
vorremmo	potremmo	dovremmo
vorreste	potreste	dovreste
vorrebbero	potrebbero	dovrebbero

Sarebbe bello fare una passeggiata ma…

• Das Konditional von *essere*

sarei	saremmo
saresti	sareste
sarebbe	sarebbero

Alla statua mancano le braccia.

• Unregelmäßige Pluralformen von Substantiven   → 2.1

il braccio	→	le braccia
l'orecchio	→	le orecchie
il dito	→	le dita

Die Bezeichnungen für einige Körperteile bilden unregelmäßige Pluralformen.

– Quante aspirine devo prendere?
• Ne devi prendere una.

• ne
(davon, hiervon)

Ne *gibt eine Teilmenge eines bereits genannten Begriffs an. Es bleibt im Deutschen unübersetzt.*

• Präposition+bestimmter Artikel im Plural
a + i   > ai
a + gli > agli
a + le > alle

Außer a *verbinden sich auch die Präpositionen* di, da, su *und* in *mit dem Artikel.*

– Telefoni tu agli altri?
• Sì, gli telefono io.

• direktes/indirektes Objekt, Unterschiede zwischen Deutsch und Italienisch   → 7.6

Während nach dem Verb „anrufen" im Deutschen der Akkusativ folgt („jemanden anrufen"), steht im Italienischen telefonare *mit indirektem Objekt (*telefonare a qualcuno*).*

Come restiamo?

1   a)   **Osserva i disegni e completa.**

> richiamare   c'è Luigi, per favore?   Attenda !   dimmi!
> Chi parla, scusi?   chiamala a casa!   Potrei parlare con…
> sta parlando.   Mi dica!   puoi telefonargli in ufficio.

①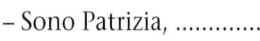
- • Pronto!
- – Sono Patrizia, ...
- • Sono io. Ciao, Patrizia.
- – Ah, come stai?

②
- • Pronto!
- – Buongiorno, c'è Alessandro per favore?
- • ....
- – Sono Roberto.
- • Ah, sei tu. Alessandro non c'è, ma se vuoi........

③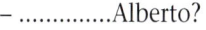
- • Pronto!
- – ....Alberto?
- • Con chi, scusi?
- – Con Alberto Tozzi.
- • Ha sbagliato numero.
- – Oh, mi scusi.

④
- • Pronto. CAFEB.
- – Sono il signor Lo Grasso.
  Vorrei parlare con il ragionier Perrini.
- • Un attimo. Senta, ...
  Vuole restare in linea
  o....................?

⑤
- • Pronto!
- – Buongiorno signor Cardinale. Sono Luca.
- • Ah, ciao Luca, ...!
- – .... Sua figlia?
- • Senti, ...Io sono in macchina.

⑥
- • Qui ACI.
- – Pronto, telefono da Stra.
- • ....
- – Ho un problema.

   b)   **Ascolta i dialoghi e confronta!**

➡ **Es. 1**

2 a) Al telefono. Ascolta e ripeti.

- Pronto!
- Sì, sono io.
- Mi dispiace, non c'è.
- Quando posso chiamarti?
- Di' a Paolo di richiamare!
- Chiamala a casa!
- Sta' tranquilla, telefono appena arrivo!
- Chi parla, scusi?
- Un attimo, per favore.
- Fa' sapere al ragioniere che telefono domani!
- Ha sbagliato.
- Vorrei parlare con…
- Sì, mi dica!
- Sono io, dimmi!
- Scusa, non ho avuto tempo di chiamarti.

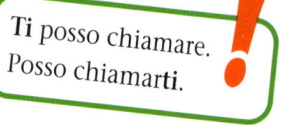

Ti posso chiamare.
Posso chiamarti.

Dim**mi**!
Chiama**la**!

b) Completa!

Imperativo + pronome	TU	LEI	NOI
leggere libri gialli	*Leggili!*		
parlare l'italiano		*Lo parli!*	
ricordarsi			*Ricordiamoci!*
scrivere le lettere	*Scrivile!*		

telefonare agli amici		*Gli telefoni!*	
mandare un fax a Eva			*Mandiamole un fax!*
portare un regalo a Ezio	*Portagli un regalo!*		

Alcuni irregolari

	fare	dare	stare	dire
tu		Da'!		
Lei	Faccia!		Stia!	

io vorrei...

… leggerli. Li vorrei leggere.	… vederlo.	… scriverle.	… incontrarla. ....

… telefonargli. Gli vorrei telefonare.	… portargli un regalo.	… mandarle un fax. ....

Es. 2, 3

3 a) Ecco alcuni brevi dialoghi al telefono. Come rispondi? Scrivilo!

1. – Pronto!
   - • C'è Alberto?   *(nach Alberto fragen)*
2. – C'è Filippo?
   - • .... *(Filippo selbst ist am Apparat.)*
3. – Ciao, Anna. Vorrei parlare con Ludovica.
   - • .... *(Der Anrufer soll Ludovica auf deren Handy anrufen.)*
4. – Posso parlare con il direttore?
   - • .... *(Der Anrufer soll kurz warten.)*
5. – È il signor Santini?
   - • .... *(Wer ist der Anrufer?)*
6. – Sono Alberti, c'è il dottor De Angeli?
   - • .... *(einen Grund angeben, weswegen der "dottore" nicht zu sprechen ist)*
7. – C'è il ragioniere?
   - • .... *(Der "ragioniere" spricht gerade.)*

b) Ecco alcune situazioni al telefono. A coppie fate il dialogo.

	A	B
1.	*Sich am Telefon melden.* *Fragen, wer der Anrufer ist.* *Sagen, dass der Anrufer kurz warten soll.*	*Nach Alessandro fragen.* *Antworten.* *Danken.*
2.	*Nach Dr. Peduto fragen.* *Fragen, wann man wieder anrufen kann.* *Danken.*	*Sagen, dass er nicht im Büro ist.* *Sagen, dass der Direktor von 9 bis 12 im Büro ist.* *Sich verabschieden.*
3.	*Nach Dr. Santini fragen.* *Sich entschuldigen und sich verabschieden.*	*Sagen, dass der Anrufer die falsche Nummer gewählt hat.* *Sich verabschieden.*
4.	*Sich am Telefon melden.* *Sagen, dass Anna nicht da ist und dass der Anrufer sie auf ihrem Handy erreichen kann.*	*Sich mit Namen melden und nach Anna fragen.* *Danken und sich verabschieden.*
5.	*Es meldet sich der Anrufbeantworter der Familie.*	*Eine Nachricht hinterlassen.*

4 Ascolta i seguenti dialoghi e segna quello che succede.

	Occupato	Nessuno risponde.	Non è in casa.	Non può parlare.	È la persona.	Ha sbagliato numero.
1.						
2.						
3.						
4.						
5.						
6.						
7.						
8.						

5 **Mentre passeggiano.**

*Michele, Marco, Angela, Isabella e Patrizia
sono da una settimana in vacanza in Sicilia.
Mentre passeggiano, discutono su come
trascorrere il pomeriggio.*

Michele: La giornata è proprio bella! Non vorrei stare
al mare tutto il pomeriggio come gli altri
giorni. Abbiamo letto lo slogan "Sicilia è
cultura", ma fino ad ora non abbiamo visto
nulla.

Marco: Io voglio godermi il bel tempo e rimango
tutto il pomeriggio sulla spiaggia con
Angela. Sono pigro, lo sapete!

Angela: No, no, no, Michele ha ragione. Abbiamo
visitato il museo delle marionette. Mi è piaciuto molto, non lo avrei proprio
immaginato. E c'è ancora tanto da vedere. Ora che ci penso ho letto su *"Bell'Italia"* un articolo
su una villa settecentesca di Goethe a Bagheria con delle foto così strane. Ma il nome, il nome
non me lo ricordo.

Patrizia: Ah certo, la famosa Villa dei Mostri e non di Goethe! È la villa dove Goethe ha soggiornato.
Infatti nei suoi appunti di viaggio fa la descrizione non solo della villa, ma anche del Principe
di Palagonia che l'ha fatta costruire. Io l'ho vista da bambina con i miei genitori. Che paura
abbiamo avuto allora, le mie sorelle ed io! Ma la rivedrei volentieri.

Marco: Ah, Patrizia la solita fifona! Cosa hai visto con i tuoi? Gli spiriti?

Patrizia: Ma va', gli spiriti non li ho visti, ma le statue sono proprio interessanti.
Tu Isabella, cosa preferisci?
La spiaggia, o i mostri?

Isabella: Mah, se non vengo con voi,
dovrei restare sola
con Marco e sentire
i suoi soliti discorsi,
allora preferisco
i vostri mostri.
Vengo con voi, ma
prima devo passare
in albergo.

> Ho visto <u>la villa</u>.
> L'ho vista.
>
> Non ho visto <u>gli spiriti</u>.
> Non li ho visti.

sapere
so
sai
sa
sappiamo
sapete
sanno

Marco: Come? Preferisci i mostri e vuoi vederli senza di me?
Allora andiamo tutti insieme. Isabella, sai l'orario degli autobus per Bagheria?

Isabella: Sì, guarda, l'ho preso proprio l'altro ieri all'AST.
Ci sono i collegamenti per tutta la provincia di Palermo.

Michele: Brava Isabella! Fammi vedere! Ah, c'è un autobus tra un'ora.
Prendiamo quello, come restiamo?

Marco: D'accordo. Vediamoci tutti qui, tra mezz'ora.
Puntuali, mi raccomando.

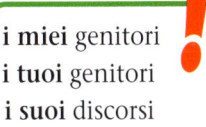

i **miei** genitori
i **tuoi** genitori
i **suoi** discorsi

6

a) **Variazioni sul tema**

– Chi ha *comprato i biglietti?*

• *Li* ho comprati io.

comprare	biglietti	io
scrivere	cartoline	Anna
chiamare	Cecilia	noi
leggere	programma	Paolo
vedere	spiriti	nessuno
accompagnare	ragazze	loro

b) **Leggi e cerca la risposta adatta.**

Ricorda: *La villa? Sì, l'ho vista.*

1. – Pronto!
   • Ciao Anna, sono Lilli. Dove sei? Ti disturbo?
   – No, sono in centro. Dimmi!
   • Andiamo al cinema stasera?
   Al Corso danno *"La vita è bella"* di Benigni. ☐

2. – Pronto!
   • Sono la signora Russo. Posso parlare con il signor Carli?
   – Ah, buongiorno. Sono io.
   • Sa che fino a domenica c'è la mostra
   "Espressionismo tedesco 1909–1923".
   Volete vederla anche voi? ☐

3. – Se la prossima settimana andiamo
   all'opera al San Carlo, vengono anche
   i De Filippo? ☐

4. – Le canzoni del Festival di Sanremo
   sono sempre più brutte. ☐

A. Hai ragione, le ho sentite
   anch'io, che squallore!
B. Mi dispiace, l'ho già visto.
C. Sì, certo. Li ho già invitati io.
D. Certo, veniamo anche noi.
   Non l'abbiamo ancora vista.

➡ **Es. 4–6**

5

c) i miei, i tuoi, i suoi... Collegate:

1. Sabato vado con i miei colleghi a vedere *L'Arlecchino* al "Perempruner". Vuoi venire anche tu?

2. Marta, hai telefonato alle tue amiche per la gita di domenica prossima?

3. Quali sono i tuoi hobby?

4. Conosci le canzoni di Celentano?

5. Signora, i Suoi CD sono arrivati.

a. Sì, mi piacciono, invece i suoi film non mi sembrano interessanti.

b. Mi piacerebbe, perché la commedia dell'arte è sempre divertente, ma i tuoi colleghi! Andiamo solo noi due.

c. Oggi pomeriggio passa mio figlio. Grazie per la telefonata.

d. Sì, ma non ho trovato Roberta, forse è al mare con i suoi.

e. Mi piace andare in bicicletta o ascoltare musica.

→ Es. 7

7

Ecco una vecchia canzone riproposta da Giorgio Gaber che inizia così:

Vengo a prenderti stasera...

Secondo voi che cosa significa *vengo a prenderti*?

– Passo da casa tua e andiamo insieme a...
– Vieni a casa mia e andiamo insieme a...
– Vengo da te a prendere qualcosa.

Ora ascoltate la canzone.

Provate a completare la prima parte della canzone:
... sulla mia torpedo blu, l'automobile ....,
che mi dà un tono di ....
Già ti vedo .... come .... sei tu.

Secondo voi, lui è giovane?
Perché ama uscire di sera con la torpedo blu?
Lei è sempre elegante?
Avete già avuto occasione di guidare una oldtimer,
vi piacerebbe averne una a disposizione per una sera?

8

a) Proposte

Marta e Giulia al telefono

– Pronto! Marta, sei tu?
• Sì, dimmi!
– Ho un'idea. Avresti voglia di venire con me allo ZELIG stasera? Danno *"I sette peccati capitali"* con Milva.
• Sì, il cabaret mi piace da morire.
– Allora passo a prenderti alle otto.
• D'accordo, a stasera.

Gatto e Marini in ufficio

– Cosa facciamo domani sera? Potremmo andare a teatro. Al Piccolo danno una commedia di Dario Fo, mi sembra *"Gli imbianchini non hanno ricordi"*...
• Oh, peccato, mi piacerebbe ma domani sera ho un impegno. Mi dispiace, non posso.
– E domenica potrebbe venire? Ha tempo?
• Perché no? Domenica sì, sono libero ma qui non ho la macchina.
– Allora vengo a prenderLa. Ci vediamo davanti all'albergo alle otto e un quarto, mi occupo io dei biglietti.

b) Ripetete i dialoghi a due a due, scegliendo uno spettacolo dalla pagina culturale.
Potreste dire anche così:

OGGI DOVE

Teatro Biondo
Via Roma 258
ore 17.30
Amleto
con Kim Rossi Stuart
di Antonio Calenda
Biglietti: da € 23,00
Botteghino:
dalle 10 alle 13
e dalle 16 alle 19.30

Spazio Zero - Cantieri Culturali alla Zisa
Via Paolo Gili 4
ore 21
Il maestro e M
di Virgini
Bi

Hai voglia di..?   Vengo a prenderti...
         Verresti...?   Potremmo...

Trattoria Stella
Via Alloro 104
Tel. 0916161136
Aperto a pranzo e cena
Carte di credito: Carta Sì

Teatro Al Massimo
Piazza Verdi
Tel. 091589575
ore 20.30
Stevenson Clark & The Friends
American Black Festival
Ingresso gratuito fino
ad esaurimento posti

Cabaret

CA' BIANCA, via L. il Moro, 117
☎ 02.89.12.57.77. Riposo.
ZELIG, v.le Monza, 140 ☎ 02.25.51.774. (200 posti, bar) Riposo.

c) In piccolo gruppi. Cosa avete voglia di fare oggi?

A invita due compagni a fare qualcosa con lui.
B e **C** accettano la proposta con entusiasmo, oppure rifiutano e dicono perché.

- Andare a vedere l'ultimo film di Benigni.
- Fare un giro tra le bancarelle del mercato delle pulci.
- Andare all'opera dei pupi.
- Andare a vedere la partita.
- Andare al concerto di Zucchero e Pavarotti.
- Vedersi il sabato mattina per fare jogging.
- Andare a trovare gli amici in montagna.
- Andare alla mostra *"Dai Dogi agli Imperatori"* presso il Museo Correr.
- Giorno, orario..
- Punto d'incontro...
- Chi partecipa...

9 a) D'accordo? Ascoltate

 b) Riascoltate e completate.

	Si mettono d'accordo?	Per quale giorno?	A che ora?	Dove?	Per fare cosa?
1.					
2.					
3.					
4.					

10 **a)** **Cosa è successo a Giacomo?**

Giacomo: Scusa, scusa per il ritardo, è che...
Marisa: Ma non preoccuparti, non è un problema. Cosa è successo?
Giacomo: Mi dispiace proprio, è che ho finito di lavorare solo venti minuti fa. Per questo sono in ritardo.
Marisa: Calma, calma, non ha importanza. Possiamo benissimo andare a cena prima del film e vedere il secondo spettacolo.

b) **Scegliete fra queste cause di ritardo e dialogate.**

rimanere bloccati nel traffico   discutere con il vicino di casa
non trovare subito un parcheggio
incontrare un conoscente per la strada
perdere il treno   dimenticare l'appuntamento
avere un contrattempo

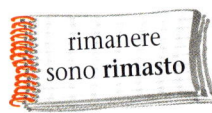

rimanere
sono **rimasto**

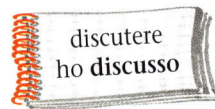

discutere
ho **discusso**

c) **Oggi queste persone hanno fatto tardi. Come possono scusarsi? Scrivete.**

– *Scusa per il ritardo ma sono rimasto bloccato.*

➤ **Es. 8, 9**

11 **a)** **Quattro biglietti e quattro risposte, quali?**

> *Ho due biglietti per lo spettacolo di cabaret "El fiol de Trieste" di domani. Hai voglia di venire? Un bacio.*
> *Carlo*

> *Perché non sei venuto con me al corso di cucina?*
> *Berta*

> Vengo volentieri con mia figlia.
> P. Ferri

> Andiamo al Palasport sabato sera?
> C'è Luca Carboni.
> Aspetto la tua risposta.
> Michele

> Verrei volentieri, ma non so il dialetto. Vediamoci dopo lo spettacolo.
> Maria

> Vorrei invitarLa da me per il caffè oggi pomeriggio. La aspetto alle tre.
> Gravini Silvia

> *Ho avuto un contrattempo, scusami. Ci vediamo la prossima settimana prima del corso e prendiamo qualcosa.* *Luca*

> Peccato! Mi piacerebbe ma sabato è il compleanno di Paolo. Perché non vieni anche tu alla sua festa?
> Anna

b) **Ora scrivete un breve invito. Scambiatelo con il vicino e scrivete una risposta adatta.**

E ora...

12   Uno di voi ha vinto...

- un viaggio di due giorni a Venezia per
  il carnevale con volo compreso per due persone
- due biglietti per un concerto dei Solisti Veneti a Brema
- due biglietti per la *"Carmen"* alla Scala
- un soggiorno di tre giorni per due persone ad
  Abano Terme, tutto compreso
- una settimana di sole a Procida
- una settimana in una azienda agrituristica tra le
  colline toscane

... e propone ad un compagno di corso di accompagnarlo. Fate i dialoghi.

13   Un invito

Carlo è un patito dell'Internet. Naviga tutta la sera e ormai i suoi amici possono raggiungerlo solo per posta elettronica.

Scegliete una delle due manifestazioni e scrivetegli un invito.

Treviso / 6 aprile
RASSEGNA GIOVANI: **"GIU' AL NORD" DI SERRA E ALBANESE** Con la partecipazione di Antonio ALBANESE regia di Giampiero SOLARI. TEATRO EDISON G.A.T. TRIVENETO • Tel. 0422/56243 – Fax 0422/544374

Mogliano Veneto / 28 aprile – 3 maggio
19° TORNEO SCACCHISTICO INTER- **NAZIONALE "CITTA' DI MOGLIANO"** Incontro ad alto livello. La manifestazione si è qualificata nel panorama del settore scacchistico nazionale ed internazionale. CIRCOLO SCACCHISTICO • Tel. 041/454428 – Fax 041/5904934

14 Senza attori

L'opera del pupi è una delle diverse forme tradizionali di teatro. È un teatro di marionette di origine molto antica. Si parla di pupi fin dal IV sec. a.C., anche Senofonte e Seneca li nominano. La grande diffusione dei pupi è intorno alla metà dell'800, quando il teatro delle marionette di Roma e di Napoli influenza anche la Sicilia.

I testi sono scritti, i temi si ispirano alla *"Chanson de Roland"* e rievocano le gesta dei cavalieri Orlando, Rinaldo, Gano, Bradamante e di Angelica, amante appassionata. I pupi esprimono i sentimenti della vita di tutti i giorni, riflettono la maniera di vivere e di pensare della gente comune. Così, accanto al traditore Gano, Orlando impersona il giovane fiero e coraggioso, travolto dalla passione dell'amore. È sempre il binomio amore-odio che guida i pupi.

I locali in cui si rappresentano queste opere sono piccoli e semplici ma l'entusiasmo del pubblico è grandissimo. Durante la rappresentazione gli spettatori parlano a voce alta, danno suggerimenti, gesticolano e scommettono sul presunto vincitore. I pupi vengono costruiti da diversi artigiani. Il falegname realizza lo scheletro, il fabbro costruisce l'armatura, la testa viene creata da uno scultore e il sarto confeziona con fantasia il costume di velluto o seta. I pupi si differenziano da regione a regione, sono alti più di un metro e molto pesanti perché portano le armature.

Le rappresentazioni si possono vedere oggi in diverse città italiane tra cui Milano, dove Onofrio Sanicola dirige un teatro dei pupi. Tra le diverse famiglie di pupari, i fratelli Cuticchio di Palermo organizzano anche spettacoli nelle scuole, seguiti con interesse dai giovani. Inoltre hanno portato questo spettacolo all'estero ed ogni anno fanno una lunga tournée in Germania.

15 a) Colombina e Pantalone

Il tradizionale teatro delle marionette di Torino è il *Gianduia,* che ha in programma tutto l'anno pezzi ispirati alla Commedia dell'Arte. I personaggi Gianduia, Arlecchino, Colombina, Pantalone hanno tratti di carattere regionale: Pantalone è il ricco e avaro commerciante veneziano, Baldanzone è il medico sempre sicuro di sé e ben nutrito dall'ottima cucina bolognese, Gianduia è il ricco e generoso contadino piemontese. Il teatro delle marionette è amato e seguito dal pubblico con grande interesse. Per questo sono possibili anche operazioni a sorpresa, come quelle a volte proposte dal *Piccolo Teatro Perempruner.*

Nella seconda metà del '500, come reazione alla allora commedia di corte, nasce un teatro popolare non scritto, chiamato Commedia dell'Arte. Le compagnie sono formate da attori professionisti e girano di città in città. I dialoghi non sono scritti e perciò cambiano spesso, grazie a fantasia e bravura degli attori. I personaggi sono tipi fissi, caratterizzati da maschere regionali e da costumi.

b)

"Il mondo nuovo" in scena al Perempruner

Una società perfetta con attori e burattini

Questa sera alle 21 va in scena al Piccolo Teatro Perempruner di Grugliasco "Il mondo nuovo", uno spettacolo tratto dal romanzo "Brave New World" di Huxley e messo in scena dall'associazione O-ZOO NO. L'operazione riserva due piccole sorprese: la prima è che si tratta di una formazione di giovani teatranti; la seconda è che lo spettacolo prevede la mescolanza di attori e burattini, e in genere l'utilizzo del linguaggio proprio del teatro di figura. Il regista Roberto Zibetti crea un clima a tratti surreali, coordina attori e pupazzi che permettono di restare sul limite della violenza sintetica propria dei burattini. L'entusiasmo è grande e la scena vive anche di questo.

da: *la Repubblica* 03-03-99, adattato

c) Scriviamo, parliamo...

Personaggi e loro carattere

opera dei pupi	Colombina e Pantalone

• Nell'articolo sul Perempruner si parla di "sorprese". Quali sono?

1. .... 2. ....

• Conoscete gruppi di giovani teatranti? Che cosa recitano?

• Preferite il teatro classico o quello moderno? Preferite pezzi allegri o seri?

• Dove andate volentieri nel tempo libero? In quale occasione? Con chi?
Chiedete ai vostri vicini a quali spettacoli vanno volentieri e cosa hanno visto ultimamente.

Ti è piaciuto...?
    Vai volentieri a...?

Non mi interessa.	Non mi piace.	Che noia!
Mi è piaciuto.	Non mi è piaciuto per niente.	Che pizza!
L'ho trovato fantastico / bello / noioso!		

Ricorda

5

Scusa, non ho avuto tempo di chiamarti.

- **Die Objektpronomen in Verbindung mit dem Infinitiv**
  chiamare + ti ➜ chiamarti

Verbindet sich ein Objektpronomen mit dem Infinitiv, fällt von diesem der Endvokal „e" aus.

➜ 7.3.2

Quando ti posso chiamare?

Quando posso chiamarti?

- **Die Objektpronomen bei Modalverben**
  Quando ti posso chiamare?
  O + M + I
  oder
  Quando posso chiamarti?
  M + I + O

Beachten Sie, dass beide Möglichkeiten von der im Deutschen verwendeten Wortstellung abweichen:
„Wann <u>kann</u> ich <u>dich</u> <u>anrufen?</u>"
M + O + I
(O = Objektpronomen)
(M = Modalverb)
(I = Infinitiv)

➜ 7.3.3

– Laura non è in ufficio.
• Chiamala a casa!

- **Die Objektpronomen beim Imperativ**
  chiama! + la ➜ chiamala!
  chiamiamo! + la ➜ chiamiamola!
  chiamate! + la ➜ chiamatela!

Objektpronomen werden an den Imperativ angehängt. Dies gilt für alle Formen des Imperativs mit Ausnahme der Höflichkeitsform.
(La chiami!)

➜ 1.2.3.2

- **Unregelmäßige Formen des Imperativs**

		(tu)	(Lei)
dire	➜	di'!	dica!
dare	➜	da'!	dia!
fare	➜	fa'!	faccia!
stare	➜	sta'!	stia!

➜ 1.2.2

– Buongiorno, sono Luca.
• Ciao, Luca. Dimmi!

- **Besondere Formen von Imperativ + Pronomen**
  di'! + mi ➜ dimmi!

Bei den einsilbigen Imperativformen wie di', da', fa', va', sta' wird der Konsonant, mit dem das nachfolgende Objektpronomen beginnt, verdoppelt.

Sai l'orario degli autobus?

Non so il dialetto siciliano.

- **Das unregelmäßige Verb *sapere* (Präsens)**

so	sappiamo
sai	sapete
sa	sanno

Eine Bedeutung von sapere: „(etwas) wissen".
Eine andere Bedeutung von sapere: „(etwas) können" im Sinne von „eine Fähigkeit besitzen".

– Hai visto gli spiriti?
• No, non li ho visti.

- **Das Perfekt mit direkten Objektpronomen**
  lo ho visto ➜ l'ho visto
  la ho vista ➜ l'ho vista
  li ho visti
  le ho viste

Das Partizip verändert seine Endung nach dem Objektpronomen. Die Singularformen werden apostrophiert.

➜ 1.3.6

Hai telefonato alle tue amiche?

- **Die Possessivpronomen mit Bezugswort im Plural**

i miei amici	le mie amiche
i tuoi amici	le tue amiche
i suoi amici	le sue amiche
i nostri amici	le nostre amiche
i vostri amici	le vostre amiche
i loro amici	le loro amiche

Die Possessivpronomen miei, tuoi, suoi sind unregelmäßig. Bei ihnen wird vor dem Endvokal „i" ein weiterer Vokal eingefügt.

Sono stato a Bagheria con le mie sorelle.

- **Die Possessivpronomen mit Bezugswort im Plural bei Verwandtschaftsbezeichnungen**
  … mia sorella
  aber: le mie sorelle

Beim Bezugswort im Plural steht das Possessivpronomen grundsätzlich mit dem bestimmten Artikel, auch bei Verwandtschaftsbezeichnungen.

➜ 8

Come mi sta?

Conoscete l'espressione italiana "su misura"?
Voi qualche volta andate dal sarto per le modifiche?
Conoscete i nomi di alcuni stilisti italiani?
Portate volentieri scarpe italiane?
Quali marche vi vengono in mente?

1 a) **Anna e Patrizia davanti ad una vetrina.**

- • Tu sei troppo esigente, tutto ti deve stare a pennello. Il pullover è stretto, la giacca è larga, il soprabito non è all'altezza del ginocchio, i pantaloni di cotone non ti piacciono perché non sono eleganti, il vestito dovrebbe essere più attillato, il colore è troppo chiaro. Allora avresti bisogno di una sarta per farti fare tutto su misura.
- – Aspetta, guarda quel completo da 380 euro, potrebbe essere finalmente il taglio adatto a me. Con la camicetta di seta andrebbe proprio bene.
- • È vero. Hanno cose veramente belle e tante marche. Guarda quel cappotto di lana di Missoni e quei pantaloni di pelle. E che accessori!
- – Belli sì, ma che prezzi! Sono veramente esagerati. E quelle camice da uomo della Lacoste!
- • Le cose esclusive costano. Guarda quel cappello, è favoloso! Mi piace proprio.
- – Proprio tu che non ti metti mai il cappello! Dai, entriamo, sono curiosa!

soprabito

vestito

cappotto

camicetta

cappello

b) **Scrivete nella tabella i nomi di vestiti e di materiali.**

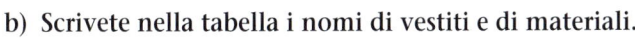

vestiti	materiali
pullover	*cotone*

M a n h a t t a n .
C o l l e z i o n e   L a c o s t e .

Nella nuova collezione autunno-inverno Lacoste non ci sono solo polo ma anche: camicie, jeans, pantaloni, maglie, maglioni, | giubbotti, giacconi, abitini, gonne, gilet e tanti accessori. Tutto in moltissimi colori e fantasie, naturalmente.

Campagna stampa italiana, "Eventi"

a) Abbina i capi di abbigliamento con i nomi usati nella pubblicità.

b) Quali vestiti della collezione Lacoste sono…

per donna?	per uomo e donna?
gonna	*maglione*
…	…

3 **a)** Ognuno sceglie un compagno e, senza dirne il nome, scrive quello che indossa.

Di che materiale è?	Com'è?
È di...	*È a...*
...lana	..righe
...seta	...quadri
...lino	...fantasia
...velluto	...disegni geometrici
...cotone	
...vernice	*È in ...*
...pelle	...tinta unita
...cuoio	
...tessuto sintetico	
...tessuto misto	

b) A turno si legge la descrizione. La classe prova a indovinare la persona. ➡ **Es. 1–2**

4 **a)** – Che bella questa cintura! Dove l'hai comprata?
• Piace anche a te? Indovina un po'…
– Da Gucci.
• Ma no, gli articoli griffati costano troppo.
– Hai ragione. Quella che ho preso io l'anno
  scorso all'Emporio Armani l'ho pagata
  70 euro.
• Questa non è cara come la tua. L'ho presa
  al mercato. Là i prezzi sono ancora accessibili.
  È costata solo 10 euro.
  Certo la tua è molto più cara di questa, ma
  è anche più bella.
– Sì, è vero, al mercato si spende meno che in
  un negozio. Non solo per gli accessori. Anche
  i costumi da bagno o le tute da ginnastica
  sono proprio economici.

Gucci è più caro di Armani.

caro	...più caro	di...	La gonna è più cara della camicetta.
	...meno caro	di...	Il mio cappotto è meno caro del tuo.
			Al mercato si spende meno che in un negozio.
economico	...più/meno caro	che...	Girare al mercato è più divertente che andare in
a buon mercato			una boutique.
	...così caro	come...	La mia cintura non è (così) economica come la tua.
	...così economico	come...	

6

b) Qual è il contrario di...

> largo   corto   moderno   stretto   comodo
>   scomodo   brutto   bello   lungo
>   caro   economico   ???

c) Osservate il disegno e scrivete il capo di abbigliamento corrispondente.

1. È più cara del vestito.   ....

2. È meno comoda del pullover.   ....

3. È meno elegante del completo.   ....

4. Sono più alte dei sandali.   ....

5. Sono meno care del completo.   ....

6. Sono meno attillati dei jeans.   ....

5   **Guardate ancora una volta la vetrina in alto e nominate vestiti e prezzi come nell'esempio.**

Esempio: Una gonna da 130 euro.

6   **A coppie confrontate i prezzi del negozio con quelli del mercato (pag. 65) e dialogate.**

Esempio: – Guarda, il pullover al mercato costa solo 15 euro.

       • È vero, al negozio è più caro però è di pura lana vergine.   ➡ **Es. 3–6**

7

a) Ecco un dialogo tratto dalla commedia *Ti ho sposato per allegria* di Natalia Ginzburg.

Pietro:	Il mio cappello, dov'è?
Giuliana:	Hai un cappello?
Pietro:	Sì, ma adesso non lo trovo più.
Giuliana:	Non me lo ricordo questo cappello.
Pietro:	Non te lo puoi ricordare. Non lo metto da molto tempo. È solo un mese che ci conosciamo.
Giuliana:	Non dire così. Sono tua moglie.
Pietro:	Sei mia moglie da una settimana. In questa settimana non ho mai messo il cappello. Me lo metto solo quando piove forte, e quando vado ai funerali. Oggi devo andare a un funerale con mia madre e piove anche.
	…
madre di Pietro:	Il cappello di Pietro è orrendo. Gli dica di buttarlo via.
Pietro:	Mai! È un cappello molto buono.

© Einaudi

b) Pietro parlando del cappello dice: "Me lo metto quando piove." E voi quando vi mettete…

> **!**
> Mi metto il cappello.
> **Me lo** metto.

…la maglietta?	*Me la metto quando*	fa caldo.
…il costume da bagno?	....	vado in piscina.
…la tuta da ginnastica?	....	vado in palestra.
…i guanti?	....	fa freddo.
…le calze colorate?	Non	mai.
…i pantaloni?	....	spesso.
…l'impermeabile?	....	piove.
…i bermuda?	....	sono al mare.
…gli stivali?	....	qualche volta.

c) Descrivete un capo di abbigliamento che portate volentieri. In quale occasione ve lo mettete?

Esempio: Quel vestitino nero tanto aderente me lo metto per…
Non rinuncerei mai al maglione norvegese rosso e grigio così caldo. Lo porto…

➡ **Es. 9, 10**

6

8 a) **In un negozio. Ascoltate.**

b) **Sottolineate e scrivete le frasi necessarie per acquistare o vendere vestiti o scarpe in un negozio di moda.**

Commessa: Buongiorno.

Anna: Buongiorno. Ho visto in vetrina quel completo da 680.000 lire. Ha la mia taglia?

Commessa: Che taglia porta?

Anna: La 46.

Commessa: Sì, c'è in diversi colori. È di pura lana vergine. E i bottoni poi, guardi come sono belli!

Anna: Allora provo questo blu.

Patrizia: Hai visto? Ci sono anche dei completi con i pantaloni.

Anna: No, preferisco la gonna, è più elegante.

Commessa: Se vuole si può accomodare, la cabina è qui a destra.

        …

Anna: Oh, mi sta bene, no?

Patrizia: Sì, ti sta bene e il modello è adatto a te.

Anna: Però guarda, la gonna è un po' stretta di vita e la giacca ha le maniche troppo corte.

Commessa: Si può fare qualche piccola modifica.

Anna: No, non voglio. Se la taglia più grande va bene, la prendo, altrimenti niente.

Commessa: Un attimo, ecco!

        …

Anna: Sì, questo è perfetto. Lo prendo.

Patrizia: Finalmente, possiamo andare.

Anna: Sì, devo comprare ancora un paio di calze di seta e le scarpe da Magli.

Commessa: Guardi, abbiamo anche le scarpe. Che numero porta?

Anna: Il trentotto, trentotto e mezzo.

Commessa: Se vuole provarle, si accomodi qui!

        …

Anna: No, sono scomode e troppo strette di punta. Ha qualche altro modello, magari di vernice?

Commessa: Mi dispiace, non abbiamo altro.

Anna: Allora pago il completo. Accettate la carta di credito?

Commessa: Certo….. Ecco a Lei, grazie e arrivederci.

Anna: Arrivederci, grazie.

per acquistare	*per vendere*

c) **Cosa vi piacerebbe comprare per…**
  • andare a teatro.
  • le prossime vacanze.
  • la festa di carnevale.
  A coppie fate i dialoghi.

9 In piccoli gruppi: guardate i disegni, dividetevi i ruoli e fate i dialoghi.

10 a) Guardate la pubblicità. Che cosa indossa il giovane?

b) Ascoltate il seguente dialogo guardando la pubblicità.
Che cosa ha comprato il giovane?
Che modifica deve fare il sarto?

c) *(i pantaloni)*
   – Me li faccia provare perché questi sono un po' stretti.
   • Un attimo, glieli porto…Eccoli!
   …

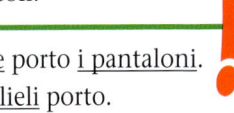

Le porto i pantaloni.
Glieli porto.

(la camicia)
   – Le maniche sono un po' lunghe. Si potrebbero
   accorciare?
   • Non è una modifica semplice che possiamo fare
   noi, ma gliela faccio fare da un bravo sarto che
   lavora su misura.
   – Va bene, e per quando me la può fare?

Le faccio fare la modifica.
Gliela faccio fare.

DOLCE & GABBANA

> Ecco i pantaloni! → Eccoli!
> Ecco la sciarpa! → Eccola!

11 **a) Collegate.**

Eccole!   Eccola!   Eccoli!   Eccolo!   Eccola!   Eccola!

b) Che cos'è? Sottolineate l'oggetto corrispondente.

Esempio: Gliele faccio vedere.   <u>sciarpe</u>/bottoni

Gliele porto.   scarpe/pantaloni
Gliela faccio provare.   camicetta/maglione
Glieli prendo dalla vetrina.   pantaloni/calze
Glielo faccio vedere.   cappello/borsa

c) Variazioni sul tema

– Vorrei vedere *delle scarpe di vernice*.
• Venga, *gliele* faccio vedere.
– *Me le* faccia provare.

> scarpe di vernice
> guanti di lana
> pantaloni sportivi
> gonne al ginocchio
> costumi da bagno
> magliette di cotone

d) Con gli elementi dell'attività 11 a) e b) fate dei dialoghi secondo il modello:

Esempio: – Vorrei vedere delle sciarpe di lana.
                 • Un attimo, gliele faccio vedere.
                 – Mi piace questa a quadri piccoli. Quanto costa?
                 • 35 euro.
                 – Va bene, la prendo.

12 **Ascolta il seguente dialogo tra un commesso e un cliente e poi rispondi.**

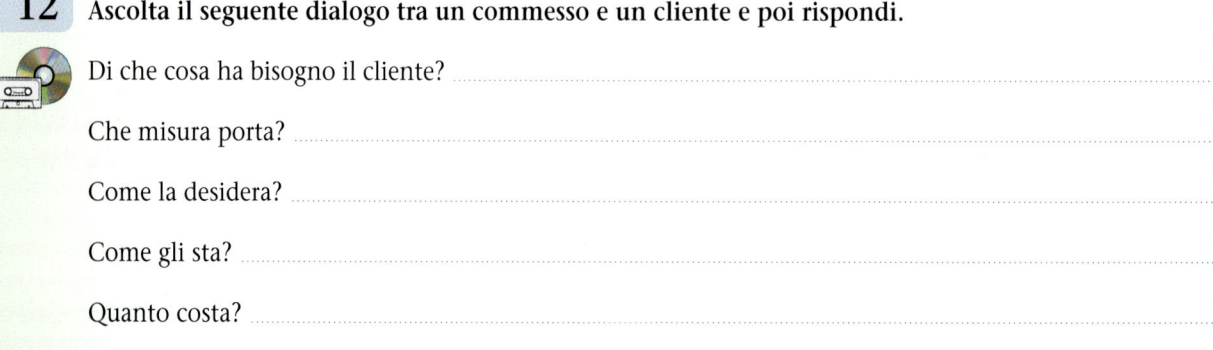

Di che cosa ha bisogno il cliente? ....

Che misura porta? ....

Come la desidera? ....

Come gli sta? ....

Quanto costa? ....

La compra? ....

Es. 7–9

E ora...

13 Tu e la moda

1. Per me la moda è...	☐ importante.
	☐ poco importante.
2. Preferisco vestiti...	☐ sportivi.
	☐ eleganti.
3. Mi piace comprare i vestiti...	☐ quasi sempre negli stessi negozi.
	☐ dove capita.
4. Porto volentieri...	☐ i colori di moda.
	☐ i miei colori preferiti.

E per te?

E tu?

?

14 Confrontiamo.

A quali anni si riferiscono le foto? *1890, 1940, 1960,* ...oggi

Confrontate con espressioni come: più corta di..., più largo di..., meno comodi di...

Esempio: Il vestito della prima foto è più corto del vestito della terza foto.

15

a) **Osservate la vetrina di OGGI. C'è qualcosa che vi piace e che vorreste comprare? 𝔸 è il commesso, 𝔹 è il cliente, fate un breve dialogo.**

b) **Siamo nel centro storico di Ulm, presso il negozio OGGI. È un elegante negozio di moda con grandi vetrine raffinate. Abbiamo intervistato i gestori.**

- Chi è l'intervistato?
- Che articoli vende?
- Chi sono i clienti?
- Che tessuti preferiscono i clienti?
- Secondo l'intervistata, perché gli italiani amano l'eleganza?

a)

E per gli abiti sartoriali continua il trend positivo

L'alta qualità paga. Il comparto degli abiti sartoriali non conosce crisi, anzi continua a crescere.
Sia per fatturato che per export. Brioni e Kiton – fondata da Ciro Paone – sono i leader mondiali della
produzione sartoriale maschile, con aziende organizzate su basi moderne sotto il profilo manageriale.
Qual è la differenza rispetto agli altri? I sarti artigianali per cucire un abito impiegano in media
45 ore. Lo stesso abito con la stessa cura viene completato in circa 20 ore in queste ditte, contro le
3–4 ore medie impiegate nella produzione industriale.

da Il Sole 24 Ore 25-06-99

• A voi piacerebbe avere un abito confezionato su misura da una sartoria famosa?

La grande sartoria non è certo l'unica possibilità. In Italia spesso sia
le donne che gli uomini vanno dal loro "sarto di fiducia" che
conosce, oltre alle misure,
anche tutti i difetti dei suoi
clienti. Il bravo sarto sa qual
è il taglio adatto ad ogni
cliente. Non sempre il suo
lavoro è economico, ma
molti preferiscono spendere
qualcosa in più ed indossare un bell'abito.

• Avete anche voi il vostro "sarto di fiducia"?  **Es. 10**

b)

I distretti del nostro Paese scelti dagli stilisti di tutto il mondo per lavorazioni accurate e flessibilità produttiva

L'Italia laboratorio dell'alta qualità

La formazione dei futuri professionisti della moda è fondamentale per il futuro del *made in Italy*,
settore che nell'ultimo anno ha fatturato quasi 40 miliardi di euro, di cui il 60 % in esportazione.
In occasione della rassegna romana dell'alta moda abbiamo visto ancora una volta in passerella,
insieme ai grandi nomi, le creazioni di alcune delle più importanti scuole italiane di alta moda.

numero scuole	numero studenti italiani e stranieri	spese annuali sostenute da ogni allievo	diplomati all'anno
200	10.000	da 2.500 a 7.000 euro	7.000

Le scuole sono tutte private ma in alcune regioni come Lazio e Lombardia agiscono in collaborazione
con l'amministrazione pubblica che in parte le sovvenziona.
Gli allievi vengono da tutto il mondo e naturalmente i diplomi sono riconosciuti anche all'estero.
Tutti lavorano con tanto impegno e soprattutto tanta voglia di diventare un giorno un nome come
Valentino, Gucci, Trussardi, Fendi, Ferré, Biagiotti, Versace che sono sinonimo di creazione, nuovi
modelli, sfilate di moda e coprono l'80 % della produzione italiana medio-alta che offre, incredibile
ma vero, anche modelli junior e baby.

Griffe, un affare da 19mila miliardi

c) Milano è oggi la capitale della moda italiana. Con un budget annuo di più di 50.000 miliardi di lire conta più di seimila boutique oltre a centinaia di locali per esposizioni dei vari stilisti. Due le tappe importanti: le collezioni primavera-estate ed autunno–inverno e l'affascinante serata conclusiva che si svolge ogni anno a Roma, tra i fiori della famosa scalinata di Piazza di Spagna.

Le industrie tessili si trovano in gran parte in Lombardia e Piemonte. I cotonifici più importanti sono a Brescia e a Bergamo, mentre a Como tradizionalmente si produce la seta. Da qui quasi cinquanta milioni di metri quadrati di seta vengono esportati ogni anno. Anche nell'area Nord-Est negli ultimi decenni si è sviluppata l'industria tessile e della confezione.

Oggi non solo gli abiti sono firmati ma anche foulard, profumi, gioielli e accessori come borse e scarpe.

Il peso dei grandi marchi

Incidenza degli stilisti e dei marchi di lusso sulla produzione italiana '98

	Mld lire	Quota % griffe	Mld lire
Abbigliamento	58.000	20	11.600
Calzature	16.000	10	1.600
Pelletteria	4.000	50	2.000
Occhiali	3.000	60	1.800
Profumi	1.000	60	600
Orologi	2.000	30	600
Gioielli	11.000	8	880
Totale	95.000	20	19.080

Fonte: Pambianco Strategie di impresa

da *Il Sole 24 Ore* 25-06-99

L'industria delle scarpe

A proposito di scarpe ecco un diagramma sui paesi che le importano dall'Italia.

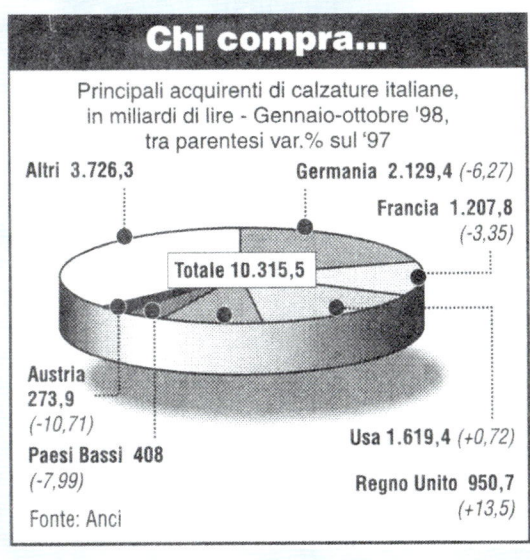

Chi compra...

Principali acquirenti di calzature italiane, in miliardi di lire - Gennaio-ottobre '98, tra parentesi var.% sul '97

Altri 3.726,3
Germania 2.129,4 (-6,27)
Francia 1.207,8 (-3,35)
Totale 10.315,5
Austria 273,9 (-10,71)
Paesi Bassi 408 (-7,99)
Usa 1.619,4 (+0,72)
Regno Unito 950,7 (+13,5)
Fonte: Anci

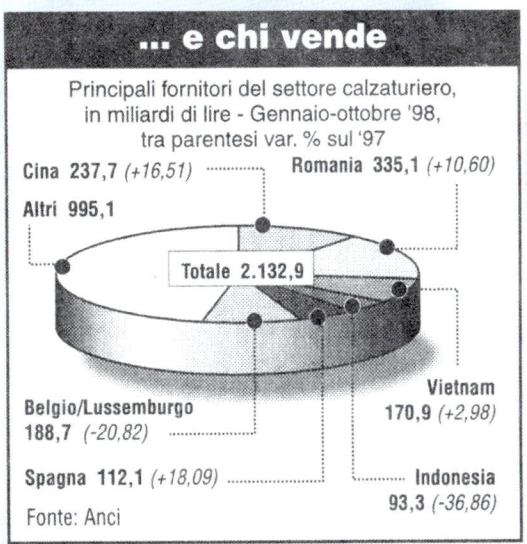

... e chi vende

Principali fornitori del settore calzaturiero, in miliardi di lire - Gennaio-ottobre '98, tra parentesi var. % sul '97

Cina 237,7 (+16,51)
Romania 335,1 (+10,60)
Altri 995,1
Totale 2.132,9
Vietnam 170,9 (+2,98)
Belgio/Lussemburgo 188,7 (-20,82)
Spagna 112,1 (+18,09)
Indonesia 93,3 (-36,86)
Fonte: Anci

Il Sole 24 Ore 04-03-1999

• Guardate il diagramma. Quale paese è il più grande acquirente di calzature italiane?

• Quanto investono i grossisti tedeschi in scarpe italiane?

Ricorda

6

- Über das Material eines Kleidungsstücks sprechen

I pantaloni **di** cotone non sono eleganti.

- **Die Präposition *di* bei der Angabe des Materials**

i pantaloni **di** cotone
  (*aus* Baumwolle)

- Angaben zum Aussehen eines Kleidungsstücks machen

Mi piacerebbe una camicia **a** righe.

- **Die Präposition *a* zur Angabe der Art und Weise**

una camicia **a** righe
  (*gestreift*)

A righe wörtlich übersetzt hieße „mit Linien". Im Deutschen verwendet man aber einen feststehenden Ausdruck. Gleiches gilt z.B. bei a quadri = kariert.

- Eine Ware anhand ihres Preises bestimmen

Ho visto in vetrina quel completo da 380 euro.

- **Die Präposition *da* bei Preisangaben**

il completo **da** 380 euro
  (*zu* 380 Euro)

- zwei Dinge vergleichen

La gonna è **più** cara **della** camicetta.
Il mio cappotto è **meno** caro **del tuo**.

- **Der Komparativ**

più/meno … di + *Substantiv*
  Eigennamen
  Pronomen

→ **3.4.3**

Al mercato si spende **meno che in** un negozio.
Girare al mercato è **più** divertente **che andare** in una boutique.

più/meno … che + *Präposition*
  Verb

La mia cintura non è (**così**) cara **come** la tua.

(**così**) … come

Der Vergleich beim come kann mit così eingeleitet werden. Dieses entfällt aber meistens.

– Dove sono i pantaloni?
- Eccoli!

- ***ecco* + direkte Objektpronomen**

Ecco**lo**!   Ecco**la**!
Ecco**li**!   Ecco**le**!

→ **7.3.5**

Direkte Objektpronomen werden an Ecco! angehängt.

– Posso provare quei pantaloni?
- Un attimo, **glieli** porto…

- **Kombination von indirekten und direkten Objektpronomen**

A chi?+ che cosa?
mi + li > **me li**
ti + li > **te li**
gli + li > **glieli**
le + li > **glieli**
ci + li > **ce li**
vi + li > **ve li**
gli + li > **glieli**
Statt *li* kann das Objektpronomen auch *lo, la* oder *le* lauten.

→ **7.5.1**

Wenn indirekte und direkte Objektpronomen aufeinanderfolgen, wird das indirekte Objektpronomen zur besseren Aussprache lautlich angeglichen.

– Quando si mette il cappello?
- Se **lo** mette solo quando piove.

- **Kombination von Reflexivpronomen und direkten Objektpronomen**

(lui/lei) si + li > **se li**
(loro)   si + li > **se li**

→ **7.5.2**

Die lautliche Angleichung geschieht auch für das Reflexivpronomen si der dritten Person Singular und Plural.

1 a) La posta del dietologo

Sono una ragazza di 24 anni. Sono impiegata. Non sono molto sportiva. Ho sovente mal di testa e sono sempre raffreddata. Sono già stata dal mio medico che ha parlato di allergia alla polvere degli ambienti. Per via del mio lavoro non posso evitare gli ambienti chiusi. Cosa potrei fare per aiutare il mio fisico ad eliminare quest'allergia?

Letizia Pigroni, Arezzo

Cara Letizia,
purtroppo un'allergia difficilmente si elimina. Per star meglio, oltre a seguire i consigli del tuo medico, potresti aumentare le tue difese naturali con dei comportamenti sani: dovresti fare regolarmente sport all'aria aperta, dovresti mangiare frutta fresca e tanta verdura cruda. Attenzione: di frutta fresca ne basta poca. Inoltre potresti, almeno una volta alla settimana, fare una sauna, soprattutto d'inverno. In questo modo i sintomi più fastidiosi dovrebbero diminuire già dopo qualche settimana.

Dott. Pietro Starbene

b) Il dottor Starbene è diventato famoso e risponde alle vostre domande durante una trasmissione radiofonica.

- La classe si divide in due gruppi.
- Il primo gruppo è formato da pazienti con tanti piccoli problemi di salute.
- Il secondo gruppo prende il ruolo del dottor *Starbene* che dà consigli ai pazienti.

2 Valigie

- Alessandro e il suo amico Peter hanno deciso di andare per una settimana al festival *Umbria Jazz*.
- Anche i signori Jakobs amano la musica ma preferiscono l'opera. Domani partono per Pesaro, dove vogliono vedere *"L'italiana in Algeri"*.

Cosa mettono in valigia?

lo zaino di Peter   la valigia dei signori Jakobs

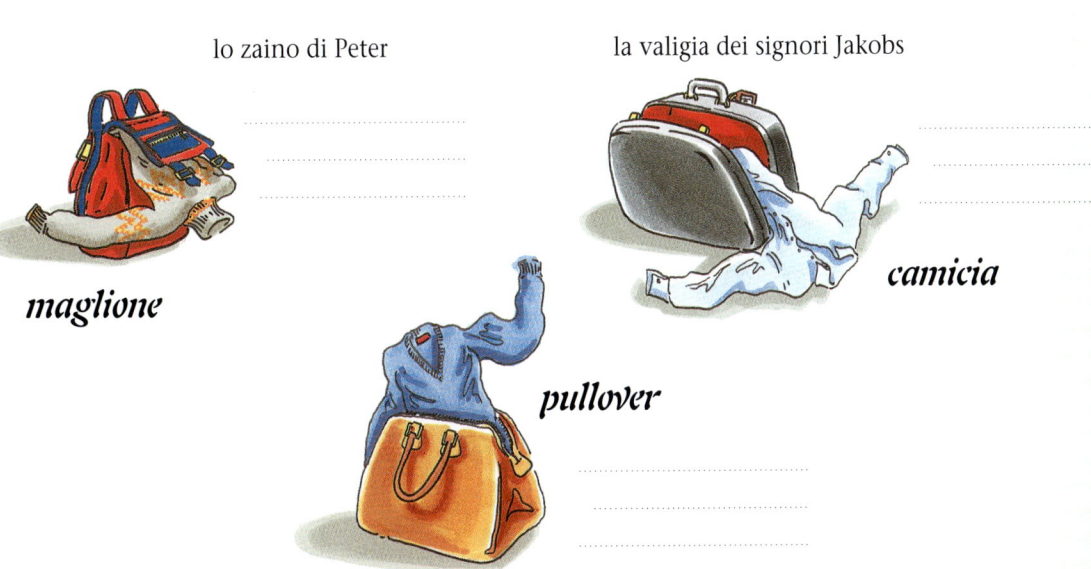

maglione

camicia

pullover

il borsone di Alessandro

MUSICA

Spoleto

♦ IL FESTIVAL DEI DUE MONDI

Ultima settimana di giugno – seconda di luglio

<u>In programma</u>: opere liriche, concerti, spettacoli di danza, prosa, mostre, marionette e film

Informazioni:

Associazione Festival dei Due Mondi

Piazza Duomo 8, Spoleto

Tel.: 0743-40619, per prenotazioni: fax 0743-230147

Ravello

♦ FESTIVAL MUSICALE

Ultima settimana di giugno – prima di agosto

<u>In programma</u>: musiche di *Mahler, Beethoven, Wagner*

Informazioni:

Azienda di soggiorno di Ravello

Piazza Duomo 10, Ravello

Tel.: 089-857096

Perugia

♦ UMBRIA JAZZ

Seconda e terza settimana di luglio

Con la partecipazione di musicisti famosi
come *J. Taylor, D. Murray, C. Roditi*

Informazioni:

Associazione Umbria Jazz

Piazza Dante 28, Perugia

Tel.: 075-5732432

Fax: 075-5722656

Pesaro

♦ ROSSINI OPERA FESTIVAL

Agosto

<u>In programma</u>: *L'italiana in Algeri* e opere di giovani compositori su commissione del Festival

Informazioni:

Il Rossini Opera Festival ha l'indirizzo e-mail: <u>rof@rossinioperafestival.it</u>

• A e B discutono e decidono a quale
festival partecipare.
Quindi chiedono per telefono
altre informazioni.

• C risponde al telefono.

camera d'albergo e prezzo
data precisa dello spettacolo
combinazioni: viaggio/albergo/biglietti
tipo di biglietto e prezzo

Tanti auguri!
Brindiamo!

7

1 Dorotea compie gli anni.

Chi sta facendo che cosa?

Scrivete il numero corrispondente alla persona.

☐ La ragazza in minigonna con i capelli castani sta bevendo il vino.
☐ Il signore con i baffi sta ballando.
☐ La signora con gli occhiali e il vestito rosa sta aprendo la porta.
☐ Giulio si sta togliendo la giacca.
☐ Marco e Carla stanno parlando.
☐ Si stanno baciando.
☐ Il ragazzo biondo con il giubbotto sta mettendo un CD.
☐ La zia di Dorotea porta un vestito senza maniche e sta mangiando le tartine.
☐ Il ragazzo con il pullover giallo sta scrivendo.
☐ Gli ultimi ospiti stanno entrando.

In questo momento gli ospiti *entrano*. Gli ospiti **stanno entrando.**

!

stare + gerundio

sto	ballando	**Attenzione, alcune forme irregolari:**
stai		
sta	mettendo un CD	fare facendo
stiamo		dire dicendo
state	aprendo	bevendo
stanno		bere

Scrivi chi sta facendo che cosa.

la zia e la nipotina   la bambina   Vincenzo

abbracciare

sorridere

battere
le mani

1. ....

2. ....

3. ....

3   **Avete buona memoria?**
A coppie: Osservate il disegno dell'attività 1), quindi a memoria uno domanda e l'altro risponde.

Cosa stanno facendo…

• la ragazza in minigonna?
• la signora robusta con il vestito senza maniche?
• la ragazza con la maglia rossa.
• il ragazzo biondo con il giubbotto?
• il ragazzo con i capelli rossi e la sua ragazza?

Esempio: – Cosa sta facendo la ragazza in minigonna?
         • Non mi ricordo.
         oppure
         • Sta bevendo il vino.

altri elementi

Sì, è vero.
Sei sicuro?   Mi sembra di no.
Secondo me, sta…   Forse stanno…

4 L'insegnante è in ritardo.

Michele   Olga   Anna   Cristina   Laura   Davide   Marisa

Franco   Luigi   Patrizia   Giulio   Giuseppe   Antonina

A coppie: A osserva il disegno e scrive i nomi accanto ad ogni studente.
B vorrebbe sapere i nomi delle persone e domanda cosa sta facendo ogni singolo studente.
A risponde.

Esempio: B: Che cosa sta facendo Michele?
A: Sta mangiando un panino.
B: Ah, so chi è. Il ragazzo a sinistra.

5 Che cosa stanno facendo, secondo voi...

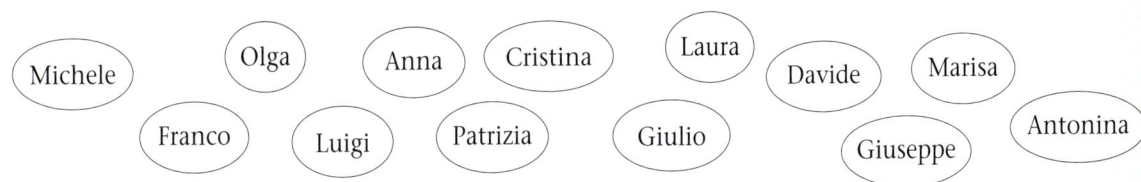

il Papa   Carreras   De Crescenzo   Umberto Eco
Sophia Loren   Il Ministro degli Esteri   Giorgio Armani   ???? Altre personalità

Scrivetelo.

....

....

....

....

Es. 1–3

6 Preparativi

a)

– Pronto!

• Pronto! Ah, Maria, dimmi!

– Sai, sono ancora in centro, in Via Condotti, per
   il regalo di Pierangela, ma sto per arrivare.
   E voi, a che punto siete? Cosa state facendo?

• Oh, che confusione! Pierangela è in bagno: si sta
   già preparando, Silvio e Giuseppe sono in cantina
   e stanno scegliendo il vino e mia nonna è in cucina, prepara la torta ma sta per finire.

– Bene, bene, avete già pensato alla decorazione?
   Vi manca qualcosa? Devo portare i palloncini?

• No, li abbiamo già. Il mio ragazzo li sta gonfiando.
   Piuttosto potresti portare delle candele?

– Sì, sì, le compro qui in centro. A tra poco.

> Maria *arriva tra poco.* = Maria **sta per arrivare.**

b) Completate.

	Dove sono?	Cosa stanno facendo?	Cosa stanno per fare?
la nonna			
Silvio e Giuseppe			
Pierangela			
Maria			
amico			

c) Variazioni sul tema

   – *Giulia dovrebbe arrivare* tra poco, vero?

   • Sì, certamente *sta per arrivare.* / Sì, *sta già arrivando.*

Giulia	arrivare	tra poco / in questo momento
gli amici	venire	tra poco
lui	uscire	in questo momento
tu	finire	in questo momento
l'autobus	arrivare	tra poco
voi	partire	in questo momento

7 Osservate e descrivete.

andare a dormire   fare   prendere o perdere?   ballare   mettere   partire

➡ **Es. 4**

8 a) # Matteo sta per arrivare alla festa di Pierangela.

Dopo l'ascolto leggete.

Marina: È proprio una bella festa. Ma non c'è Matteo, come mai? Non viene?

Pierangela: Certo, figurati! Matteo non può mancare. Sta per arrivare.
In questo periodo studia molto, sta preparando l'ultimo esame.
…

Pierangela: Ah, eccolo.

Matteo: Auguri! Auguri!

Pierangela: Ciao, entra!

Matteo: Guarda, ho incontrato Sandro, il fratello di Giulia.

Pierangela: Ah, sì, mi ricordo. Ciao Sandro, vieni. Ecco mia sorella, ti presenta gli altri.

Sandro: Che bello! Ah, guarda, c'è anche Marina. La conosco.

Matteo: Posso darti un bacio, Pierangela? Questo è per te. Buon compleanno!

Pierangela: Oh, grazie. Ma che cos'è? Sono curiosa, lo apro subito.
Ah, la guida Touring degli Abruzzi, interessante. Ti ringrazio di cuore.

Matteo: È solo un pensiero.

Pierangela: Vieni, prendiamo qualcosa, gli altri stanno già mangiando.
Ci sono tartine, dolci, salatini…

Matteo: Grazie, ma non ho appetito.

Pierangela: Caffè? Prosecco?

Matteo: Ah, un bicchiere di prosecco lo bevo sempre volentieri. Allora, brindiamo!
Alla tua salute! Buon compleanno! Cento di questi giorni!

b) **Rileggete e sottolineate**
- **le espressioni che si sentono ad una festa,**
- **le forme del gerundio.**

c) **E voi**
…date volentieri una festa per il vostro compleanno?
…chi invitate? …cosa offrite?
…organizzate con piacere delle feste?

9

a) Oggi è l'onomastico di Pietro, che come ogni anno dà una piccola festa.
Alcuni ospiti sono già arrivati, altri stanno arrivando. Cosa dicono? Combinate.

Auguri! Grazie, che bella sorpresa! Mille grazie!
Un pensiero per il tuo onomastico. Questo è per te!
Buon onomastico! Grazie. Che pensiero gentile!

*In italiano si dice pensiero o pensierino
per indicare un piccolo regalo.*

b) Ora è il momento di mangiare qualcosa. A coppie fate dei brevi dialoghi.

Offrire qualcosa

Prendi un pezzo di torta? Cosa bevi? No, grazie.
Sì, grazie. Ti ringrazio ma non mi sento.
Qualche tartina... Volentieri, grazie.

Pietro offre...

> tartine   succo di frutta   prosecco   torta   salatini
> spremuta d'arancia   caffè   Vecchia Romagna

➡ **Es. 5–7**

10

L'onomastico di Pietro cade in giugno. In quale giorno? Cercatelo nel calendario.

La data

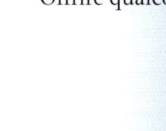

LUGLIO
1 M P. SANG. di GESÙ
2 G S. SETTIMIO
3 V S. TOMMASO
4 S S. ELISABETTA di P.
5 D XIII per ANNUM
6 L S. M. GORETTI
7 M S. CLAUDIO
8 M SS. AQUILA e PRISC.
9 G S. VERONICA G.
10 V SS. RUFINA, e SEC.
11 S S. BENEDETTO
12 D XIV per ANNUM
13 L S. ENRICO
14 M S. CAMILLO DE LELLIS
15 M S. BONAVENTURA
16 G MAD. DEL CARMELO
17 V S. ALESSIO
18 S S. FEDERICO
19 D XV per ANNUM
20 L S. ELIA
21 M S. LORENZO DA BR.
22 M S. MARIA MADDALENA
23 G S. BRIGIDA
24 V S. CRISTINA DI BOLS.
25 S S. GIACOMO
26 D XVI per ANNUM
27 L S. PANTALEONE
28 M SS. NAZARIO E CELSO
29 M S. MARTA
30 G S. PIETR. CRISOLOGO
31 V S. IGNAZIO DI LOYOLA

AGOSTO
1 S S. ALFONSO M. DE'L.
2 D XVII per ANNUM
3 L S. LIDIA
4 M S. GIOVANNI M. V.
5 M S. EMIDIO
6 G TRASFIGURAZ. di N.S.
7 V S. GAETANO
8 S S. DOMENICO
9 D XVIII per ANNUM
10 L S. LORENZO
11 M S. CHIARA F.
12 M S. ERCOLANO
13 G SS. IPPOLITO E PONZ.
14 V S. MASSIMILIANO M. K.
15 S ASSUNZIONE B.V. M.
16 D XIX per ANNUM
17 L S. GIACINTO
18 M S. ELENA
19 M S. GIOVANNI EUDES
20 G S. BERNARDO
21 V S. PIO X
22 S B.V. MARIA REG.
23 D XX per ANNUM
24 L S. BARTOLOMEO
25 M S. LUDOVICO
26 M S. ALESSANDRO
27 G S. MONICA
28 V S. AGOSTINO
29 S S. GIOVANNI BATTISTA
30 D XXI per ANNUM
31 L S. ABBONDIO

SETTEMBRE
1 M S. EGIDIO
2 M S. ELPIDIO
3 G S. GREGORIO MAGNO
4 V S. ROSALIA
5 S S. VITTORINO
6 D XXII per ANNUM
7 L S. GAETANO
8 M NATIVITA DI MARIA SS.
9 M S. PIETRO CLAVER
10 G S. NICOLA da TOLENT.
11 V SS. PROTO e GIAC.
12 S S. MARIA DI GESÙ
13 D XXIII per ANNUM
14 L ESAL. d. CROCE
15 M MADONNA ADDOL.
16 M SS. CORNELIO E CIPR.
17 G S. ROB. BELLARM.
18 V S. GIUSEPPE DA COP.
19 V S. GENNARO
20 D XXIV per ANNUM
21 L S. MATTEO
22 M S. MAURIZIO
23 M S. LINO PAPA
24 G S. PACIFICO
25 V S. AURELIA
26 S SS. COSMA E DAMIANO
27 D XXV per ANNUM
28 L S. VENCESLAO
29 M SS. MICH. GABR. RAFF.
30 M S. GIROLAMO

OTTOBRE
1 G S. TERESA di G.B.
2 V SS. ANGELI CUSTODI
3 S S. EDM. DI SCOZIA
4 D XXVI per ANNUM
5 L S. PLACIDO
6 M S. BRUNO
7 M B.V. M. DEL ROSARIO
8 G S. PELAGIA
9 V S. ...
10 L S. ...
11 ...
12 ...
13 L S. ...
14 M ...
15 ...
16 M ...
17 G ...
18 L S. ...
19 ...
20 ...
21 ...
22 ...
23 ...
24 L ...
25 D ...
26 ...
27 ...
28 M S. SIMEONE
29 V S. ELEUTERIO
30 S S. PIER DAMIANI
31 S S. BENIAMINO

NOVEMBRE
1 D TUTTI I SANTI
2 L COMM. DEFUNTI
3 M S. RICCARDO
4 M S. CARLO BORROMEO
5 G SS. ELISAB. e ZACC.
6 V S. LEONARDO
7 S S. ERNESTO

DICEMBRE
1 M S. ELIGIO
2 M S. BIBIANA
3 G S. FRANCESCO SAV.
4 V S. GIOV. DAMASCENO
5 S S. SABA
6 D II° DI AVVENTO
7 L S. AMBROGIO

GENNAIO
1 G MADRE DI DIO
2 V SS. BASILIO E GREG.
3 S S. GENOVEFFA
4 D II° per ANNUM
5 L S. AMELIA
6 M EPIFANIA DEL SIGNORE
7 M S. RAIMONDO
8 G S. SEVERINO
9 V S. GIULIANO
10 S S. ALDO
11 D BATTESIMO DEL SIGNORE
12 L S. ARCADIO
13 M S. ILARIO
14 M S. FELICE DA NOLA
15 G S. MAURO
16 V S. MARCELLO
17 S S. ANTONIO ABATE
18 D II° PER ANNUM
19 L S. MARIO
20 M S. SEBASTIANO
21 M S. AGNESE
22 G S. VINCENZO
23 V S. EMERENZIANA
24 S S. FRANCESCO DI S.
25 D III per ANNUM
26 L SS. TIMOTEO E TITO
27 M S. ANGELA MERICI
28 M S. TOMMASO D'AQUINO
29 G SS. COST. E VALERIO
30 V S. MARTINA
31 S S. GIOVANNI BOSCO

FEBBRAIO
1 D IV° per ANNUM
2 L PRES. DEL SIGNORE
3 M S. BIAGIO
4 M S. GILBERTO
5 G S. AGATA
6 V SS. PAOLO MIKI E C.
7 S S. TEODORO
8 D V° per ANNUM
9 L S. APOLLONIA
10 M S. SCOLASTICA
11 M B.V. MARIA DI LOURDES
12 G SACRE CENERI
13 V S. MAURA
14 S SS. CIRILLO E METODIO
15 D VI° per ANNUM
16 L S. GIULIANA
17 M S. RUPERTO
18 M S. SIMEONE
19 G S. MANSUETO
20 V S. ELEUTERIO
21 S S. PIER DAMIANI
22 D VII° per ANNUM
23 L S. POLICARPO
24 M S. CATERINA DI SV.
25 M LE CENERI
26 G S. NESTORE
27 V S. GABRIELE DELL'ADD.
28 S S. ROMANO

MARZO
1 D I° DI QUARESIMA
2 L SS. GIOVINO E BAS.
3 M S. CUNEGONDA
4 M S. CASIMIRO
5 G S. ADRIANO
6 V S. COLETTA
7 S SS. PERP. E FELICITA
8 D II° DI QUARESIMA
9 L S. FRANCESCA R.
10 M S. SIMPLICIO
11 M S. COSTANTINO
12 G S. INNOCENZO
13 V S. PATRIZIA
14 S S. MATILDE
15 D III° QUARESIMA
16 L S. AGAPITO
17 M S. PATRIZIO
18 M S. CIRILLO DI GERUS.
19 G S. GIUSEPPE
20 V S. ALESSANDRA
21 S S. SERAPIONE
22 D IV° DI QUARESIMA
23 L S. TURIBIO
24 M S. CATERINA DI SV.
25 M ANNUNC. DEL SIGNORE
26 G S. EMANUELE
27 V S. RUPERTO
28 S S. SISTO III
29 D V° DI QUARESIMA
30 L S. AMEDEO
31 M S. BENIAMINO

APRILE
1 M S. UGO
2 G S. FRANCESCO di Paola
3 V S. RICCARDO
4 S S. ISIDORO
5 D DELLE PALME
6 L S. CELESTINO
7 M S. GIOV. B. DE LA SALLE
8 M S. GUALTIERO
9 G S. MARIA DI CLEOFA
10 V S. TERENZIO
11 S S. STANISLAO
12 D PASQUA DI RISURR.
13 L DELL'ANGELO
14 M S. LIDUINA
15 M S. ANNIBALE
16 G S. BERNARDETTA
17 V S. ANICETO
18 S S. GALDINO
19 D II° DI PASQUA
20 L S. AGNESE DI M.
21 M S. ANSELMO
22 M S. LEONIDA
23 G S. GIORGIO
24 V S. FEDELE
25 S S. MARCO EV.
26 D III° DI PASQUA
27 L S. ZITA
28 M S. PIETRO CHANEL
29 M S. CATERINA DA SIENA
30 G S. G. B. COTTOL.

MAGGIO
1 V S. GIUSEPPE LAVOR.
2 S S. ATANASIO
3 D IV° DI PASQUA
4 L SS. CIR. E PORF.
5 M S. IRENE DI LECCE
6 M S. DOMENICO SAVIO
7 G S. FLAVIA DOMITILLA
8 V S. VITTORE
9 S S. PACOMIO
10 D V° DI PASQUA
11 L S. ANTIMINO
12 M SS. NEREO E ACH.
13 M S. MARIA MAZ.
14 G S. MATTIA APOSTOLO
15 V S. TORQUATO
16 S S. UBALDO
17 D VI° DI PASQUA
18 L S. GIOVANNI I
19 M S. CELESTINO V.
20 M S. BERNARDINO DA S.
21 G S. VITTORIO
22 V S. RITA DA CASCIA
23 S S. DESIDERIO
24 D ASCENSIONE
25 L S. GREGORIO VII
26 M S. FILIPPO NERI
27 M S. AGOSTINO di C.
28 G S. EMILIO
29 V S. MASSIMO di V.
30 S S. FELICE
31 D PENTECOSTE

GIUGNO
1 L S. GIUSTINO
2 M SS. MARC. e PIETRO
3 M S. CARLO L. e C.
4 G S. QUIRINO
5 V S. BONIFACIO
6 S SAC. MO CUORE di G.
7 D SS. TRINITÀ
8 L S. MERARDO
9 M S. EFREM
10 M S. MAURINO
11 G S. BARNABA AP.
12 V S. ONOFRIO
13 S S. ANTONIO DA PAD.
14 D CORPUS DOMINI
15 L CUORE IMM.
16 M S. AURELIANO
17 M S. IMERIO
18 G S. GREG. BARB.
19 V S. ROMUALDO
20 S S. SILVERIO
21 D XI per ANNUM
22 L S. PAOLINO
23 M S. GIUSEPPE C.
24 M NAT. DI S. GIOV. BATT.
25 G S. GUGLIELMO
26 V S. VIRGILIO
27 S S. CIRILLO D'ALESS.
28 D XII per ANNUM
29 L SS. PIETRO E PAOLO
30 M SS. PRIMI MARTIRI

• Festeggiate più volentieri il
vostro compleanno o il vostro
onomastico?

Santa   Maria
Santo   Stefano
Sant'   Antonio
Santi   Pietro e Paolo
San   Francesco

30 giorni ha
novembre …
con aprile,
giugno e settembre;
di **28**
ce n'è uno,
tutti gli altri
ne han **31**.

Quali sono gli **altri** mesi?

....

....

....

....

....

11 a) Che data è oggi?

– Alfonso, quando è il tuo onomastico?

• Il primo agosto, e il tuo?

– Il mio è oggi.

• Oggi? Ma che data è oggi?

– È il sette di novembre.

• Auguri, allora!

il **primo** (di) marzo
il due
il tre
…

b) Come si chiama l'amico di Alfonso? Cercate sul calendario.

c) Chiedete e rispondete.

Esempio: – Quando è il tuo / il Suo onomastico?

         • Il mio onomastico è il......,e il tuo / il Suo?

➡ Es. 8–10

E ora…

12 In piccoli gruppi

a) Sabato uno di voi festeggia il suo compleanno e vi ha invitati. Fategli alcune domande
e prendete nota. Volete sapere qualcosa a proposito di:

• come si festeggia e dove
• se si portano cibi e bevande
• regali desiderati

b) Raccogliete proposte per il regalo, discutetene i pro e i contro.
Ora confrontate la vostra scelta con quella degli altri gruppi
e decidete cosa regalare.

c) È sabato sera. Tutto è pronto, state arrivando dal festeggiato.
Cosa dite? Lui come vi accoglie?
Fate i dialoghi.

13 a) **Brindiamo, brindiamo...**

Alla tua!

Auguri di felicità!

Auguri di compleanno!

Prosit!

Un cordiale augurio per il tuo onomastico.

Felicitazioni!

Un brindisi agli sposi!

Augurio deriva dal latino *augurium*. Nell'antica Roma il sacerdote interpreta il volere degli dei attraverso il volo degli uccelli che può essere un presagio di eventi buoni o cattivi. Questa cerimonia si chiama *augurium*. Ecco perché si sente spesso l'espressione: "essere di felice augurio o di cattivo augurio".

Questa parola esprime anche un desiderio: "Ti faccio l'augurio di guarire presto". Si usa anche per avvenimenti particolari come compleanno, onomastico, matrimonio. In questi casi si adopera sempre al plurale. Da *augurio* deriva anche *augurare*: augurare un buon viaggio, di superare l'esame, buona fortuna, ...

Brindisi deriva dal tedesco *bring dir's*. Ma che cosa? Può essere il saluto o il bicchiere. Quindi l'espressione brindisi significa: "Bevo alla tua salute".

Si alza il bicchiere e si beve alla salute di qualcuno dicendo frasi di felicitazione o di augurio come: "Un brindisi agli sposi!" oppure "Un brindisi al festeggiato!".

Ora conoscete l'origine di *auguri* e *brindisi*. Cercate quella di...

prosit ....

....

compleanno ....

....

b) Quando gli italiani sentono la parola "brindisi" ricordano spontaneamente la famosa aria: "Libiam ne' lieti calici" da *La Traviata* di Verdi, conosciuta da tutti anche perché spesso si canta durante le feste di nozze, quando gli sposi tagliano la torta e brindano.

Nel primo atto siamo nel salotto di Violetta. La tavola è apparecchiata per la cena e gli ospiti prendono posto. Il giovane Alfredo, innamorato di Violetta, nel momento in cui tutti decidono di fare un brindisi e alzano i bicchieri, canta un inno alla giovinezza. Alfredo esorta a brindare con gioia, augurando bellezza fiorente e spensieratezza. Quindi tutti brindano e Alfredo indicando Violetta dice che il suo sguardo giunge fino al cuore.

Alfredo
Libiamo nei lieti calici
Che la bellezza infiora,
E la fuggevol ora
S'innebrii a voluttà.

Libiam ne' dolci fremiti
Che suscita l'amore,
Poiché quell'occhi al core
(indicando Violetta)
Onnipotente va.

Tutti
Libiamo; amor fra i calici
Più caldi baci avrà.

Alfred
Lasst uns aus den Bechern der Freude trinken,
die von Schönheit geschmückt sind,
und die flüchtige Zeit
berausche sich an der Lust.

Lasst uns von dem süßen Rausch trinken,
den die Liebe beschert,
denn dieses Auge herrscht allmächtig
über das Herz.
(zeigt auf Violetta)

Alle
Lasst uns trinken, der Liebe werden beim Trinken
noch heißere Küsse zuteil.

 c) Ascoltate l'aria.

> **GIUSEPPE VERDI** nasce nel 1813 vicino a Parma da modesta famiglia. Ottiene i primi successi col *Nabucco*. I suoi primi capolavori sono: *Rigoletto*, *Il Trovatore*, *La Traviata*. Seguono: *Aida*, *Otello* e *Falstaff*. Tra i lavori non teatrali si ricorda la *Messa di Requiem*, scritta per la morte di Manzoni. Muore a Milano nel 1901.

14 Matrimoni ieri e oggi

Tanti sono oggi i giovani che preferiscono un matrimonio meno tradizionale, i nostri nonni direbbero strano. Alcuni in chiesa non vogliono più la musica tradizionale suonata dall'organo ma preferiscono un duo con chitarra e canti moderni. Altri non usano più ballare in sala dopo il pranzo. Anche quest'ultimo è spesso sostituito da un rinfresco ma torta e confetti non mancano mai. Le giovani ragazze sognano ancora il vestito bianco e il velo che però oggi non sono più lunghi. Ma la cosa che stupirebbe di più i nostri nonni è che le coppie preferiscono sovente il matrimonio civile che si celebra non solo in comune ma anche in saloni storici di palazzi famosi. Comunque la gioia di festeggiare questo giorno resterà sempre.

Partecipate più volentieri a nozze tradizionali o stravaganti? Raccontate le vostre esperienze.

Ricorda

7

• **Das Gerundium** → 1.7.1

ballare	→	ballando
mettere	→	mettendo
aprire	→	aprendo
finire	→	finendo

Das Gerundium ist unveränderlich!

• **Einige unregelmäßige Formen des Gerundiums** → 1.7.2

fare	→	facendo
dire	→	dicendo
bere	→	bevendo

• **Ausdrücken, dass eine Handlung gerade stattfindet**

– Che cosa stai facendo?
• Sto preparando la torta.

• **stare + Gerundium** → 1.7.3

sto	facendo
stai	facendo
sta	facendo
stiamo	facendo
state	facendo
stanno	facendo

Diese Konstruktion wird verwendet, wenn ausgesagt werden soll, was eine Person in diesem Moment gerade macht. "Che cosa stai facendo?" z. B. kann im Deutschen mit „Was machst du gerade?" wiedergegeben werden.

• **Ausdrücken, dass eine Handlung in wenigen Augenblicken stattfinden wird**

– Dove sei?
• Sono ancora in centro, ma sto per arrivare.

• **stare per...** → 1.8

sto
stai
sta
stiamo
state
stanno

+ per + *Infinitiv*

Mit dieser Konstruktion sagt man aus, dass jemand im Begriff ist, etwas zu tun. "Sto per arrivare" z. B. kann im Deutschen mit „Ich werde gleich kommen" wiedergegeben werden.

• **Ein Datum angeben**

– Quando è il tuo onomastico?
• È il ventisette luglio.

il primo (di) marzo
il due (di) marzo
il tre (di) marzo
...

Nur für den ersten des Monats wird die Ordnungszahl gebraucht. Alle anderen Tage werden mit der Grundzahl gebildet.

Andando in bici **8**

Padua,
den 27. September 1786

Nun wäre auch hier wieder
einmal eingepackt, morgen
früh geht es zu Wasser auf
der Brenta fort.

Venedig,
den 28.September 1786

...die Fahrt auf der
Brenta mit dem öffentlichen
Schiffe in gesitteter Gesellschaft ... ist anständig und
angenehm. Die Ufer sind
mit Gärten und Lusthäusern
geschmückt ...

J.W. v. Goethe
„Tagebuch der Italienischen Reise"

Il 3 settembre 1786, J. W.
Goethe è partito per l'Italia,
dove è rimasto fino a maggio del 1788. Già dal 1618
studenti di tutta Europa
frequentano l'Università
di Padova e il *grand tour*
attraverso l'Italia è considerato un completamento
della loro formazione.

1 a) **Quali città collega il canale del Brenta?**

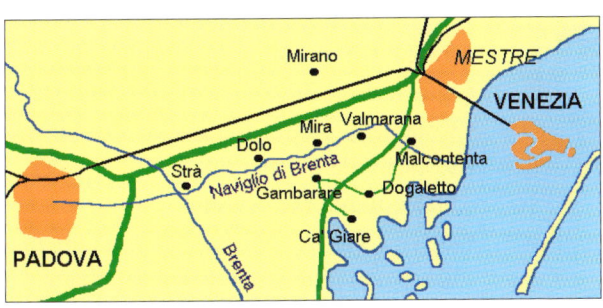

Villa Pisani a Stra

b) **Cosa sapete di queste due città? Ci siete già stati?**

c) **Quali località attraversa il Brenta? Ne conoscete qualcuna?**

2 a) # La Riviera del Brenta...

...è un insieme di piccoli paesi e di angoli verdi, lungo l'antico corso del fiume che unisce Padova a
Venezia. Tra il '500 e il '700 la Riviera ha avuto un periodo di grande sviluppo architettonico, che
l'ha trasformata in un luogo di villeggiatura di ricchi patrizi veneziani. Maestri dell'arte italiana hanno
progettato e affrescato numerose ville, che hanno ospitato artisti, papi, re e uomini di cultura.
A partire dal XV secolo, quando Venezia ha esteso i suoi domini in terraferma, le maggiori famiglie
veneziane hanno commissionato le loro ville sulla Riviera. Le crescenti difficoltà commerciali con
l'Oriente e la scoperta dell'America hanno indotto i patrizi ad investire capitali nell'acquisto di ampi
poderi. Lungo il Brenta i ricchi veneziani hanno così fatto costruire le abitazioni, per controllare gli
investimenti terrieri e al tempo stesso trascorrere la villeggiatura. Le ville più raffinate, come Villa
Foscari progettata dal Palladio, sono sorte nel '500. Nel secolo successivo, nei giardini sono state
aggiunte le fontane e le decorazioni barocche, come si può vedere a Villa Morosini, a Mirano.
Settecentesca è invece Villa Pisani, vero e proprio Palazzo Ducale in terraferma.
La Riviera del Brenta si presenta tuttora con i grandi giardini, le fontane e le ville aperte al pubblico.
Da marzo ad ottobre queste dimore si possono ammirare anche dal fiume: l'opportunità è offerta da
battelli che uniscono quotidianamente Venezia a Padova.

da: *Riviera del Brenta*, Azienda di promozione turistica Venezia

8

b) In piccoli gruppi.

• Il dépliant propone due *tour*. Quali sono le differenze tra A e B?

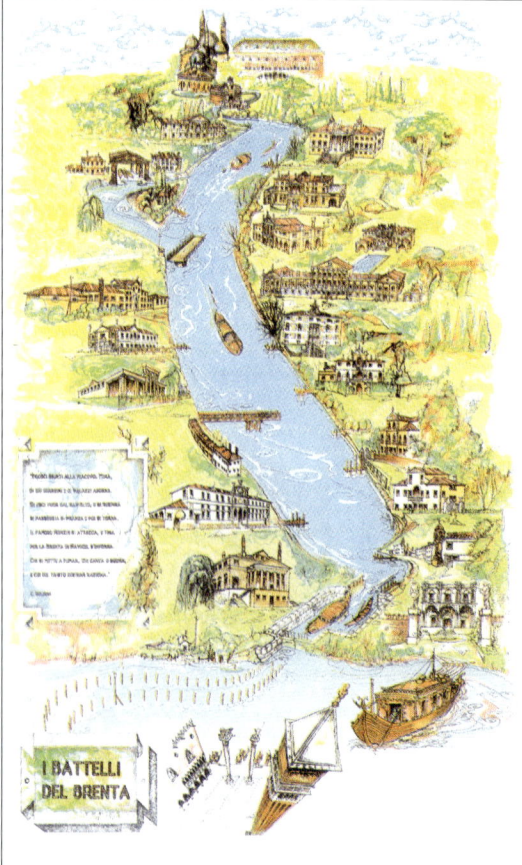

Escursione in battello da Venezia verso Padova e viceversa lungo le rotte degli antichi burchielli del settecento, fra arte e storia, tra le Ville Venete della Riviera del Brenta.

Tour A: *mezza giornata*, **Venezia – Dolo**
          mercoledì e domenica
• ore 08.00 imbarco a Venezia, S. Marco – Riva degli Schiavoni
• navigazione fra Ville
• arrivo a Dolo e visita degli Antichi Molini
• arrivo previsto ore 12.30
• rientro libero a Venezia con pullman di linea

Tour B: *intera giornata*, **Padova – Venezia**
          tutti i giorni tranne il lunedì
• ore 08.50 Stra: appuntamento all'ingresso di Villa Pisani per la visita
• illustrazione delle varie Ville viste dal fiume
• sosta per il pranzo facoltativo a Dolo
• sosta a Villa Barchessa Valmarana e alla Malcontenta per le visite
• arrivo a Venezia previsto per le 18.00, rientro libero con pullman di linea o con la ferrovia

© Antoniana Viaggi, Padova

• Siete a Mestre per lavoro e avete un po' di tempo per un'escursione. Quale *tour* scegliete? Perché? Discutete e decidete.

3   a) In gita a ...
La Riviera del Brenta in bicicletta

Un itinerario parte dalla Malcontenta e raggiunge Dogaletto e Gambarare, dove si può visitare una bella chiesa romanica. Da qui inizia il percorso ciclistico più interessante, che porta verso l'oasi naturalistica di Giare. Qui abbiamo la possibilità di osservare anatre e uccelli lagunari nel loro habitat naturale.

da: *Bell'Italia* numero 121, adattato

• Segnate sulla cartina a pag. 87 il tragitto dell'itinerario proposto da *"Bell'Italia"*.
• Come vi immaginate questo paesaggio?
  Se vi occorrono vocaboli nuovi chiedeteli all'insegnante prima della descrizione.
• Secondo voi nelle aree protette che cosa è permesso e che cosa no?
• Anche voi fate dei brevi viaggi in bicicletta?

b) I signori Zanetti e la famiglia Trevisan di Padova hanno deciso di fare una gita sul canale del Brenta venerdì prossimo. Questa volta anche i figli sono d'accordo però vorrebbero fare un tratto in bici per andare sabato mattina da Dogaletto all'oasi di Giare. Tiziano Trevisan pensa di dormire a Dogaletto da Patrizia.

Manda due righe di e-mail alla sua amica Margherita per invitarla.
Lei dovrebbe portare la sua bici e venire in treno a Padova.

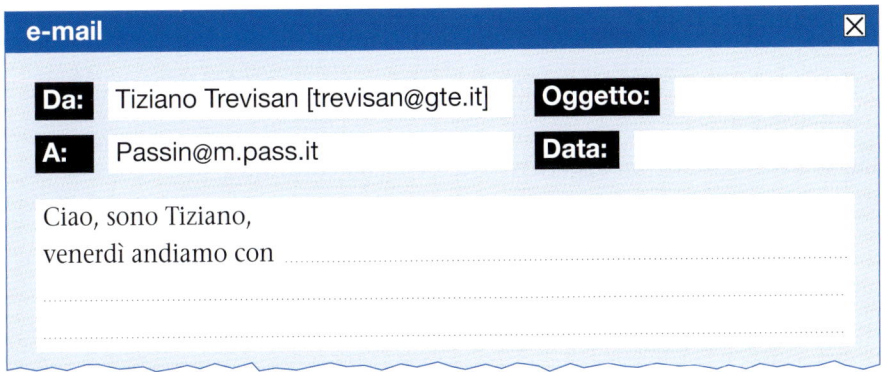

e-mail   ☒

Da: Tiziano Trevisan [trevisan@gte.it]   **Oggetto:**
A: Passin@m.pass.it   **Data:**

Ciao, sono Tiziano,
venerdì andiamo con ....

c) Siete a Venezia, avete una giornata libera. Che cosa preferireste visitare, le Ville sul Brenta o l'oasi di Giare? Come ci andreste? Perché?

A me interessa…e a te?   Mi piacerebbe visitare…e a voi?
        A mia moglie non interessano…e a Sua moglie?
Avrei voglia di andarci…, vieni anche tu?

➡ **Es. 1, 2**

4   All'ufficio informazioni

Alla stazione

a) Margherita ha accettato volentieri l'invito di Tiziano. Ora è alla stazione per fare il biglietto. Ascoltate e poi rispondete a queste domande.

- Dove va la ragazza?
- Quando vorrebbe partire?
- È possibile portare la bicicletta?
- Quale treno prende?
- Quanto dura il viaggio da Belluno a Padova?

b) Ora leggete il dialogo e confrontate le risposte.

– Buongiorno, mi dica!
• Buongiorno. Senta, per Padova di mattina presto, quali treni ci sono?
– Allora, vediamo un po'. Partenza da Belluno alle 5.28, arrivo a Padova alle 7.36.
• C'è un treno più presto?
– Sì, certo. Alle 4.20 da Belluno, arrivo a Padova alle 6.15.
• No, è troppo presto. Quello delle 5.28 ha il trasporto bicicletta?
– Sì, e non occorre la prenotazione.
• Da quale binario parte?
– Mi dispiace, non lo so. Può chiedere direttamente in biglietteria o guardare il tabellone delle partenze.
• Grazie e arrivederci.

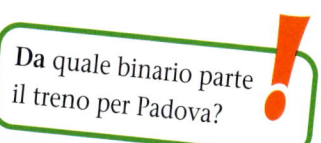

Da quale binario parte il treno per Padova?

8

5 Una signora vuole prendere il treno. Ascoltate la conversazione e completate.

Dove vuole andare?	
A che ora arriva il treno che parte alle 11.55?	
E quello delle 12.37?	
Per quale treno compra il biglietto?	
Fuma?	

6 a) A ogni sostantivo corrisponde un aggettivo. Qual è il suo contrario?

rapidità → *rapido/-a; ≠ lento/-a* puntualità →

sicurezza →   inquinamento →

comodità →   relax →

b)
- A dice *"rapido"* B risponde *"aereo"* e così si continua.
- Scegliete tra *rapido, lento*… e i mezzi di trasporto e formulate dei paragoni.

Esempio: Per me l'aereo è più comodo *del* treno.

     oppure

     Secondo noi andare in aereo è più comodo *che* in macchina.

7 Organizziamo una gita.

Alpago – Lago di Santa Croce
Raggiungibile da Venezia tramite la A27 o ancora meglio in treno, in sole due ore. Lungo le rive sorgono località che offrono camping attrezzati e occasioni di sport: surf, vela e canottaggio. All'interno l'agriturismo permette attività rispettose della natura: gite a cavallo e in mountain bike o a piedi, attraverso sentieri tracciati e tabellati che portano anche al *Centro di etnografia cimbra* di Pian Osteria, dove la storia antica di questi luoghi diventa accessibile e piacevole.

Parco naturale delle Dolomiti d'Ampezzo
Situato al confine tra le province di Belluno e di Bolzano, è attraversato anche dall'"alta via" che porta da Braies (BZ) a Belluno. Da Cortina d'Ampezzo (m. 1224) o da Misurina (m. 1756) partiamo per gite ed escursioni anche impegnative. Cortina offre raffinata ospitalità sia per gli sport invernali che in estate e cura le sue tradizioni legate alla lavorazione del legno. Misurina, sulle rive del lago omonimo, è nota stazione sciistica da cui anche in estate si raggiunge il rifugio Auronzo sotto le Tre Cime di Lavaredo (m. 2999).

  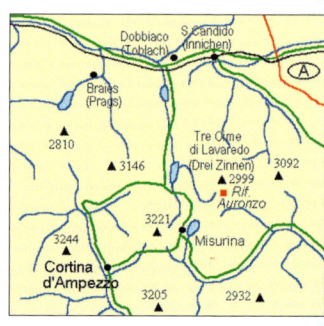

Siete a Venezia e volete passare qualche giornata in montagna nella valle dell'Alpago oppure a Cortina non raggiungibile per ferrovia ma in autobus da Calalzo.

In piccoli gruppi discutete e decidete la meta, quindi dividetevi i ruoli:

A è l'impiegato dell'ufficio informazioni, B è l'impiegato della biglietteria, C e gli altri vanno in gita.
Consultate l'orario e la tabella delle tariffe, quindi fate i dialoghi.

225	5732	5664	VE004	11114	VE008	5670	5676	VE250	11120	5680	11126	11132	5686	5692	5688
classe	2	2 1	2 2 3	2 4	2 2 3 5	2 1	2 1	2 6	2	2 1	2	2	2 1	2	2 1
km Provenienza (Treviso)															
Venezia S.Lucia 14	5.16	6.23		7.42	9.40		11.40	11.40	12.07 Ⓐ	12.42	13.27	14.53	15.40	16.40	17.40
Venezia Mestre	5.26	6.34		7.53	9.53		11.53	11.53	12.18 Ⓐ	12.53	13.37	15.04	15.53	16.53	17.53
Conegliano a.	6.11	7.19		8.37	10.27		12.27	12.27	13.05 Ⓐ	13.39	14.18	15.55	16.27	17.34	18.27
0 Conegliano	6.39	7.24		8.39	10.50	11.55	12.37	12.47	13.06	13.50	14.19	15.57	16.50	17.52	18.33
13 Soffratta	6.50	7.35			11.03	12.06		13.06 🅱		14.01	14.32	16.10	17.01	18.03	18.44
14 Vittorio Veneto a.	6.54	7.38		8.53	11.07	12.10	12.49	13.10	13.21	14.35	14.35	16.13	17.05	18.06	18.47
Vittorio Veneto	6.57		7.45	8.54	11.07		12.50		13.22		14.36	16.14		18.09	
22 Nove	7.07		7.59		11.22									18.19	
28 S.Croce del Lago	7.16		8.08	◆9.10	11.31									18.28	
34 Stazione per l'Alpago	7.22		8.14	9.18	11.37			13.11		13.44	14.59	16.36		18.35	
38 Cadola-Soccher	7.27		8.22		11.47						15.08			18.41	
41 Ponte nelle Alpi-Polpet a.	7.32		8.26	9.27	11.51			13.20		13.51	15.08	16.44		18.46	
Ponte nelle Alpi-Polpet 226	7.37		8.27	9.38	11.52		13.30			13.58	15.12			18.47	
Belluno a.	7.45		8.40	9.46	12.05		13.38			14.06	15.20	17.00		18.55	
41 Ponte nelle Alpi-Polpet	7.38			9.36									16.52		
48 Faè-Fortogna															
52 Longarone-Zoldo	7.49			9.48									17.03		
54 Castellavazzo															
59 Ospitale di Cadore															
67 Perarolo di Cadore	8.06			10.07									17.21		
78 Calalzo-Pieve C.-Cortina a.	8.20			10.22									17.35		

Prezzi in Euro (€) per i viaggi di corsa semplice (adulti a tariffa intera) *(segue)*

Chilometri	Tariffa ORDINARIA N. 1 (Espressi - Regionale - Nazionale)		Tariffa per i treni INTERCITY		Prezzi per i treni INTERCITY NOTTE	
	1ª classe	2ª classe	1ª classe	2ª classe	1ª classe	2ª classe
11 – 20	1,96	1,29	4,65	4,03	4,18	3,46
21 – 30	2,69	1,76	4,65	4,03	4,18	3,46
31 – 40	3,41	2,27	5,58	4,44	5,06	3,82
41 – 50	4,18	2,69	6,51	4,85	5,89	4,13
51 – 60	4,49	2,89	6,97	5,06	6,30	4,34
61 – 70	5,16	3,36	7,85	5,53	7,08	4,70
71 – 80	5,89	3,82	8,62	6,25	7,80	5,32
81 – 90	6,51	4,23	9,71	6,92	8,78	5,89
91 – 100	7,23	4,65	10,48	7,64	9,45	6,51

➡️ **Es. 3–6**

8 a) Andando ai binari

– Buongiorno.

• Buongiorno, un biglietto di seconda classe per Padova.

– Andata e ritorno?

• No, solo andata, ma ho anche la bicicletta.

– Peccato! Facendo il biglietto di andata e ritorno pagherebbe di meno per la bici.
  Quale treno prende?

• Quello delle 5.28.

– Allora ecco il biglietto con il supplemento per il trasporto della bicicletta.

• Scusi, quant'è il supplemento?

– Solo 2 euro e 60. In tutto 7 euro e 80.

• Per favore, da quale binario?

– Dal terzo, però andando ai binari deve guardare il tabellone, spesso cambia.

> **!**
> Mentre <u>va</u> ai binari deve guardare il tabellone. →
> **Andando** ai binari deve guardare il tabellone.

8

b) Variazioni sul tema

– Quando *hai fatto i biglietti?*
• *Li ho fatti tornando dall'ufficio.*

9 Che cosa fa Tiziano mentre va in bicicletta?

Esempio: Andando in bici Tiziano canta.

➡ **Es. 7**

Che tempo fa?

10 Che tempo fa?

	fa caldo
1. *C'è vento.*	fa freddo
2.	c'è afa
3.	c'è il sole
4.	c'è vento
5.	fa bel tempo
6.	fa brutto tempo
	piove
	nevica
	è nuvoloso
	c'è nebbia

11 a) Le stagioni dell'anno:

la primavera l'inverno l'autunno l'estate

Scrivi sotto ogni disegno il nome della relativa stagione.

b) Cosa significano le stagioni per te? Parla con i tuoi vicini.

- – Per me l'estate significa…
- • Anche per me.
- ▲ Per me invece è… perché…

12 Un amico italiano deve venire a trovarvi durante le vacanze di Pasqua. Informatelo sul clima della vostra regione e sui vestiti necessari.

Caro Alberto,
………

A presto!

Margheritine bionde svegliatevi su su,
l'inverno se ne è andato,
la neve non c'è più…

13 a) Ecco la cartina del tempo. In che stagione siamo?

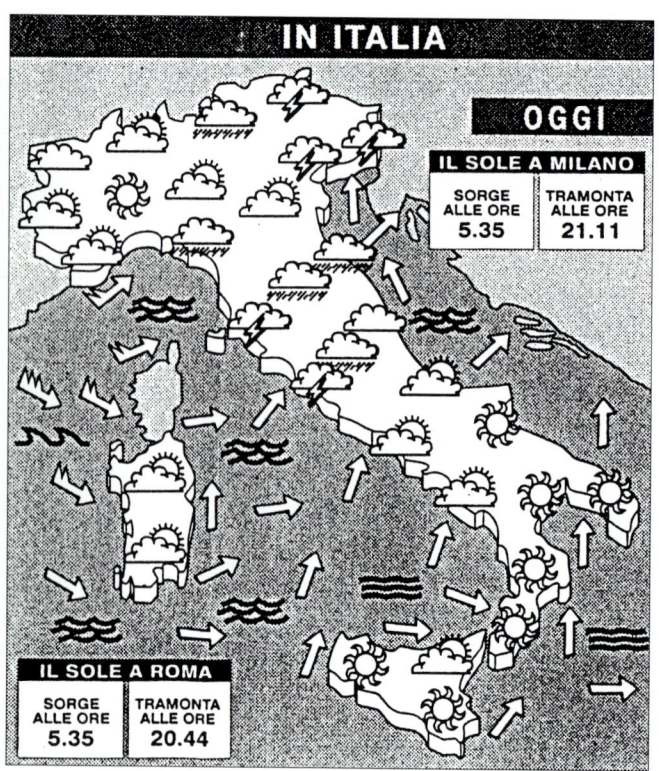

| SOLE | NUVOLOSO | COPERTO | PIOGGIA | ROVESCI | TEMPORALI | NEVE | NEBBIA | MARI | CALMO POCO MOSSO | MOSSO MOLTO MOSSO | AGITATO MOLTO AGITATO | VENTI | DEBOLE forza 0/3 | MODERATO forza 4/5 | FORTE forza 6/7 | MOLTO FORTE forza 8/9 |

TEMPERATURE		
Città	**min.**	**max**
Alghero	+13	+24
Ancona	+15	+29
Bari	+19	+28
Bologna	+19	+30
Bolzano	n.p.	+25
Cagliari	+16	+30
Campobasso	+14	+23
Catania	+18	+28
Firenze	+16	+28
Genova	+19	+24
Milano	+19	+29
Napoli	+16	+27
Palermo	+21	+26
Perugia	+13	+28
Pescara	+16	+29
Reggio Calabria	+21	+29
Roma Ciampino	+17	+26
Torino	+18	+26
Trieste	+21	+26
Venezia	+18	+27

b) Che tempo fa? Completate il seguente testo con i nomi delle regioni osservando la cartina.

Situazione: ancora tempo instabile. **Il tempo oggi**: al mattino qualche rovescio su .... ,

.... , ... , nuvoloso su .... , ... , ... ,

....

Qualche temporale su ....

Venti: moderati sui mari di nord ovest. **Mari**: mossi.

c) **Com'è il tempo, cosa ci conviene fare?**

- Se siete a Belluno vi conviene fare una gita in montagna domani?
- Domani in quale regione vorreste trascorrere la giornata? Perché?
- Qual è la differenza fra le temperature massime di Campobasso e Bolzano?
- In quale città è più alta la temperatura?

 d) Ascoltate le previsioni del tempo per domani e segnate sulla cartina i simboli corrispondenti.

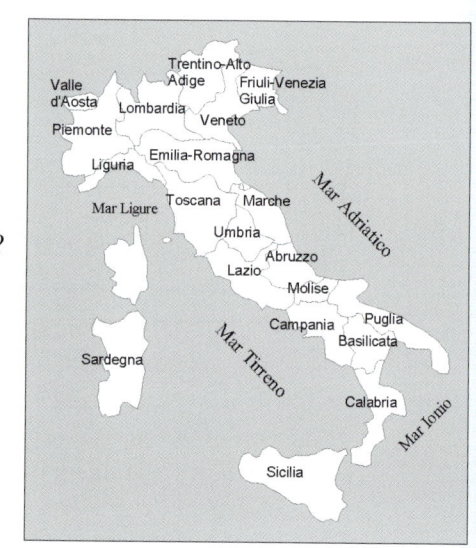

Anno nevoso, anno fruttuoso.
Nei mesi errati non sederti sui prati.
Una rondine non fa primavera.

8

Avete appena letto dei proverbi, ma che cosa sono?

I proverbi si distinguono dai modi di dire perché danno una sentenza, una raccomandazione, un avvertimento: hanno sempre rappresentato *l'enciclopedia orale* della saggezza popolare. Il loro linguaggio è vivace e diretto, comprensibile a tutti. Assieme ai gesti danno spontaneità e vivacità alla lingua, per questo molti italiani li usano volentieri nella comunicazione quotidiana.

Ne esistono diverse raccolte, come: *Proverbi toscani, Proverbi siciliani...* che riguardano la vita pubblica e privata, la famiglia, l'agricoltura, il lavoro e persino la cucina. Anche il ciclo dell'anno dà occasione alla cultura popolare di esprimere osservazioni e sentenze con proverbi.

• **Quali proverbi per quale stagione.** Scrivete accanto ad ogni proverbio la stagione corrispondente.

Ottobre il vino nelle doghe.	*Autunno*
Chi vuole avere del mosto, zappi le viti d'agosto.	
Aprile tinge e maggio dipinge.	
Giugno la falce in pugno.	
Quando nevica di settembre, nove lune attende.	
Aprile carciofaio, maggio ciliegiaio.	
Farsi onore con il sol di luglio.	

• **Quale stagione manca?** Scrivete i nomi dei mesi corrispondenti.

....

• **Modi di dire...**

Mangiare pane e nebbia.

C'è un sole che spacca la pietre.

C'è un caldo da morire.

Fa un freddo da cani.

Piove a catinelle

Sentirsi il gelo nelle ossa!

I LIMONI
[...]
La pioggia stanca la terra, [...]
la luce si fa avara – amara l'anima.
Quando un giorno da un malchiuso portone
tra gli alberi di una corte
ci si mostrano i gialli dei limoni;
e il gelo del cuore si sfa,
e in petto ci scrosciano
le loro canzoni
le trombe d'oro della solarità.

Eugenio Montale, dalla raccolta *"Ossi di seppia"*, © Mondadori

➡ Es. 8–10

Ricorda

– Da quale binario parte il treno per Padova?
• Dal terzo binario.

• Die Präposition *da*

… parte **dal** terzo binario.

• Die Gleichzeitigkeit zweier Handlungen ausdrücken
Andando ai binari deve guardare il tabellone.

Das alleinstehende Gerundium
(ohne *stare*)

mentre va ai binari …

   andando ai binari …

→ **1.7.3.1**

Das allein stehende Gerundium ersetzt einen Nebensatz, hier einen zeitlichen Nebensatz, der mit mentre *eingeleitet worden wäre.*
Diese Ersetzung ist nur möglich, wenn beide Teilsätze das gleiche Subjekt besitzen (hier: Lei).

• Die Abhängigkeit zweier Handlungen ausdrücken (wenn A, dann B)
Facendo il biglietto di andata e ritorno, pagherebbe di meno per la bicicletta.

se (Lei) fa il biglietto…

   facendo il biglietto …

Außer zeitlichen Nebensätzen kann man auch Nebensätze mit anderen Bedeutungen durch das Gerundium ersetzen. Hier handelt es sich um einen Bedingungssatz.

Piove a catinelle.

Die Verben *piovere* und *nevicare*

piovere	nevicare
piove	nevica
ha piovuto	ha nevicato

→ **1.1.3**

Wie im Deutschen gibt es die Verben piovere *(regnen) und* nevicare *(schneien) hauptsächlich in der dritten Person Singular.*

– Che tempo fa?
• Fa un freddo da cani.

Das Verb *fare* beim Wetter
Che tempo fa?
Fa freddo.
Fa caldo.
Fa bel tempo.

→ **1.1.3**

Quando ero a... **9**

1

a) ... Urbino. Ascoltate il racconto di Matthias.

b) **Poi leggete e sottolineate le forme verbali nuove per voi.**

Il Palazzo Ducale di Urbino

Qualche anno fa ho frequentato un corso di lingua di un mese all'Università di Urbino. Abitavo in un collegio per studenti che è un po' distante dal centro storico dove si trova l'università. Ogni mattina facevo colazione al bar del collegio, poi andavo all'università a piedi.

Le lezioni iniziavano alle 8. Dopo i primi 90 minuti facevamo una pausa, e tutti insieme andavamo al bar con l'insegnante per prendere qualcosa. Durante queste quattro settimane siamo stati diverse volte nel laboratorio linguistico. Qui potevamo registrare con la nostra voce frasi italiane e riascoltarle, quando facevamo errori di pronuncia l'insegnante ci correggeva. Inoltre ascoltavamo canzoni italiane. Verso le 12.30 finivano le lezioni della mattina. Era agosto e a quell'ora faceva già molto caldo. Per pranzare andavamo alla mensa del collegio. Quasi ogni giorno dormivo un po' dopo pranzo perché il caldo mi stancava abbastanza. Il pomeriggio non c'erano più lezioni in classe, ma potevamo scegliere fra diverse proposte: conferenze, discussioni o documentari. Ogni tanto di sera l'università proiettava film italiani, le altre sere di solito gli studenti si incontravano vicino al collegio o andavano in piazza.

Per capire qualcosa della realtà italiana leggevo ogni giorno il giornale, ascoltavo parecchio la radio e guardavo qualche volta la TV mentre gli altri si divertivano. Per me era importante capire il paese perché avevo intenzione di lavorare in Italia. Ogni domenica c'era la possibilità di fare una gita in pullman: siamo andati a Gubbio, Assisi e San Marino. Sono stato spesso anche al mare. Infatti qualche volta ho preso la corriera che collega Urbino a Pesaro e Fano, due belle città sulla costa adriatica: dopo tutto in agosto dovevo pur fare il bagno!

<u>Ogni</u> mattina **facevo** colazione al bar.   ○○○○○○○○○○○○○○○○○○○○   facevo

abitudine (Gewohnheit)

                                       ~~~~~~~~~~~~~~~   guardavo

Guardavo la TV <u>mentre</u> gli altri **si divertivano**.   *contemporaneità (Gleichzeitigkeit)*

                                       ~~~~~~~~~~~~~~~   si divertivano

---

Siamo andati a Gubbio.   ○

                                             fatto isolato

Spesso sono stato al mare.   ○ / ○ / ○ / ○

                                     fatto ripetuto più volte ma non come abitudine

2

a) Scegliendo tra le forme sottolineate nel racconto completate la colonna A.
Poi completate la colonna B.

	A		B
abitare	*abitavo*		*ho abitato*
iniziare			
leggere			
dovere			
dormire			
finire			
divertirsi			
essere	*era*		*è stato*
avere			

b) Una delle forme della colonna A è irregolare. Secondo voi, qual è?

3 Completate la tabella. imperfetto

> si divertivano   abitavo   avevamo   leggevamo   finivi   dormivate   abitavano
> ti divertivi   dormivo   abitavamo   leggevate   finivano   dormivano   si divertiva
> finivamo   abitava   era   leggevi   dormiva   avevo   avevano   finivate

REGOLARI

	-ARE	-ERE	-IRE	
	abit**are**	legg**ere**	dom**ire**	fin**ire**
io		legg**evo**		fin**ivo**
tu	abit**avi**		dorm**ivi**	
lui/lei/Lei		legg**eva**		fin**iva**
noi			dorm**ivamo**	
voi	abit**avate**			
loro		legg**evano**		

AUSILIARI

	avere	essere
io		ero
tu	avevi	eri
lui/lei/Lei	aveva	
noi		eravamo
voi	avevate	eravate
loro		erano

RIFLESSIVI

	divertirsi	
mi	divertivo	
ti		
si		
ci	divertivamo	
vi	divertivate	
si		

4

a) Leggendo segnate la sillaba accentata.

> facev<u>a</u>mo   portava   dormivo   erano   leggevano
> finivano   avevi   eravamo   si divertivano   facevano   era
> amavano   potevamo   avevate   finivamo   andavano

b) Ora ascoltate e ripetete.

Imperfetto

fare
facevo
facevi
faceva
facevamo
facevate
facevano

5 Rileggendo il racconto di Matthias completate:

a) abitudini o azioni contemporanee

Ogni mattina	*Matthias faceva colazione al bar.*	*abitudine*
Ogni settimana		
Mentre		
Qualche volta		
Di solito		

b) fatti isolati o ripetuti più volte ma non come abitudine

	siamo andati a Gubbio.	*fatti isolati*
Qualche anno fa		
Spesso		
Diverse volte		
Qualche volta		

c) Combinate.

Quando ero ragazzo — mi alzavo presto ma con poca voglia.
In vacanza ogni mattina — è venuto Claudio.
Da studente — ho mangiato un panino.
Mentre cenavamo, — prendevo ogni mattina l'autobus delle sei.
Quando abitavo in periferia — giocavo volentieri a calcio.
Guardando il film — andavo al mare.
Mentre leggevo il giornale, — Anna e Carlo chiacchieravano.

6 a) Ognuno di voi deve pensare a *fatti abituali* avvenuti nel passato e scrivere delle frasi usando l'imperfetto. Potete cominciare così:

> Da ragazzo/a...   Quando abitavo a...   Da studente...
> Quando avevo il cane della nonna...   Quando ero...
> Quando lavoravo a/in...   Prima di imparare l'italiano...

b) A turno leggete quello che avete scritto.
- Avevate interessi simili?
- Avete fatto le stesse esperienze?

→ Es. 1, 2

7 Osservate.

Da studente...
(Quando ero studente...)

_____ Da ragazzo

○○○○○○○○○○○○○○○○○○○ andavo ogni anno al mare con i miei genitori,

○○○○○○○○○○ ↘ ○○○○○○○○○ ma una volta siamo andati in montagna.

9

a) Quando ero a Firenze…

Volevo fare nuove esperienze e quindi ho deciso di cercare lavoro in Italia. Ho scritto a diverse case editrici. Dopo qualche mese un editore di Firenze mi ha fatto una buona offerta ed io l'ho accettata volentieri. A Firenze abitavo abbastanza vicino al posto di lavoro, quindi la mattina non dovevo prendere l'autobus ma andavo sempre a piedi. Facevo colazione in un bar proprio accanto all'ufficio. Il lavoro iniziava alle 8. Per il pranzo facevamo un'ora di pausa: dalle 12.30 alle 13.30. Durante la pausa andavo di nuovo al bar per mangiare una cosina, leggere il giornale e prendere il caffè. Alle 17.30 smettevamo di lavorare, il venerdì invece si lavorava solo fino alle 12.30. Dopo il lavoro, facevo la spesa e andavo a casa per cucinare e cenare. La sera stavo spesso a casa per guardare la televisione, una o due volte la settimana andavo al circolo degli scacchi del dopolavoro ferroviario, dove ho conosciuto nuovi amici. Il fine settimana andavo in centro, mi fermavo nelle librerie, visitavo qualche museo, prendevo il gelato in Piazza della Signoria. Ogni tanto andavo a Rimini in treno per incontrare degli amici. Con il Club Alpino Italiano facevo tante camminate per i boschi dell'Appennino Toscano. Una volta siamo stati anche al Passo del Muraglione.

> Volevo fare nuove esperienze e quindi **ho deciso** di cercare lavoro in Italia.
> ○○○○○○○○○○○○

b) I *fatti isolati* e le *abitudini* di Matthias a Firenze. Cercate le forme nel testo, sottolineatele in colori diversi e scrivetele.

fatti isolati	abitudini o azioni contemporanee
Un giorno ho deciso di…	*A Firenze abitavo…*

c) Date una motivazione dell'uso dei tempi. ➡ Es. 3–5

d) Variazioni sul tema

– Perché *sei andato in pizzeria?*
• Perché *avevo appetito.*

(tu) andare in pizzeria	avere appetito
(voi) decidere di partire oggi	ieri esserci sciopero
(lui) prendere il taxi	essere in ritardo
(tu) aspettare i colleghi	dover andare al corso di informatica
(loro) non venire	essere ancora in vacanza

8

a) Chi andava in vacanza e dove? Maria e Cristiana raccontano.

b) Riascoltate e scrivete per ogni disegno l'attività.

9

a) I vostri nonni facevano queste cose?
Scrivete sulla prima colonna.

- andare in campeggio
- guidare la moto
- prendere l'aereo
- raccontare le favole
- cantare
- suonare un strumento musicale
- leggere il giornale tutti i giorni
- avere un hobby particolare

i tuoi nonni	i nonni del tuo vicino
non andavano in campeggio	

b) A coppie. Parlatene e completate la seconda colonna.

Esempio: – I miei nonni non andavano in campeggio. E i tuoi?
   • Neanche i miei. / Sì, ogni anno andavano in campeggio.

c) Chi aveva i nonni più attivi?

➡ **Es. 6, 7**

10 a) Antonio Tabucchi, *"Il filo dell'orizzonte"*. Non solo Matthias prendeva la corriera ma anche Sara e il suo compagno avevano questa abitudine.

> Hanno preso la corriera in Piazza del Parlasolo, sotto il campanile, l'orologio segnava le otto, la domenica la piazza è tranquilla, quasi deserta, le tre corriere erano in fila con il motore acceso, ciascuna con un cartello sul parabrezza che indicava la località di destinazione. L'orologio ha battuto otto colpi e l'autista ha puntualmente piegato il suo giornale, ha azionato la chiusura delle porte automatiche e ha innestato la marcia.
> Si sono sistemati davanti, dalla parte dell'autista, Sara accanto al finestrino. Sul sedile di fondo c'era un gruppo di boy-scouts, a metà del corridoio due vecchietti vestiti a festa, poi loro. Sara [...] sulle ginocchia teneva una guida a colori con un rosone di pietra in copertina: *Chiese romaniche del circondario*. Hanno percorso la litoranea semideserta, i semafori non funzionavano ancora e l'autista rallentava agli incroci. [...] Sotto di loro guardavano il mare e la costa (...) La corriera ha fatto manovra sulla piazza. Il sole era caldo, per mangiare i panini si sono sdraiati su uno spazio erboso. Hanno mangiato piano piano, godendo del piacere di essere lì.
>
> © Feltrinelli 1986

b) **Qual è il tempo adatto?**

piegare   mangiare   essere   essere seduti   essere   esserci   avere intenzione di

In piazza		le corriere.
Sara		visitare le chiese romaniche.
Quel giorno i due vecchietti		vestiti a festa.
Alle otto l'autista		il giornale.
A quell'ora la litoranea		semideserta.
Durante il viaggio i boy-scouts		in fondo.
Prima di visitare la chiesa		i panini sul prato.

➡ Es. 8–10

E ora...

11 Ricordi, ricordi...

A cosa vi fa pensare questa foto?

Provate a descrivere l'ambiente.

12 Da analfabeta a grande scrittrice

Ero una bimba grassa, grossa, con i capelli castani, ruvidi e folti che m'invadevano metà della fronte, una bocca rotonda sempre aperta alle risate, alle canzoni, agli strilli di gioia…Io non giocavo con la bambola, ma giocavo alla trottola, non sapevo passeggiare, ma sapevo correre, conoscevo tutti i galoppi e tutti i salti, dietro un cerchio, dietro una palla… non avevo né grazia, né dolcezza, sembravo un maschiotto.

Ma quello che affliggeva più mia madre, disposta a perdonarmi tutto, salvo questo, era il mio orrore per qualunque studio, per qualunque occupazione tranquilla. Avevo otto anni, non sapevo scrivere, non sapevo leggere, non volevo cucire… Non volevo far nulla. E non mentivo, no, fingendo di studiare o fingendo di lavorare… dicevo apertamente che non volevo…

– Perché non vuoi? – mi chiedeva mia madre.

• Perché lo studio non serve a nulla.

da: *"Le più belle pagine di Matilde Serao".*Garzanti, Milano

Matilde Serao
(Patrasso (Grecia) 1856 – Napoli 1927)
Giornalista e autrice di numerosi romanzi e racconti.
La sua produzione è animata da uno stile fantasioso e spettacolare. Tra le sue opere ricordiamo: *Il ventre di Napoli* del 1884 romanzo a sfondo sociale, e *La ballerina*.

a) • Quali erano i passatempi della scrittrice?
• Che cosa non sapeva perdonare la madre?
• Che cosa si rifiutava di fare Matilde?
• Quale opinione aveva Matilde dello studio?

b) Completate.

	Matilde	voi da bambini
aspetto fisico		
comportamenti		

c) Ora raccontate come era Matilde da bambina, poi come eravate voi.

13 Ti ricordi?

Forse quello di Matilde non era solo *un orrore per lo studio* ma soprattutto per la scuola di allora. Infatti anche in Italia come in tanti altri paesi, fino ad alcuni decenni fa l'atmosfera scolastica era raramente piacevole per i ragazzi. Ad iniziare dalle aule spesso fredde, disadorne e sovraffollate, per continuare con quei grembiuli neri che i ragazzi erano costretti a portare e per finire con i castighi di ogni genere tra cui erano frequenti anche quelli fisici. Gli insegnanti di allora ritenevano addirittura necessarie punizioni come bastonate, bacchettate e sberle. Ecco brevi ricordi di autori.

"Il professore sempre insaccato in una gran palandrana oscura ci faceva dire le preghiere in coro al principio e alla fine di ogni lezione, ma picchiava anche spesso e sodo. Il solo ricordo lieto è quello del giorno onomastico del professore, che si festeggiava allora in tutte le scuole con un regalo collettivo."

da: Edmondo De Amicis, *"Cuore"*

"Mi teneva il capo stretto come in una morsa, ma in qualche modo sono riuscito a svincolarmi e a fermarlo per un momento, supplicando di non battermi. Ma si è fermato solo per un momento. Infatti un attimo dopo mi ha dato una pesante sberla e nello stesso istante io gli ho afferrato tra i denti la mano con la quale mi teneva la bocca e la mordevo accanitamente."

da: Charles Dickens, *David Copperfield*

A tutto questo si aggiungevano le pluriclassi, che esistono ancora oggi. La signora Mariotti, insegnante presso la scuola elementare Coppino non lontano da Casale Monferrato (Piemonte) ci parla della sua esperienza.

"Da alcuni anni ho in una sola classe bambini della prima, seconda e terza elementare. All'inizio ero un po' scettica sui possibili risultati ma ho dovuto rivedere il mio punto di vista. Infatti non è stato un problema anche perché i bambini sono pochi, in tutto undici, quindi posso seguirli singolarmente. L'aspetto più interessante è l'alto livello di socializzazione: i bambini sono in grado di risolvere alcuni problemi e anche di approfondire temi scolastici aiutandosi a vicenda. Questi bambini sono pronti, attivi e generosi."

a) **In gruppo**

	la mia scuola	la scuola di una volta
composizione della classe		
esami		
metodi di insegnamento		
istruzione religiosa		
vestiario		
disciplina: punizioni/premi		
rapporto tra insegnanti e allievi		

b) **Confrontate le tabelle e, utilizzando tutte le informazioni, scrivete un testo dal titolo:**
   La scuola ieri e oggi.

Ricorda

- **über Gewohnheiten in der Vergangenheit berichten**

Durante le vacanze <u>ogni sera</u> guardavo la TV.

- **über zwei gleichzeitige Handlungen in der Vergangenheit berichten**

<u>Mentre</u> gli altri **si divertivano**, lui **guardava** la TV.

• Das Imperfekt

→ 1.4.1

guardare	leggere	sentire	preferire
guar**davo**	leg**gevo**	sent**ivo**	prefer**ivo**
guar**davi**	leg**gevi**	sent**ivi**	prefer**ivi**
guar**dava**	leg**geva**	sent**iva**	prefer**iva**
guar**davamo**	leg**gevamo**	sent**ivamo**	prefer**ivamo**
guar**davate**	leg**gevate**	sent**ivate**	prefer**ivate**
guar**davano**	leg**gevano**	sent**ivano**	prefer**ivano**

Die Formen des Imperfekts bei den regelmäßigen Verben werden auf folgende Weise gebildet:

Infinitiv ohne -re + Endung
z.B. guarda + vo

• Unregelmäßige Formen des Imperfekts

→ 1.4.2

essere

ero
eri
era
eravamo
eravate
erano

avere *hat im Imperfekt regelmäßige Formen:* avevo, avevi, …
bere *hat die Formen* bevevo, bevevi, …

fare

facevo
facevi
faceva
facevamo
facevate
facevano

Das Verb fare *verwendet für das Imperfekt (wie auch schon für das Gerundium) den verlängerten Stamm* face-. *Die Endungen sind dann regelmäßig.*
Vergleichbares gilt für
dire → dicevo
produrre → producevo

Da studente ogni mattina mi alzavo tardi.

• Das Imperfekt der reflexiven Verben

Das Reflexivpronomen steht wie im Präsens vor dem Verb. → 1.4.3

Da ragazzo andavo ogni anno al mare con i miei genitori, ma una volta siamo andati in montagna.

• Das Verhältnis von Imperfekt und Perfekt

→ 1.4.4

○○○○○○○○○○○○○ andavo ogni anno al mare con i miei genitori
○○○○○○○ ↘ ○○○ ma una volta siamo andati in montagna.

Mit dem Imperfekt drückt man die Handlung aus, die sich wiederholt (wir fuhren jedes Jahr ans Meer), mit dem Perfekt drückt man die Handlung aus, die nur einmal geschieht (einmal sind wir in die Berge gefahren).

Volevo fare nuove esperienze e quindi ho deciso di cercare un lavoro in Italia.

○○○○○○○○○○ Volevo fare nuove esperienze
↘ e quindi ho deciso di cercare un lavoro in Italia.

Mit dem Imperfekt drückt man die Handlung aus, die zuerst beginnt. Mit dem Perfekt drückt man die Handlung aus, die als zweites eintritt.

Da ragazzo andavo ogni anno al mare con i miei genitori.

• Die Präposition *da*

Quando ero ragazzo
→ Da ragazzo *(als Junge)*

1 Cosa sta succedendo?

2 Una cartolina da...

- Datum
- Ort
- Wetter
- Dauer
- Unterbringung
- Eindrücke
- Grüße

Caro ....,

....

3 A coppie

A:
Sono le 6.30 e ti trovi alla stazione di Genova Principe.
Vuoi partire per San Remo ed essere là prima delle 10.00.
Chiedi informazioni e domanda anche se c'è la prima
classe, poi acquista il biglietto.

B:
Sei un impiegato delle Ferrovie e lavori presso la stazione
di Genova. Consulta l'orario, da' le informazioni e vendi
il biglietto.

Genova P.P.	6.45	6.50
Savona	7.40	7.50
Albenga	8.13	–
Imperia	8.51	
San Remo	9.23	
Ventimiglia	9.43	
Nice Ville	–	

4 Antonio Tabucchi in *"Il filo dell'orizzonte"* ambienta il suo breve romanzo in una città di mare che somiglia a Genova.

Dopo il cinema, concludono la serata in un piccolo caffè. Il proprietario pronuncia sempre avare metereologie: "Domani rinfresca." oppure: "Quest'afa promette pioggia".
Sara si copre le spalle con lo scialle, anche quando fa caldo. Guarda verso il mare. "Come sarebbe bello partire", dice, " vero?". Sono dieci anni che Sara dice che sarebbe bello partire, e lui le risponde che un giorno, prima o poi, magari bisogna farlo. Lui sa come Sara sogna la loro impossibile partenza. C'è un transatlantico, nelle sue fantasie, con una sdraio in coperta e alcuni signori in pantaloni bianchi. Ci vogliono venti giorni per arrivare in Sudamerica, ma in quale città non è specificato, è indifferente: il Sudamerica è piccolo nello spazio di un sogno. Ma, a proposito, quella nave in porto non pare un transatlantico? Lui è indeciso, mah, non saprebbe dire; ma forse no, ormai i transatlantici non si usano più, ne è rimasto qualcuno per le crociere, la gente ormai viaggia in aereo.

© Feltrinelli 1986. Ridotto

Parliamone insieme.
• In che stagione è ambientata la scena?
• Qual è il desiderio di Sara?
• Sara e il suo compagno hanno in programma un viaggio in Sudamerica?

5 *Vivevo, mi piaceva, ho preferito...*

Quando ero in vacanza a...   Quando ho finito gli studi...

Quando ho iniziato a lavorare ...   Da ragazzo/ragazza...

Quel giorno alla festa...

a) Scegliete una situazione e preparate lo schema. Non è indispensabile per ogni situazione rispondere a tutte le domande.

Quando	
Dove	
Come	
Con chi	
A che età	
Cosa mi piaceva, perché	
Cosa non mi piaceva, perché	
Cosa è successo	
Come mi sentivo	
Perché	

b) Ora raccontate usando le informazioni dello schema.

10 *Ci penso io.*

1

a) **A casa dei Romano. Ascoltate.**

b) **Qual è il problema? Cosa è successo? Parlatene.**

c) **Ora leggete.**

– Senta, senta! Stacchi, ho bisogno di aiuto, la cantina è piena d'acqua, venga a vedere che disastro!
  [...]
• Bisogna fare qualcosa. Ci vuole l'idraulico, lo chiami. Ci vogliono almeno due ore di lavoro.

Ma la signora non sa come risolvere il problema perché è sabato. Il falegname la tranquillizza:
ci pensa lui e telefona a suo cognato che è idraulico.

• Non si preoccupi, ci penso io. Comunque questo problema lo risolviamo.

> **<u>Di</u> chi abbiamo bisogno?**
> **Abbiamo bisogno <u>di</u> un idraulico.**

> **Ci vuole l'idraulico.**
> **Ci vogliono due ore.**

> **Cosa si deve fare?**
> **Bisogna telefonare.**

d) **Osservando i disegni scrivete le risposte.**

– Quanto ci vuole per
  comprare una villa sui Colli
  Euganei?

– Che cosa si deve fare
  per ricevere soccorso in autostrada?

– Marta, andiamo alla posta.
  Quanto ci vuole?

– Vado in centro.
  Di che cosa hai bisogno?

Ci vuole...
Ci vogliono...
Bisogna...
Aver bisogno di...

SOCCORSO
STRADALE

e) **Ora a turno uno fa una domanda e l'altro risponde:**
   Esempio: Di che cosa hai bisogno per organizzare un viaggio?

> per andare in campeggio
> per una cena italiana con gli amici
> per avvisare del ritardo ???

aver bisogno di...
ci vuole...
ci vogliono...
bisogna...

2 a) Osserva queste situazioni e poi annota le espressioni tipiche in 2 b).

– Puoi farmi un favore? Sono senza macchina.
• Sì, dimmi! Di cosa hai bisogno?
– Avrei bisogno di un passaggio
• Ma certo, figurati!

– Avrei bisogno di un favore, puoi passare
  a prendermi?
• Volentieri. A che ora?
– Riesci ad essere da me prima delle otto?
• Ci riesco di sicuro.

riuscire
riesco
riesci
riesce
riusciamo
riuscite
riescono

Riesci a venire? **!**
Sì, **ci riesco**.

b)

richiesta	risposta
❶	❶ ....
❷	❷ ....
❸	❸ ....
❹	❹ ....

3 a) Nella prima colonna alcune persone chiedono un favore. Qual è la risposta adatta?

1. Posso usare il tuo telefono, per favore? Devo parlare con mia moglie.	A. Sì, certo. La porto io.
2. Vai alla posta? Per favore imbuca anche queste lettere.	B. Sì, ce l'ho, tieni!
3. Può passarmi il dizionario d'italiano?	C. Guarda un po'. Se è già carico fa' pure!
4. Per favore, vai tu a prendere i bambini a scuola?	D. Volentieri, ma quanto stai via? Parto anch'io il prossimo fine settimana.
5. Fra due giorni vado in vacanza. Avresti tempo di annaffiare le mie piante?	E. Solo un attimo, lo sto usando io.
6. Potresti aiutarmi a portare la valigia? È proprio pesante. Non ci riesco!	F. Sì, riesco a passare io. A che ora escono?
7. Hai una penna in più?	G. Sì, va bene.

b) Ora ascoltate e confrontate.

4 A coppie: Uno chiede un favore e l'altro risponde positivamente.

Esempio: (aiutare in giardino)
- Mi potresti aiutare in giardino sabato mattina?
- Volentieri, ma dopo le dieci perché prima devo fare la spesa.

> abbassare il volume del televisore   tenere il cane
>
> guardare il bambino   prestare un CD
>
> chiamare un taxi   riparare i freni della bicicletta   ???

...ma...

> non avere il numero
> non oggi, domani
> solo per un'ora   ?????

5 Un favore

a) Ascoltate. Chi sono? Scrivete i nomi.

   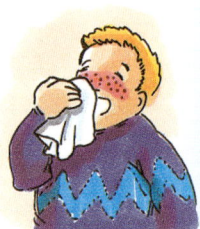

b) Ora leggete alcune parti del dialogo.

Sig. Romano: Ormai è arrivata l'estate. Con questo caldo mia moglie non ha voglia di fare la spesa e
devo venire io. E mentre tutti vanno in vacanza noi restiamo in città anche in agosto.

Sig. Mancuso: Ah, non andate via quest'anno?

...

Sig. Mancuso: Senta signor Romano, Le potrei chiedere un favore? Sa...

Sig. Romano: Sì, dica pure.

Sig. Mancuso: Quest'anno si sposa mia nipote in America e vado a Chicago
per dieci giorni.

Sig. Romano: Signor Mancuso, ma non La riconosco più. Lei in America!
Un bel viaggio!
Ha sempre detto "Mai fuori dalla bell'Italia."

Sig. Mancuso: Eh, sa com'è...a casa è sempre meglio. Però ho un problema.

...

Sig. Mancuso: Chi mi tiene Argo? Resterebbe solo. Le volevo chiedere questo favore, si tratta di
dieci giorni. Naturalmente se per voi non è un problema.

Sig. Romano: Ah, il suo Argo. Anche mia moglie ama i cani. Il fatto però è che il nostro Paolino
ha un'allergia e purtroppo non li sopporta. Ma riusciamo a risolvere questo problema
se chiediamo ai Biffi di tenerlo. Anche loro sono qui in agosto e mia moglie e i ragazzi
potrebbero pensare a portarlo fuori. Non si preoccupi, vuol dire che ci pensiamo noi.
Quando ha intenzione di partire?

Sig. Mancuso: Fra quindici giorni.

Sig. Romano: Allora bisogna ancora parlare con i Biffi. Tornando a casa ci penso io. Ci conosciamo
bene.

Sig. Mancuso: Sì, è meglio fare così. Lei è proprio gentile, come sempre. La Sua idea mi sembra
migliore.

Sig. Romano: Ma Lei dovrebbe annaffiare i fiori del giardino e ritirare la posta in settembre,
mentre noi siamo in vacanza...

Sig. Mancuso: Certo, certo!

> un viaggio **bello** – un **bel** viaggio

tenere
tengo
tieni
tiene
teniamo
tenete
tengono

> È meglio fare così.
> bene → **meglio**

> La Sua idea mi sembra migliore.
> buono → **migliore**

> Ha voglia di...? – Si, **ne** ho voglia.
> Pensi tu a...? – Si, **ci** penso io.

c) Combinate.

fare la spesa — Ci pensano i ragazzi.
portare fuori Argo — Il signor Mancuso non ne ha voglia.
parlare con i Biffi — Ci pensa il padrone di Argo.
andare spesso all'estero — La signora Romano non ne ha voglia.
annaffiare i fiori — Ci pensa il signor Romano.

d) Variazioni sul tema

– Chi *ha bisogno della macchina*?

• *Ne ho bisogno io.*

avere bisogno della macchina	io
pensare alle valigie	Alessandro
avere voglia di pulire la casa	solo Paolo
credere a queste notizie	(noi) tutti
avere bisogno del computer	loro
riuscire a mangiare più pasta	il signor Grasso

➡ Es. 3–6

6 Problemi, problemi...

	Qual è il problema?	Qualcuno lo risolve?
1		
2		
3		
4		

7

Pensa a quattro oggetti che vorresti chiedere al tuo vicino.
Poi a coppie, uno chiede e l'altro risponde.

Esempio: – Potrei usare la tua penna?

• Sì, prendila! / No, mi dispiace. Serve a me.

> Mi serve. ⇔ Serve a me. ⇔ Ne ho bisogno io.
> Ti serve. ⇔ Serve a te. ⇔ Ne hai bisogno tu.
> Gli serve ⇔ ...
> ...

8 A coppie

A

Devi andare in vacanza e chiedi un favore al tuo migliore amico:

• accompagnarti all'aeroporto

• pensare al tuo cane

• annaffiare i fiori del tuo giardino

• venire a prenderti all'aeroporto il giorno del tuo arrivo

• ...

Anche il tuo amico ti chiede dei favori. Sei d'accordo o no? Cosa dici?

B

Il tuo migliore amico va in vacanza la prossima settimana e ha tanti piccoli problemi che tu sicuramente puoi risolvere. Ma anche tu devi chiedergli dei favori:

• usare il suo computer perché il tuo non funziona

• organizzare la tua festa di compleanno nel suo giardino mentre lui è in vacanza

• usare la sua bicicletta

• ...

Come reagisci? Cosa dici?

9 a) **Hai uno o più problemi. Parlane con il tuo vicino. Forse lui può darti dei consigli.**

problemi

- cerchi un appartamento
- sei innamorato/a
- arrivi sovente in ritardo al lavoro
- hai molto appetito ma sei a dieta
- i soldi non ti bastano mai
- sei stressato/a
- …

soluzioni

- prendere qualche giorno di vacanza
- mangiare una grande insalata
- alzarsi un quarto d'ora prima
- parlare
- lavorare di meno e fare più sport
- rivolgersi ad un'agenzia
- giocare al lotto
- programmare le spese
- telefonare

Esempio: – Ho un problema. Cerco già da un mese un appartamento.
    Cosa potrei fare? / Puoi darmi un consiglio?
 • Secondo me potresti rivolgerti ad un'agenzia. Non costa molto.
 • Rivolgiti…! / Si deve… / Bisogna… / Ci vorrebbe… / La cosa migliore sarebbe…

b) **E voi?**
 • Riuscite sempre a risolvere i problemi? Avete già avuto bisogno di un favore un po' complicato?
 • Siete sempre disposti ad aiutare?

10 a) **Il signor Mancuso è stato a Chicago. Da due giorni è rientrato e parla con i bambini dei Romano. Attenzione, il signor Mancuso durante la conversazione usa parole come:**

perciò   allora   quindi
se   mentre   perché
però   ma

perciò = per questo motivo
quindi = allora, di conseguenza

b) **Ora completate il seguente testo con alcune delle parole evidenziate in 10 a).**

Il signor Mancuso è stato a Chicago per partecipare al matrimonio di sua nipote. .... lui era negli Stati Uniti i bambini si sono occupati di Argo e .... lui gli ha portato delle magliette. Questo era il suo primo viaggio in aereo .... era nervoso. .... in America ha visto tante cose interessanti. Alla domanda dei bambini: "Vai il prossimo anno ancora una volta da tua nipote"? Il signor Mancuso risponde: "Beh, ... mi invita .... torno a Chicago. Perché no?"
Come è diventato coraggioso!

Es. 7, 8

11 Sapete che esistono anche in Italia agenzie di scambio di favori?
Ecco il volantino di *Fai con noi* di Menaggio.

FAI CON NOI	
CHI SIAMO? Alessandra, Paolo, Francesco, Giulia tassista, insegnante, elettricista, ragioniera … e tanti altri COSA OFFRIAMO? aiuto, servizi e favori nel limite del possibile ognuno può fare qualcosa per sé e per gli altri durante il suo tempo libero QUANTO COSTA? non costa soldi, investiamo il tempo ogni ora un bollino	CHI SEI? Angela? Patrizia? Carlo? Michele? imbianchino, idraulico, pensionato, studente? … e tutti gli altri COSA SAI FARE? Tutto quello che può essere utile Nel tuo tempo libero in cambio di un' ora di lavoro ricevi un "bollino tempo" QUANTO TEMPO HAI? In media due ore alla settimana o anche di più CHE FAVORE POSSIAMO FARTI? Quasi tutto quello che ti serve

Telefona o scrivi a: **FAI CON NOI** *agenzia scambi* e iscriviti. ☎ 0344 456708 Menaggio

a) 1. Un bollino è
☐ un timbro o un adesivo su un tesserino.
☐ un francobollo.

2. Per ricevere un servizio bisogna ☐ pagare la fattura.
☐ investire il tempo libero.

3. *in media* significa:
☐ quasi.
☐ Ø.

b) Di quale favore o servizio avete bisogno? Cosa potete offrire in cambio?

Avrei bisogno di…	Posso offrire…

c) Ti conviene iscriverti? Allora telefona!

Lavorate a coppie: A chiama e B risponde chiedendo nome, città,
attività offerte e richieste, disponibilità di tempo.

→ **Es. 9, 10**

Giufà
"Crusca al vento e farina a casa!"

Giufà è un ragazzo sempliciotto, non sempre capisce a volo quello che sua madre gli dice di fare.

Qualche giorno prima della festa di San Giuseppe la madre di Giufà ha bisogno di molta farina per il *pane di San Giuseppe** e perciò gli chiede un favore: "Poiché hai questo somaro, va' al mulino a macinare questo pesante sacco di grano."

Giufà, sempre ben disposto ad aiutare, prende subito il sacco, lo carica sul somaro e va al mulino.

Là lo macina e quindi si avvia sulla strada del ritorno. Poiché deve salire su un monte, per non fare fatica tirando l'asino carico, apre il sacco ed esclama: "Crusca al vento e farina a casa!"

Ora può salire sull'asino e ritornare a casa.

Sua madre stupita gli chiede: "Giufà, dov'è la farina?"

"Verso sera arriva con il vento."

"Oh, birbante! La festa di San Giuseppe senza pane per i poveri significa disgrazia, tristezza e fame!"

Giufà, impressionato dalle parole della madre, va alla finestra per chiamare la farina:"Farina, vieni, vieni a casa!" Aspetta fino a tardi e appena vede come ogni sera la nebbia salire, corre contento dalla madre per annunciare il ritorno della farina portata dal vento.

Racconto popolare

* Il diciannove marzo, festa di San Giuseppe, si portano in chiesa ceste di pane da benedire durante la messa e da distribuire ai poveri o agli ammalati.

Chi è Giufà? Nato dalla fantasia popolare orientale, lascia il luogo d'origine e si stabilisce in Italia, luogo etnicamente e culturalmente ben diverso. Il personaggio di Giufà si ritrova nei racconti popolari della Toscana e dell'Italia meridionale. Ogni regione gli conferisce attributi diversi. Di una stessa storia se ne hanno più varianti, secondo la fantasia del narratore.

Conoscete un personaggio simile a Giufà?

a) **Completate le frasi e ricostruite il racconto.**

☐ .... si avvia verso casa.

☐ .... la madre lo vede ritornare senza farina, si arrabbia e prevede disgrazia, tristezza e fame.

☐ Giufà prende subito il sacco e va al mulino .... è sempre ben disposto ad aiutare.

☐ La madre di Giufà ha bisogno di molta farina e .... gli chiede di andare al mulino.

☐ Al ritorno, salendo sul monte non ha voglia di faticare, ... apre il sacco e butta la farina al vento.

☐ Giufà ha paura e .... vede salire la nebbia, annuncia contento il ritorno della farina.

Ricorda

Abbiamo bisogno di un idraulico.

• **avere bisogno <u>di</u>**
etwas/jemanden brauchen

Bisogna telefonare.

• **bisogna**
man muss
bisogna + *Infinitiv*

Da Bologna a Firenze ci vuole un'ora.
Da Firenze a Roma ci vogliono due ore.

• **ci vuole, ci vogliono**
man braucht
ci vuole + *Singular*
ci vogliono + *Plural*

Wenn die Sache oder die Person, die benötigt wird, im Plural steht, muss die Verbform ci vogliono *lauten.*
→ **7.7.2**

– Potrei usare la tua penna?
• No, mi dispiace. Serve a me.

• **servire a**
etwas brauchen

wörtlich: „(Der Kugelschreiber) dient mir."

– Riesci a venire stasera a casa mia?

• **Das Verb *riuscire***

riesco	riusciamo
riesci	riuscite
riesce	riescono

riuscire a …

Die Formen von riuscire *entsprechen denen von* uscire.

Gebrauch: *riuscire a* + **Infinitiv**
es schaffen zu … (Infinitiv)

– Riesci a venire stasera a casa mia?
• Sì, <u>ci</u> riesco di sicuro!

– Qualcuno deve pensare a portare fuori il cane.
• Ci pensiamo noi!

• ***ci* als Ersatz für eine Ergänzung mit „a"**
riesco <u>a venire</u> > **ci** riesco

pensiamo <u>a portare fuori il cane</u> > **ci** pensiamo

→ **7.7.1**

– Hai voglia di venire domani?
• Sì, ne ho voglia.

• ***ne* als Ersatz für eine Ergänzung mit *di***
ho voglia <u>di venire</u> > **ne** ho voglia

→ **7.7.4**

• **Das unregelmäßige Verb *tenere***

tengo	teniamo
tieni	tenete
tiene	tengono

Eine ganze Reihe von Verben, die von tenere *abgeleitet sind, bilden die gleichen Formen:* **ritenere, sostenere, trattenere, contenere.**

– Signor Mancuso, Lei in America – un bel viaggio!

• ***bello* <u>vor</u> einem Substantiv**
un **bel** viaggio

Das Adjektiv bello *nimmt besondere Formen an, wenn es vor dem Substantiv steht.*
→ **3.1**

– Sono andato da Ancona a Roma in treno. Si attraversa l'Appennino e si vede molto. È proprio un viaggio bello!
• Sono stato in America. 12 ore in aereo, è un bel viaggio!

• **Die Stellung des Adjektivs**

Im Regelfall steht das Adjektiv <u>hinter</u> dem Substantiv, auf das es sich bezieht. Manche Adjektive erhalten eine andere, übertragene Bedeutung, wenn sie <u>vor</u> dem Substantiv stehen. So bekommt un bel viaggio *im Beispielsatz die Bedeutung: „eine lange, beschwerliche Reise".*
→ **3.3**

Eh, sa com'è…a casa è sempre meglio.
Sì, la Sua idea mi sembra migliore.

• **Steigerung von *bene* und *buono***
bene ➜ **meglio**
buono ➜ **migliore**

→ **4.1**

• **Das Personalpronomen zur besonderen Betonung**

– Ci pensiamo **noi**!

Das Personalpronomen als Subjekt entfällt normalerweise. Wenn es verwendet wird, dann zur besonderen Betonung. Dabei kann es am Anfang des Satzes oder auch <u>hinter</u> dem Verb stehen.

Andrò, vedrò,... 11

1 Metilde e la ricotta

a) Ascoltate. Cosa è successo a Metilde?

b) Secondo voi come è finita la sua avventura?

c) Leggete e completate l'ultima frase. Poi sottolineate le forme verbali nuove per voi.

Una ragazzina chiamata Metilde non aveva da mangiare.
Un giorno pensa di andare da un contadino per chiedergli una ricottina da vendere in città al mercato.
Va dal contadino e lui gliela dà. Dopo aver preso la ricottina, fa una coroncina di felce da mettere sul
capo per sorreggerla. Lungo la strada pensa:

"Ora vado in città alla fiera, vendo la ricotta e guadagno
un po' di soldi. Con questi soldi comprerò due uova,
le metterò sotto la chioccia e così nasceranno due
pulcini. Di questi due pulcini farò due bei polli, due
polli grassi grassi. Quando saranno grassi, non finiranno
nella mia pentola, ma li venderò e comprerò un'agnellina.
Poi l'agnellina figlierà e io avrò due agnellini. Quando
saranno belli grassi, comprerò una vitellina che crescerà, la
venderò e comprerò due vitelli. Quando questi vitelli saranno
grandi e grassi, li venderò e mi farò una bella casetta. In questa casetta ci sarà un bel terrazzino,
là mi metterò a sedere e la gente che passerà facendo un inchino mi dirà: – Oh, signora Metilde!"
All'improvviso, con la testa tra le nuvole, …

Addio Gesù,
La ricotta non c'è più!

Racconto popolare

2 Ora completate la colonna A scegliendo tra le forme sottolineate nel racconto.
Poi completate la colonna B.

	A		B
comprare	_comprerò_		_compro_
vendere			
dire			
finire			
fare			
mettersi			
essere			
avere			

Perché Metilde usa queste forme?

☐ Perché pensa a fatti già avvenuti.
☐ Perché racconta quello che vede andando in città.
☐ Perché questi sono i suoi sogni, i suoi progetti.

3 Completate la tabella con:

venderò finirai comprerà venderemo avrò ti metterai

venderanno dirà comprerete venderai finirà

ci metteremo comprerò diremo saranno si metteranno

finirete finiranno direte mi metterò vi metterete

REGOLARI

	-ARE	-ERE	-IRE	
	comprare	vendere	dire	finire
io			dirò	finirò
tu	comprerai		dirai	
lui/lei/Lei		venderà		
noi	compreremo			finiremo
voi		venderete		
loro	compreranno		diranno	

AUSILIARI

	avere	essere
io		sarò
tu	avrai	sarai
lui/lei/Lei	avrà	sarà
noi	avremo	saremo
voi	avrete	sarete
loro	avranno	

RIFLESSIVI

	mettersi	
si	metterà	

4   a) Ascoltando sottolineate la parola che avete sentito.

Sara	*oder*	sarà?
leggerò		leggero
terrà		terra
faro		farò
parleremo		parleremmo
verrò		vero
leggerà		leggera
mangeremmo		mangeremo

Futuro

fare
farò
farai
farà
faremo
farete
faranno

➡ Es. 1–4

  b) Riascoltate ripetendo.

Purtroppo Metilde non è arrivata alla fiera e non ha realizzato i suoi affari. Sarà diverso per i signori Krankl e Vetroni.

5 Viaggio d'affari e fiera: dieci giorni stressanti.

Ascoltate il dialogo. Poi scegliete un compagno e conversate:

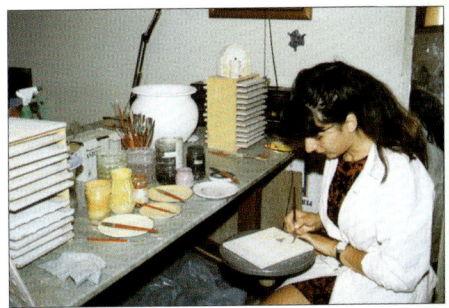

Il signor Krankl...

- ...dove vive?
- ...dove sarà durante la prima settimana di ottobre? Perché?
- ...con chi andrà a Sassuolo? Perché?
- ...da chi riceverà il programma del viaggio d'affari?
- Come si chiama la fiera delle ceramiche di Bologna?

6 a) La signora Mango, segretaria del signor Vetroni, scrive al signor Krankl.

FAX	**LINEACASAEUROPA**
per: signor Krankl	Via Martiri della Libertà 45
presso LineacasaEuropa Salisburgo	41100 Modena
fax 0043 662 854917	Tel. 059 765418
data 20-09-...	Fax 059 76541831
numero di pagine: 1	

---

oggetto: CERSAIE Bologna, 3–8 ottobre, visita dei signori Krankl e Vetroni
          il 4 e 5 ottobre

Signor Krankl:

- Hotel Centrale: camera singola dal 3 al 5 ottobre
- 4 ottobre 9.30 ingresso fiera, sala riunioni, primo piano: incontro con il signor Vetroni e con i fornitori
- 11.00 visita ad alcuni stand, incontri previsti:
                     piastrelle per interni
                     ceramiche artistiche di Caltagirone e di Sigillo
                     Sardacera di Siniscola
- 5 ottobre 09.30   incontro con la direzione di LineacasaEuropa
- 13.30 partenza per Sassuolo

Allego la cartina di Bologna così non avrà problemi. Gli incontri del 4 ottobre sono importanti anche perché si tratterà di stabilire i nuovi prezzi per gli acquisti della prossima stagione. Il 5 pomeriggio Lei e il signor Vetroni partirete in macchina per Sassuolo.
Per la visita ai centri di produzione Sardacera La preghiamo di prendere contatto direttamente con il signor Puddu di Siniscola.

                                    Cordiali saluti
                                    Anna Mango

b) Completate.

Chi?	Cosa farà?	Dove?	Quando?
Il signor Krankl	*arriverà*	*a Bologna*	*il tre verso sera.*

c) Variazioni sul tema

– Quando *vediamo il fornitore*?
• *Lo vedremo la prossima settimana.*

(noi) vedere il fornitore	prossima settimana
(voi) incontrare i rappresentanti	alla fiera di Milano
(Metilde) comprare la casetta	mai
(lui) scrivere il fax	al suo ritorno
(loro) prendere le vacanze	tra due mesi
(Lei) ricevere il programma	prima del viaggio

7 a) Ceramiche ed economia in Emilia Romagna

Il signor Krankl si informa.

La produzione di terracotta / maiolica si è diffusa in Italia sin dall'antichità grazie alla presenza delle terre argillose che ne costituiscono la materia prima. Oggi la produzione industriale rivolta alle costruzioni è concentrata in Emilia Romagna mentre le ceramiche artistiche si producono in numerosi laboratori nelle regioni del centro sud. Forme e linee tradizionali si differenziano di regione in regione e la grande varietà dei colori è dovuta alla presenza di particolari minerali nelle diverse zone di produzione. Alla ceramica tradizionale si affianca oggi anche quella ideata da artisti e designer. Famose le ceramiche di: Faenza (Emilia Romagna), Gubbio (Umbria), Caltagirone (Sicilia) e Dorgali (Sardegna).

IL SOLE–24 ORE–Lunedì 28 Giugno 1999

RAPPORTI / Emilia Romagna

Export di piastrelle: un fiore all'occhiello!

"Ma, tiene? Non tiene? Si riprende, o scenderà ancora?", si chiedono quasi quotidianamente gli imprenditori dell'Emilia Romagna, attenti ad intercettare tutti i segnali che potranno permettere di capire qualcosa di più della domanda estera. [...]

"Il distretto emiliano delle piastrelle ha ripreso la corsa. Prevedo un anno che ci darà delle buone soddisfazioni", commenta Angelo Borelli, presidente dell'associazione dei produttori di piastrelle con sede a Sassuolo. "Nella nostra zona tra Modena e Reggio Emilia è concentrato il polo ceramico più grande del mondo con 188 aziende, 21.700 occupati che è in grado di realizzare oltre 470 milioni di metri quadrati di piastrelle all'anno, pari all'80% della produzione italiana."

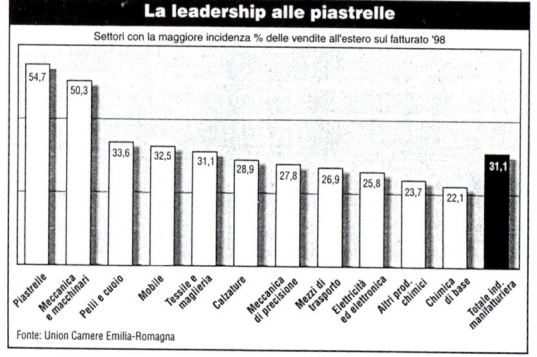

La leadership alle piastrelle

Settori con la maggiore incidenza % delle vendite all'estero sul fatturato '98

54,7 — 50,3 — 33,6 — 32,5 — 31,1 — 28,9 — 27,8 — 26,9 — 25,8 — 23,7 — 22,1 — 31,1

Piastrelle / Meccanica e macchinari / Pelli e cuoio / Mobile / Tessile e maglieria / Calzature / Meccanica di precisione / Mezzi di trasporto / Elettricità ed elettronica / Altri prod. chimici / Chimica di base / Totale ind. manifatturiera

Fonte: Union Camere Emilia-Romagna

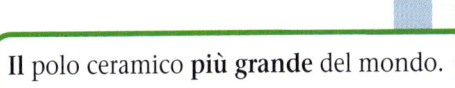

b) **Combinate.**

Gli acquisti		bella.
La ceramica	*più*	importanti.
Le fiere		convenienti.
Il prezzo		alto.

> Il polo ceramico **più grande** del mondo.

8

a) **Il signor Krankl manda un fax al suo fornitore di ceramiche di Siniscola in Sardegna. Completate con il futuro di:**

fermarsi, essere, rientrare, potere, occuparsi, trattarsi.

Gentile signor Puddu,
dopo la fiera di Bologna .... in Italia fino al 13 ottobre. Il 9 .... a Viterbo presso la ditta Flaminia per i sanitari. Quindi il mio collega .... a Padova e io non .... essere da Lei in ditta prima del 10 ottobre. La prego di fissarmi un appuntamento. Anche quest'anno siamo interessati alla vostra collezione di oggettistica. Come Lei sa, siamo soci del gruppo Lineacasa-Europa, attualmente il più importante del settore. Quest'anno .... direttamente degli acquisti di ceramica per tutti gli affiliati. .... di quantità notevoli quindi vorrei pregarLa di mandarmi il listino prezzi unitamente ad un'offerta interessante per il nostro gruppo.

b) **Poiché non ha ricevuto una risposta, due giorni dopo il signor Krankl telefona al signor Puddu: A coppie fate la telefonata.**

Krankl	Puddu
	Begrüßung
Begrüßung. Fragt, ob Puddu das Fax erhalten hat.	Bejaht und entschuldigt sich.
Fragt, ob Puddu zwischen 10. und 13. Oktober Zeit hat.	Bejaht und fragt nach Ankunftszeit von Krankl.
9.10.: abends Fähre von Civitavecchia nach Olbia.	Terminvorschlag: 10.10. vormittags
Bejaht.	Fragt, ob Krankl sich für Informationsmaterial über Sardinien interessiert.
Bejaht.	Entschuldigt sich nochmals. Verabschiedung
Verabschiedung	

9

a) **A Bologna non solo affari**

> Ma, chissà!! Saprà qualcosa del mio futuro? Farò i migliori affari?

Ognuno è Lady Barbara e deve predire il futuro al signor Krankl. Il signor Krankl vorrebbe sapere qualcosa su: lavoro, affari, amore, viaggi, soldi...e sogna **un futuro al superlativo.**
Lui chiede e voi a turno rispondete.

Esempio: – Viaggi?   • Farai i viaggi più interessanti.

b) **A che cosa ricorrono molte persone per conoscere il loro futuro? Vorreste conoscere in anticipo il vostro futuro?**

 Es. 5, 6

E ora... Sogni e partner

10   a) La vita di Paolo...

...e i sogni di Viola

Il prossimo anno mi comprerò una casetta in montagna, lontana dallo stress della città.

Andrò a vivere là, comprerò tante pecore e un cane. Vivrò tranquilla e felice...

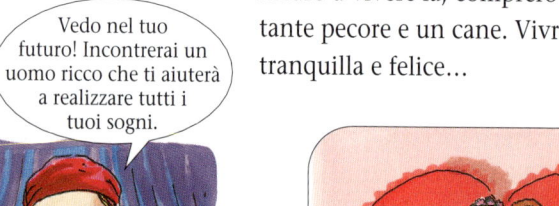

Vedo nel tuo futuro! Incontrerai un uomo ricco che ti aiuterà a realizzare tutti i tuoi sogni.

Che brutto tempo! Cosa succederà? Chi mi aiuterà?

Oh, cara Viola, vivremo...

Sì, caro, vivremo allevando pecore...

Paolo mio, come ti amo! Ci sposeremo...

Avremo almeno cinque bambini. Tu coltiverai l'orto...

b) Secondo voi, i progetti di Viola piacciono a Paolo? Li accetterà? Cosa dirà?    Es. 7–9

11 Nuraghi, Tombe dei giganti…

Il signor Krankl e sua moglie, appassionata di archeologia, passeranno le prossime vacanze in provincia di Nuoro.

- Prima di leggere il testo, segnate nella prima colonna vero o falso, in base a quello che sapete.
- Dopo la lettura segnate la seconda colonna e confrontate.

V	F		V	F
☐	☐	Nuoro si trova nel sud della Sardegna.	☐	☐
☐	☐	In Sardegna ci sono più di seimila nuraghi.	☐	☐
☐	☐	Ancora oggi quasi tutti abitano nei nuraghi.	☐	☐
☐	☐	Barumini è il villaggio nuragico più importante.	☐	☐
☐	☐	Le *domus de jànas* sono castelli.	☐	☐

Nuraghi

Sono torri o vere e proprie fortezze alte anche più di venti metri. Sono costruiti con blocchi megalitici squadrati, a difesa dei villaggi nuragici (1800 – 700 a. C.).
Al loro interno sono stati ritrovati bronzetti che rappresentano guerrieri e divinità.
In Sardegna si contano circa 7000 nuraghi.
Il più complesso è la reggia nuragica di Barumini.
Testimonianze religiose di questa civiltà sono tempietti a pozzo per il culto delle acque e le Tombe dei giganti.

Tombe dei giganti

Tombe a camera allungata per sepolture comuni, situate in luoghi centrali e raggiungibili da diversi villaggi nuragici. L'ingresso è formato da una stele megalitica.

Domus de jànas

Grotte artificiali scavate nelle pareti rocciose e risalenti al periodo eneolitico (3500 – 2500 a. C.), usate per le sepolture.
All'interno sono rappresentati simboli di spiritualità e religiosità: Dea Madre, Toro, spirali, false porte, ma anche gli elementi architettonici delle case dei vivi come pilastri, travi, sedili e focolari.

Pedras fittas

Gruppi di menhirs (2500 – 1800 a. C.) di numero e formazione diversi, luogo di culto e protezione simbolica delle tombe.

Il passato

Il presente

Il futuro

di Gianni Rodari

Il futuro, credetemi,
è un gran simpaticone,
regala sogni facili
a tutte le persone.
– Sarai certo promosso –
giura allo scolaretto.
– Avrai voti lodevoli,
vedrai te lo prometto –.
Che gli costa promettere?
…
– Lei che viaggia in filobus,
e suda e si dispera:
guiderà un'automobile
entro domani sera –.
– Lei sogna di "far tredici"? –.
Ma lo farà sicuro!
Compili il suo pronostico:
ci penserà il futuro!
Sogni, promesse volano…
Ma poi cosa accadrà?
Che ognuno avrà il futuro
che si conquisterà.

da: *"Filastrocche in cielo e in terra"*, © Einaudi

a) Dopo aver letto e discusso *"Il futuro"* con la classe, provate a riassumerne il contenuto.

....
....
....
....
....
....

b) Negli ultimi due versi della poesia si dice che *"ognuno avrà il futuro che si conquisterà"*. Certamente anche voi qualche volta pensate al vostro futuro: come lo immaginate? Che cosa vorreste realizzare? Avete desideri, speranze, piani concreti? Prima scriveteli in breve e poi parlatene.

desideri, speranze	piani concreti

• Über Handlungen sprechen, die in der Zukunft geschehen werden

Ora vado in città, vendo la ricotta e guadagno un po' di soldi. Con questi soldi comprerò due uova.

Das Futur – die regelmäßigen Formen

→ 1.5.1

comprare	vendere
comprerò	venderò
comprerai	venderai
comprerà	venderà
compreremo	venderemo
comprerete	venderete
compreranno	venderanno

dire	finire
dirò	finirò
dirai	finirai
dirà	finirà
diremo	finiremo
direte	finirete
diranno	finiranno

Der Infinitiv wird um den letzten Vokal, das „e", verkürzt. Dann wird die jeweilige Endung des Futurs angehängt.
Achtung: Bei den Verben auf -are wird aus dem „a" im Verbstamm ein „e".

Allego la cartina di Bologna, così non avrà problemi.

Il signor Krankl andrà a Sassuolo insieme al signor Vetroni.

Das Futur – unregelmäßige Verben

→ 1.5.2

avere	andare
avrò	andrò
avrai	andrai
avrà	andrà
avremo	andremo
avrete	andrete
avranno	andranno

Bei einigen Verben fällt der Vokal des Verbstammes aus. Ebenso:

potere	vedere
dovere	cadere
sapere	godere
vivere	

Quando questi due vitelli saranno grandi e grassi li venderò e mi farò una bella casetta.

Das Futur – unregelmäßige Verben

essere	fare
sarò	farò
sarai	farai
sarà	farà
saremo	faremo
sarete	farete
saranno	faranno

essere besitzt unregelmäßige Formen.

Bei fare bleibt das „a" des Verbstammes erhalten. Gleiches gilt auch für dare und stare.

Verremo in Sardegna in ottobre.

Das Futur – unregelmäßige Verben

venire	
verrò	verremo
verrai	verrete
verrà	verranno

Einige Verben bilden das Futur mit doppeltem „r". Ebenso:

rimanere	volere
bere	tenere

– In questa casetta ci sarà un bel terrazzino, là mi metterò a sedere.

Das Futur – reflexive Verben

mettersi	
mi metterò	ci metteremo
ti metterai	vi metterete
si metterà	si metteranno

Es gibt auch die Bildung im gegenteiligen Sinn mit meno: Questo è il cappotto meno caro. (Dies ist der „am wenigsten teure" Mantel, also der billigste).
→ 1.5.3

• Ausdrücken, dass eine Sache bzw. jemand „der größte", „der schönste" usw. ist.

La zona di Modena è il polo ceramico più grande del mondo.

Der relative Superlativ

il polo ceramico **più grande**
oder
il **più grande** polo ceramico

Der Komparativ von buono heißt migliore. Der Superlativ („der/die/das beste") lautet daher zum Beispiel:
È la cosa migliore.
→ 3.4.4

12 Chi erano, chi siamo

1 Gian Lorenzo Bernini

Conoscete questi monumenti e opere d'arte? Li avete visti direttamente? Raccontate.

 **a) Visita guidata**

Vi ricordate di tutto quello che ha detto la guida?

① Dove si trova il gruppo?   ☐ In Piazza Navona.
                              ☐ In Piazza di Spagna.

④ *La Barcaccia* si trova in ☐ Piazza S. Luigi.
                              ☐ Piazza di Spagna.

② La guida parla di   ☐ un grande architetto.
                              ☐ un grande musicista.

⑤ Dopo la visita il gruppo   ☐ resta nel centro
                                 storico.

③ A Piazza Navona ci sono   ☐ quattro fontane.
                              ☐ tre fontane.

                              ☐ va in albergo.

 b) Thomas è stato a Roma e ha partecipato alla visita guidata attraverso il centro storico.
Al ritorno parla con Letizia e le chiede chiarimenti.
Durante l'ascolto descrivete alcuni momenti della vita di Gian Lorenzo Bernini.

nascere
nato !

nascere
trasferirsi

rifiutare
progettare

c) **Qual è il participio passato?**

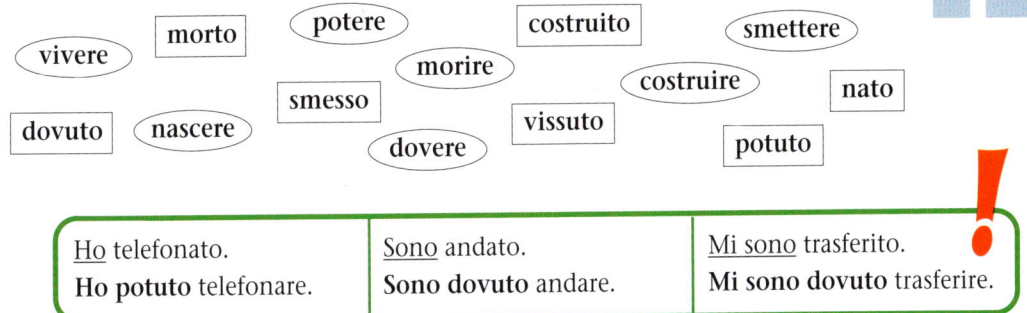

vivere ・ morto ・ potere ・ costruito ・ smettere ・ morire ・ smesso ・ costruire ・ nato ・ dovuto ・ nascere ・ vissuto ・ dovere ・ potuto

<u>Ho</u> telefonato.	<u>Sono</u> andato.	<u>Mi sono</u> trasferito.
Ho potuto telefonare.	**Sono dovuto** andare.	**Mi sono dovuto** trasferire.

Attenzione ai verbi. Completate le frasi.

voler lasciare ・ dover smettere ・ doversi trasferire ・ poter telefonare ・ volersi fermare

Esempio a): Nel 1606 la famiglia *si è dovuta* trasferire a Roma.

Siamo ritornati tardi perché i ragazzi .... fino alla fine della festa.

La famiglia .... in Germania a causa della disoccupazione.

Ieri Anna ed io .... di lavorare per parlare con il nuovo cliente.

Scusami, non .... perché non avevo la scheda telefonica.

Mio zio non .... il suo piccolo paesino.

Esempio b): Il soggiorno parigino *poteva* durare a lungo, ma...

Siamo tornati dopo tre giorni, però .... almeno una settimana.

Anna .... a Milano per lavoro ma non ha trovato casa.

Come? Vuoi una sigaretta? Ma non .... di fumare?

Ero preoccupata. Non .... prima di partire?

Non possiamo venire. .... i bambini dai nonni ma non è possibile.

2 a) **Lo riconoscete?**

Canta, è autore di colonne sonore, di un'opera
scritta con Gustav Khun e di programmi televisivi.
Scopre e segue molti giovani talenti dando loro
buone opportunità nella sua casa discografica.
Non si comporta da divo, anche se le sue canzoni
sono molto conosciute e hanno un grande successo.
Veste semplicemente, porta la barba, un berretto o
un cappello e gli occhiali.
Sapreste canticchiare la melodia di:
Caruso, 4 marzo 1943, Com'è profondo il mare?

Come si chiama questo cantautore? Ha partecipato anche al concerto "Pavarotti & friends".

12

b) Il verbo adatto ad ogni tappa

nascere   andare a scuola   avere successo in America   partecipare al Festival di Sanremo

innamorarsi   cantare come solista   suonare il clarinetto

cantare con Pavarotti   ricevere la laurea *honoris causa*

1943 – Bologna...   1949...   1963...

1965...   1968...   1971...

1978...   1992...   1999...

c) Ora scrivete la biografia di Lucio Dalla usando le informazioni dei disegni.

Lucio Dalla è nato a Bologna ....

....

....

....

→ Es. 1–3

3   Quiz: Chi sono?

Ascoltate e indovinate.

① Leonardo ☐

   Michelangelo ☐

   Galileo Galilei ☐

② Dario Fo ☐

   Luciano De Crescenzo ☐

   Umberto Eco ☐

③ Eros Ramazzotti ☐

   Renzo Piano ☐

   Fellini ☐

④ Topolino ☐

   Pinocchio ☐

   Mafalda ☐

4   Chi è?

Uno pensa ad un personaggio famoso e dice soltanto la professione. Facendo delle domande la classe deve indovinare chi è. La risposta può essere solo "sì" o "no". Chi indovina deve pensare ad un altro personaggio e così continua il gioco. I personaggi potrebbero essere:

Galileo Galilei

Giovanni Agnelli

Marco Polo

Pavarotti

Esempio:

   – È una donna?

   – È tedesco?

   – È italiano?

   – Vive ancora?

   – Ha scritto *Il nome della rosa?*

   – È napoletano?

   – Ha scritto *Così parlò Bellavista?*

   – Allora è De Crescenzo!

• È scrittore.

• No.

• No.

• Sì.

• Sì.

• No.

• Sì.

• Sì.

• Bravo, hai indovinato!

Adesso tocca a te!

➡ **Es. 4, 5**

5 Giovanni Falcone, famoso magistrato

a) A coppie. Leggi questi dati sulla vita di Giovanni Falcone.

A

quando
quali studi

come è morto

quali altri

in quale regione
in quale città

in quale mese

DATI PERSONALI

Nome:	Giovanni
Cognome:	Falcone
Nato:	Palermo, ____
Titolo di studio:	Laurea, Università di Palermo
Stato civile:	Coniugato
Morte:	Capaci, 23 maggio 1992

ALTRI DATI

Padre:	funzionario della Provincia
Madre:	molto religiosa
Interessi:	canottaggio

DATI PROFESSIONALI RILEVANTI

1964:	entra in magistratura
1978–1991:	giudice istruttore e procuratore della Repubblica
1991:	nomina a direttore generale degli Affari penali del ministero di Grazia e Giustizia, trasferimento a Roma

b) Per avere più informazioni
  • formula delle domande usando gli appunti a sinistra
  • scrivi le risposte che 𝔹 ti dà

c) Verifica quanto hai scritto confrontandolo con l'articolo di 𝔹.

a) Leggi questo articolo sulla vita di Giovanni Falcone.

B

in quale città

dove

in quale università

dove

dove

UN GRANDE GIUDICE

Giovanni Falcone

Giovanni Falcone è nato nel **capoluogo siciliano** nel 1939. La sua famiglia viveva nel centro storico, il padre era **impiegato** e la madre donna molto religiosa. Da piccolo serviva messa. Da ragazzo era appassionato di canottaggio. Terminati gli studi superiori ha fatto domanda di iscrizione all'accademia navale e, contemporaneamente, alla facoltà di **giurisprudenza**. Alla fine, il diritto ha avuto la meglio e nel 1964 Falcone è entrato in magistratura. Dopo essere stato pretore a Lentini (Siracusa) e pubblico ministero e giudice a Trapani, dal 1978 al marzo 1991 è stato giudice istruttore e procuratore aggiunto della Repubblica a Palermo.

Nel marzo 1991 ha ricevuto la nomina a direttore generale degli Affari penali del **ministero di Grazia e Giustizia.**

Nel 1989 aveva già subito un attentato ed **è stato assassinato** il 23 maggio 1992. In questo attentato hanno perso la vita anche la moglie Francesca Morvillo e la scorta.

b) • Rispondi alle domande di 𝔸.
   • Poi formula delle domande usando gli appunti a sinistra.
   • Scrivi le risposte che 𝔸 ti dà.

c) Verifica quanto hai scritto confrontandolo con i dati di 𝔸.

6 Sophia Loren, simbolo del cinema italiano

DATI PERSONALI

NOME: Sofia Scicolone, nata a Roma nel 1934
FAMIGLIA: – madre napoletana di Pozzuoli
               – una sorella di nome Maria, moglie del figlio di Mussolini e madre
                 di Alessandra Mussolini
               – sposata dal 1966 con Carlo Ponti, produttore e regista
               – due figli: Carlo detto Cipì, nato nel 1968 ed Edoardo detto Dodò,
                 nato cinque anni dopo
               – vive a Ginevra ma ama molto Napoli e l'Italia del sud

CARRIERA

               – Giovanissima ha vinto alcuni concorsi di bellezza.
               – A soli vent'anni era già una stella del cinema.
               – Nel 1960 per il film *La ciociara* di De Sica ha ricevuto il suo primo Oscar,
                 seguito nel 1991 dall'Oscar alla carriera.
               – 1998, Venezia, premio *Leone d'Oro* alla carriera.
               – Ha girato oltre 80 film tra cui *Matrimonio all'italiana* con l'inseparabile Marcello
                 Mastroianni, *Bocca da fuoco*, *Prêt à porter et Soleil* con Philippe Noiret.
               – Continua a girare film, scrive libri, si dedica alla famiglia, sostiene la formazione
                 professionale ed artistica dei giovani talenti.

a) Scrivete la biografia della Loren.

b) In gruppi di quattro: intervista a Sophia Loren e Carlo Ponti

    𝔸 e 𝔹 : Siete giornalisti di una rivista.
    Preparate l'intervista: scrivete le domande; siete anche interessati ai loro piani per il futuro.

    ℂ : Tu sei Sophia Loren. Sei arrivata a Venezia alla Mostra del cinema per ricevere il premio
    Leone d'Oro alla carriera.

    𝔻 : Tu sei Carlo Ponti, accompagni la
    Loren in questo viaggio.

    Se volete potete anche registrare la
    conversazione e riascoltarla.

c) Conoscete la vita di qualche
    personaggio famoso?
    Provate a descriverne brevemente
    le tappe.

E ora…

7   Ascoltate il racconto e scrivete il *curriculum vitae* di Tommasina.

DATI PERSONALI

nome   *Tommasina Cardinale*

data di nascita   ....

luogo di nascita   ....

nazionalità   ....

stato civile   ....

figli   ....

STUDI

ULTERIORI QUALIFICHE

CONOSCENZE LINGUISTICHE ED INFORMATICHE

ESPERIENZE PROFESSIONALI

ESPERIENZE ALL'ESTERO

OCCUPAZIONE

HOBBY

Es. 6, 7

Ricorda

12

Non ho potuto telefonare perché non avevo la scheda telefonica.

Sono dovuto andare a piedi.

Passato prossimo mit Modalverb

1. Das Hauptverb bildet das *passato prossimo* mit *avere*.

2. Das Hauptverb bildet das *passato prossimo* mit *essere*.

→ 1.3.2

Telefonare *bildet das* passato prossimo *mit dem Hilfsverb* avere (ho telefonato). *Daher heißt es* Ho potuto telefonare.

Andare *bildet das* passato prossimo *mit dem Hilfsverb* essere (sono andato). *Daher heißt es* Sono dovuto andare.

Seit einigen Jahren wird aber auch die Form ho dovuto andare *mehr und mehr verwendet.*

Nel 1606 la famiglia si è dovuta trasferire a Roma.

• *Passato prossimo:* Reflexive Sätze mit Modalverb

→ 1.3.4

Reflexivpronomen	si
Verbform von *essere*	è
Partizip des Modalverbs	dovuta
Infinitiv	trasferire

Alternativ ist auch folgende Art der Satzbildung möglich:
La famiglia ha dovuto trasferirsi a Roma.

• Das Imperfekt mit Modalverben

→ 1.4.5

Il suo soggiorno parigino poteva durare a lungo ma i progetti non hanno avuto esito positivo.

Volevamo fermarci una settimana, ma siamo tornati dopo tre giorni.

– Il suo soggiorno parigino poteva durare a lungo.
– Ma il soggiorno parigino non è durato a lungo.
– Perché? Perché i progetti non hanno avuto esito positivo.

Oft verwendet man ein Modalverb im Imperfekt, um eine Sache zu bezeichnen, die geschehen sollte, dann aber doch nicht stattfand.

1

* Si gioca con un dado.
* Attenzione al rosso e al verde.
* Chi sbaglia non procede.

PARTENZA ▼

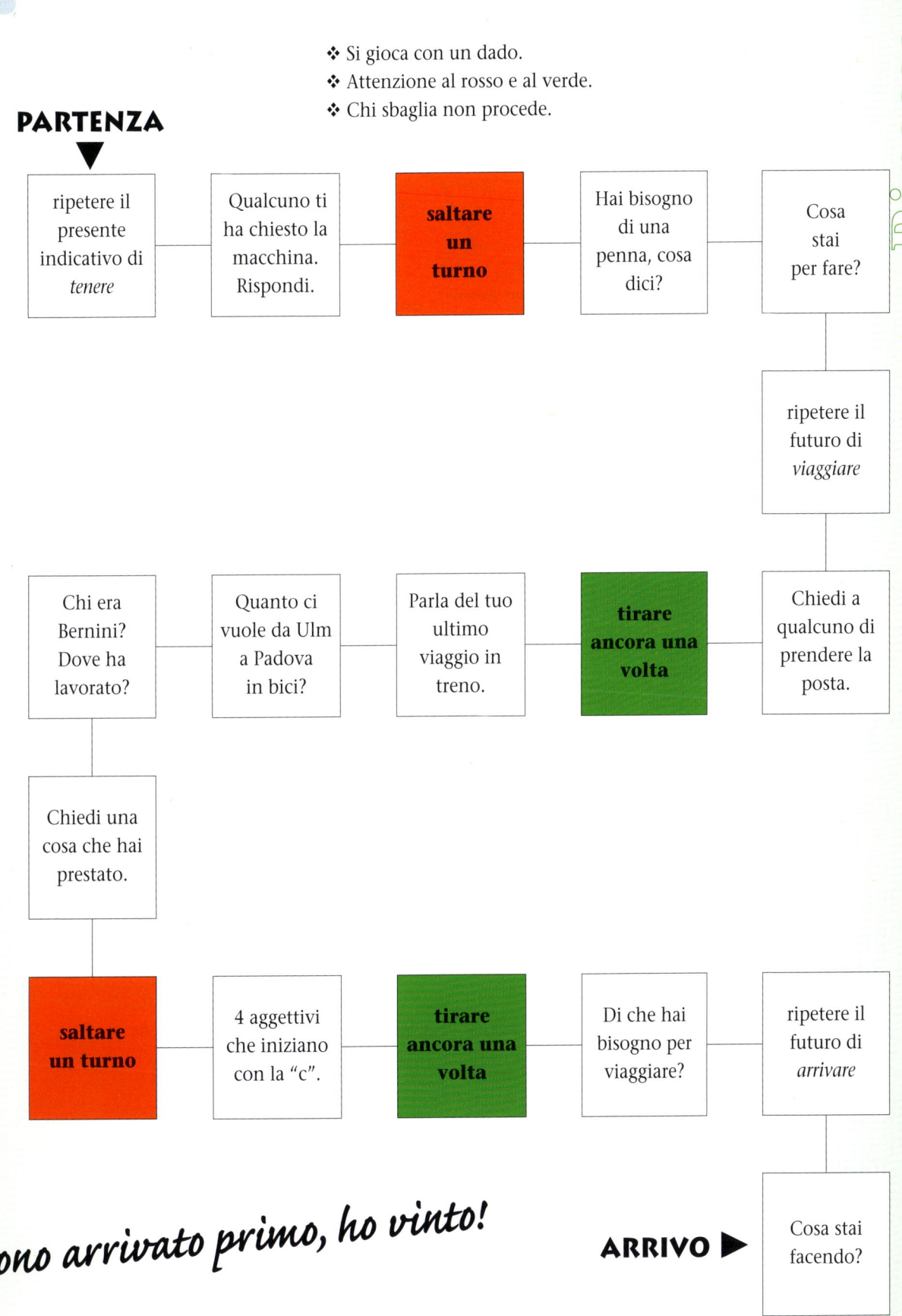

| ripetere il presente indicativo di *tenere* | Qualcuno ti ha chiesto la macchina. Rispondi. | **saltare un turno** | Hai bisogno di una penna, cosa dici? | Cosa stai per fare? |

ripetere il futuro di *viaggiare*

| Chi era Bernini? Dove ha lavorato? | Quanto ci vuole da Ulm a Padova in bici? | Parla del tuo ultimo viaggio in treno. | **tirare ancora una volta** | Chiedi a qualcuno di prendere la posta. |

Chiedi una cosa che hai prestato.

| **saltare un turno** | 4 aggettivi che iniziano con la "c". | **tirare ancora una volta** | Di che hai bisogno per viaggiare? | ripetere il futuro di *arrivare* |

Sono arrivato primo, ho vinto!

ARRIVO ▶ Cosa stai facendo?

2 Sardegna è: storia, natura,...

Siete in Sardegna, vicino a Nuoro.
Scegliete un itinerario e programmate una gita.

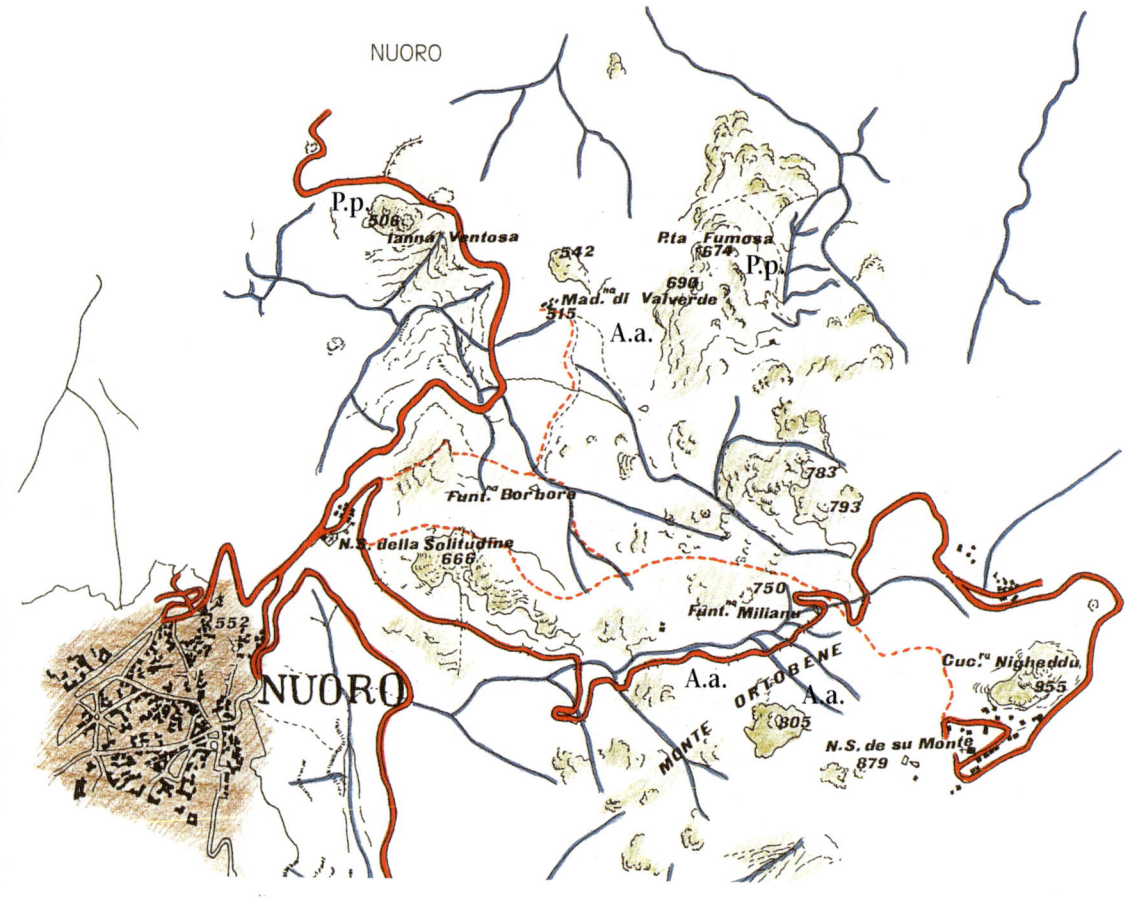

legenda: N.S. = Nostra Signora, F.na = fontana, M.te = monte, Mad.na = Madonna,
P.ta = punta, P.p. = punto panoramico, A.a. = area attrezzata

──── strada, ----- sentiero, ──── ruscello

---

territorio: COMUNE DI NUORO
itinerario a: Nuoro – N. S. della Solitudine – F.na Milianu – M.te Ortobene
itinerario b: Nuoro – Janna Ventoso – Mad.na di Valverde – P.ta Fumosa

---

	ITINERARIO A	ITINERARIO B
architettura	N.S. della Solitudine (chiesa romanica)	Mad.na di Valverde (cappella)
archeologia	F.na Milianu (tempietto nuragico)	
flora e fauna	M.te Ortobene (zona boschiva con varietà di fauna mediterranea)	P.ta Fumosa (bosco di querce da sughero)
durata	ore 3	ore 4
grado di difficoltà	medio, ben segnato	basso, segnalazione non completa

Esercizi

1 Numeri, numeri, ... Si inizia a leggere la catena dei numeri. Appena manca una cifra il vicino completa la sequenza e continua.

➔ ➔ ➔ unodueottonovequindiciventidueventitrétrentunotrentasettequarantacinquequarantanovecinquanta-
duecinquantanovesessantasettesessantottosessantanovesettantasettesettantanoveottantaseinovantaduecento

2

Di dov'è?   *Da quando …?*   *Cosa …?*   *Dove …?*   *Come …?*
    Che cosa …?

1. – .... ?
   • Di Napoli.
2. – .... fa?
   • Scrive.
3. – .... si chiama di nome?
   • Luciano.

4. – .... ha studiato?
   • Ingegneria.
5. – .... ha lavorato per molti anni?
   • A Milano.
6. – .... si occupa di narrativa?
   • Dal 1977.

Chi è?   *Luciano* ....

3 Aggiungete la preposizione e l'articolo, dove è necessario.

di   *in*   *su*   *tra*   *a*   *da*   *con*   *per*

1. Voi non siete .... Capri, vero?
2. Prato è .... nord di Firenze.
3. Sono .... Caserta, ma lavoro .... Milano.
4. Vi piace lavorare .... giardino?
5. I libri .... storia dell'arte sono .... tuo tavolo.
6. Ogni fine settimana andiamo .... cinema o .... un concerto.
7. – Cosa hai fatto .... centro?
   • Ho cercato un regalo .... mia madre.
8. Ci alziamo tutte le mattine .... sei.
9. – Dove si trovano le isole Tremiti?
   • .... nord .... Puglia, ... Mare Adriatico.
10. A che ora vai .... letto normalmente?
11. La scrivania è .... le due finestre.
12. Trapani è .... Sicilia.
13. Mia figlia va .... ballare tutti i sabati .... il suo ragazzo.
14. Il mio paese si trova .... Trentino.
15. La chiesa di Sant'Ambrogio è .... Milano.
16. Preferisco i tramezzini .... il prosciutto.
17. Foggia è .... Puglia.
18. Domani sera andiamo .... Giulio.
19. Scusi, sa dov'è Piazza Cavour?
    • Sì, vada dritto .... venti metri, poi giri .... sinistra.
20. Negli ultimi mesi sono stato spesso .... Italia .... lavoro.

4 Cosa fate a quest'ora?

....

....

....

....

....

5 Possessivi. Chi è Nerone?

Mi chiamo Caterina e abito a Cividale del Friuli. Ho un fratello e una sorella. .... casa è piccola ma confortevole. .... padre passa spesso il pomeriggio in giardino perché gli piace curare le piante. Da qualche anno .... madre non abita più con noi. .... fratello studia a Trento. Lui e Federica, ... ragazza, passano spesso il fine settimana da noi e portano anche .... cane. Nerone è intelligente e conosce bene anche .... vicino, che lo porta spesso in giro.

6   LO LA   Sì,... No,...

1. Compri una bicicletta nuova?   *Sì, la compro.*
2. Parli l'italiano?   ....
3. Non volete fare un viaggio?   ....
4. Compri tu il giornale?   ....
5. Conoscete Trieste?   ....
6. Leggete il giornale tutti i giorni?   ....
7. Chi prenota il tavolo?   ....

7 Vacanze in Umbria: Cosa ha fatto Peter?

E voi cosa avete fatto in vacanza?

1   a) Siete al mercato e vi occorrono le vocali.

fgl	cvl ....
fngh	srdn ....
ml	crt ....
bslc	rcl ....

b) Cos'è?

.... , significa in greco "regina delle erbe".

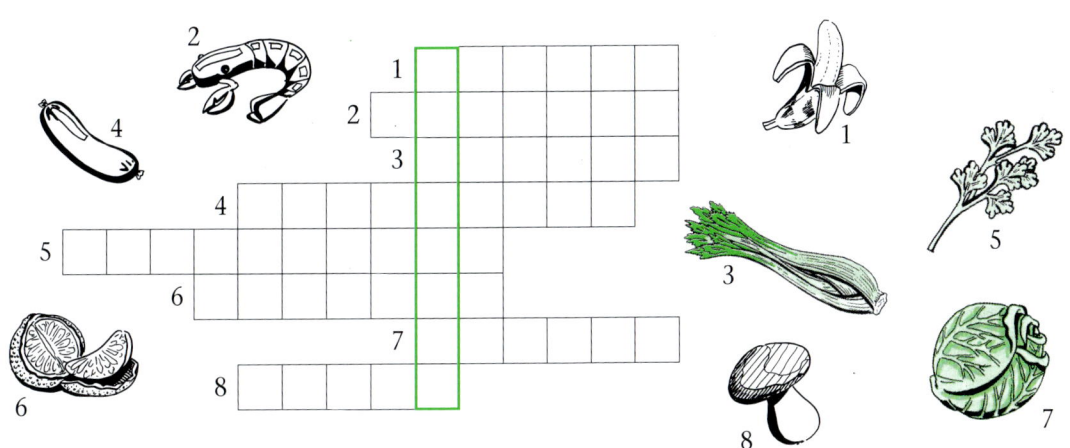

2   Cercate tutte le forme del verbo *dare* al presente.
Le lettere rimaste vi daranno un proverbio.

L	D	O	A	P	P	•	D
E	A	T	I	T	O	V	I
I	N	E	D	A	I	N	A
E	N	M	A	A	N	G	M
•	O	I	T	•	A	•	O
D	A	•	E	N	D	•	O

☐ ☐☐☐☐☐☐☐☐

☐☐☐☐☐

☐☐☐☐☐☐☐☐ .

3   Non sempre **Ci**

1. Dove hai mangiato?
2. Vai al bar qualche volta?
3. Vai più volentieri al mercato o al supermercato?
4. Oggi vai al mercato?
5. Conosci la nuova *Pizzeria Sole*?
6. Siete stati in città ieri sera?
7. Quando andate normalmente in macelleria?
8. Dove cenate sabato sera?

Sono andato al ristorante.
Ci vado raramente.
....
....
....
....
....

4 Sempre una sola sillaba. Quale?

1. formaggio/vino/zucchero … ☐ compro.

2. lasagne/sarde/carote/patate … ☐ mangio.

3. gamberi/funghi … ☐ rosolo.

4. cipolla/carne … ☐ trito.

5 Verbi in pentola. Combinate. Che ricetta è?

pestare

mescolare

assaggiare

aggiungere

versare

Far bollire il riso con le verdure, poi …

.... aglio, basilico e prezzemolo

.... brodo di cottura e un po' di parmigiano

.... con un cucchiaino di olio d'oliva

.... il pesto nel minestrone

.... prima di servire

6 Combinate e poi scrivete la domanda e la risposta con il verbo adatto.

bere   ordinare   mettere

mangiare   prendere   mangiare

a)

1 caffè   a pranzo
2 antipasti   dopo pranzo
3 vino   nell'insalata
4 gelati   a cena
5 pasta   in estate
6 olive   prima del primo piatto

b)

Prendi il caffè dopo pranzo?   *Sì, lo prendo, ma non sempre.*

....
....
....
....
....

7 Ce l'hai? No, non ce l'ho.

1. Hai sempre il caffè in casa?   *Sì, ce l'ho sempre.*
2. Avete sempre i limoni in casa?   *No, non ce li abbiamo.*
3. Abbiamo il pane?   ....
4. Hai i capperi?   ....
5. Abbiamo le patate?   ....
6. Hai l'indirizzo del ristorante *da Paolo*?   ....
7. Avete le ricette?   ....

8 Rispondete come nell'esempio.

(voi), patate

Avete le patate? Sì, ce le abbiamo.

(tu)	carote
(noi)	pane
(Lei)	carne
(loro)	birra
(lui)	capperi
(Lei)	contorni

9 Attenzione all'esempio.

un pacco, spaghetti

Mi dia un pacco di spaghetti, per favore.

un litro	vino
un etto	prosciutto
una scatola	biscotti
una lattina	aranciata
un vasetto	marmellata

10 Almeno tre alimenti per ogni armadietto

un barattolo di   una bottiglia di   un pacchetto di   un chilo di

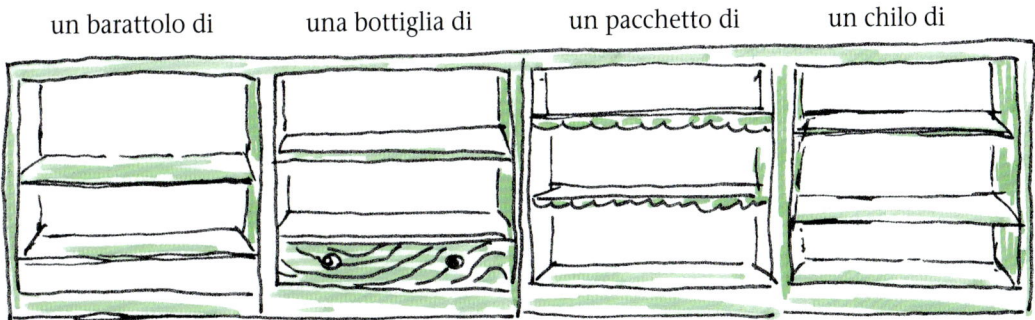

11 Un po' di ordine

gamberi   sardine   arance   carote
aranciata   sedano   banane   agnello   birra   peperoni
pomodori   acqua minerale   succo di frutta   melone   pesce spada
tonno   fegato   osso buco   vino

Carne	Pesce	Frutta	Verdura	Bevande

12 Cruciverba

Orizzontale

1. Sale e ...
2. Il caffè senza zucchero è ...
3. Una scatoletta di ...
4. Il ... con le olive è saporito.
5. La rucola si può servire anche ...
6. Una bottiglia ... vino.
7. Famoso è quello di Modena.

Verticale

1. Il fegato alla ...
2. Patrizia desidera gli spaghetti
   al pomodoro senza ...
3. Cucchiaio, forchetta, ...
4. Il contrario di insipida.
5. Insalata di ...
6. Un ... di spaghetti.
7. ... e aceto.

13 a) *Dire*

1. Entriamo al ristorante e _____ "Buonasera."
2. Chiediamo se c'è un tavolo libero e il cameriere _____ "Sì, accomodatevi!"
3. Quando esco dal negozio, _____ "Arrivederci."
4. Dopo la lezione salutate l'insegnante e _____ "Alla prossima volta!"
5. Se sei al mercato e hai bisogno di un chilo di carote _____ : "Mi dia un chilo di carote, per favore!"
6. Cosa _____ i clienti quando arrivano alla bancarella?

b) Al ristorante
Cosa dite in queste situazioni?

1. Vi serve una forchetta. ....
2. La bottiglia di vino è vuota e desiderate bere ancora qualcosa. ....
3. Il cameriere Le consiglia del pesce. ....
4. Desiderate sapere quali dolci si possono ordinare. ....
5. Il contorno è poco. ....
6. Desiderate pagare. ....

14 Adesso ascoltate una canzone.

15

CON IL CONTRIBUTO U.E. OBIETTIVO 5B

UNIVERSAL STUDIO

Monti del Friuliveneziagiulia: un assaggio.

VINIFUNGHI
PROSCIUTTI
FORMAGGIPANNA
MONTAGNA IN UNA PAROLA:
FRIULIVENEZIAGIULIA

AZIENDA REGIONALE PER LA PROMOZIONE TURISTICA

Il titolo come antipasto. Come piatti forti Jota e Frico, specialità dai nomi astrusi ma degne di un Artusi, e per dessert Gubana. Dopo un grappino, la montagna: dolce nelle valli, piccante nei picchi, mai salata nei prezzi. È solo uno dei mille menu tipici che questa regione sa offrirvi. R.S.V.P. al numero verde 167-016044.

a) Guardate la pagina di pubblicità. Tante parole sono scritte una dopo l'altra. Separatele.

b) Rispondete.

1. In che regione siamo?

....

2. Tra le parole che avete separato, una sola si riferisce al paesaggio. Quale? ....

3. Avete letto gli aggettivi *dolce*, *piccante*, *salato*. Scrivete una frase con ogni aggettivo.

....

....

4. Secondo voi, cos'è un grappino? ....

5. Secondo la pubblicità, è cara una vacanza in questa regione?

....

....

1 Cercate il verbo. Le sillabe rimaste vi danno un mezzo di trasporto.

po		ven		ne			go		mo	
	nia				ve					ni
to				va			vie	ve		
	ret	no				re			te	ven	go
ni				ni			ve			vie

infinito	io	tu	lui/lei/Lei	noi	voi	loro

☐ ☐ ☐ ☐

2 Inserite *a, in, con* e dove è necessario l'articolo determinativo e i mezzi di trasporto.

tram
a piedi
aereo
moto
macchina
treno

1. Giovanni va .... America .... vacanza, ...

2. I Martini vanno .... cinema Capitol sempre ....
   perché abitano proprio davanti alla fermata.

3. Quest'anno loro vanno .... montagna .... Cortina, ... dei nonni.

4. Ad Andrea piace andare .... con la sua ragazza il fine settimana.

5. Sabato andiamo .... Milano .... per fare spese.

6. Lasciamo la macchina in garage e andiamo .... centro ....

3 Ecco alcune abitudini della mia amica.
Scrivete delle frasi.

Andare in vacanza (dicembre e agosto) ➜ *Va in vacanza due volte all'anno.*
1. Incontrare le amiche (di mercoledì) ➜ ....
2. Alzarsi alle 5.00 (di lunedì e di martedì) ➜ ....
3. Telefonare a sua zia (da lunedì a domenica, di sera) ➜ ....
4. Fare ginnastica (alle 9.00 e alle 20.00) ➜ ....

4 Cosa manca? Completate con:
e continuate le frasi.

settimana   anno   giorno

◆ Una volta al ....
◆ Due volte all' ....
◆ Una volta alla ....

5 Completate con le preposizioni.

1. Abito .... due passi dal centro.
2. Mi piace andare .... fare la spesa .... bicicletta.
3. Mio marito ed io andiamo la mattina .... ufficio .... la nostra macchina.
4. I signori Petrini vanno sempre .... vacanza .... estero.
5. Vado .... Burano .... vaporetto.
6. – Perché non vieni .... l'autobus delle 10.00?
   • Perché .... autobus non posso portare le valigie.

7. – Vado volentieri .... piedi, e tu?

   • Anch'io. Quando posso, vado .... piedi .... lavoro.

8. – Perché prendi il treno per andare .... Calabria?

   • Perché mi piace vedere il paesaggio e inoltre andare .... treno costa meno.

9. Non possiamo andare ogni anno .... vacanza .... mare, perché a mia madre piace andare .... montagna.

10. Per andare .... lavoro non possono usare la bicicletta perché abitano .... campagna.

6 Convenire

1. (a te)   Sai cosa .... fare?
2. (a Lei)   .... lavorare anche durante il fine settimana.
3. (a noi)   Questa sera .... venire prima a casa tua e poi andare al cinema.
4. (a loro) Per andare a questa festa .... prendere la metropolitana, così possono ritornare in taxi.
5. (a me)   .... andare in treno.
6. (a voi)   Per andare a Napoli .... prendere l'aereo.

7 Completate con l'imperativo negativo.

	tu	Lei
guardare		
leggere		
		Non venga!

8 Cosa raccomanda la mamma a Marco....

studiare di più	tornare tardi	
dormire a lungo	disturbare* i vicini	usare la bicicletta
prendere l'autobus	ascoltare tutto il giorno musica elettronica	

Esempio: *Marco, studia di più!*
Non tornare tardi!

... e al giardiniere?

lavorare con cura	tagliare ✄ le rose	venire in ritardo
annaffiare ⅄ i fiori	finire entro le sei	
usare troppo concime [bayer ®]		arrivare puntuale

Esempio: *Arrivi puntuale!*
Non tagli le rose!

* disturbare = stören

9 Dettato

(4 parole) ....

(5 parole) ....

(4 parole) ....

(8 parole) ....

(3 parole) ....

(7 parole) ....

10

Mario, un ragazzo pugliese, ha conosciuto in campeggio Costanza che vive a Trieste.
Mario ha già invitato Costanza diverse volte e lei ora ha accettato l'invito.
Completate la lettera.

Cara Costanza,

Finalmente! È stata davvero una .... sorpresa sentire che vuoi
.... da noi alle Tremiti. Hai fatto bene a scegliere le vacanze di
Pasqua: .... anche degli amici di mia sorella. Normalmente a Pasqua
ci sono pochi turisti e con un po' di fortuna si può anche fare .... bagno.
Certo il viaggio non è semplice. Non .... l'aereo! Ti ....
venire .... treno e scendere a Termoli. Attenzione però, in questa stagione
dopo le sei di sera non ci sono più battelli. Può venire anche tua sorella,
se vuole. Abbiamo posto anche per .... Quando arrivi alla stazione puoi
telefonare e dirmi .... quale .... arrivi, così ci vediamo ....
porto.

Ciao. A presto! Ti aspettiamo.

Mario

11 Traduzione

Addio macchina!

Ich wohne seit drei Monaten in Livorno und habe das Auto verkauft. Alle fragen mich, wie ich das
mache, aber es ist wirklich kein Problem. Zur Arbeit fahre ich mit dem Bus oder mit dem Fahrrad, und
für den Urlaub nehme ich das Flugzeug oder den Zug. Nahe beim Haus gibt es einen Supermarkt, und
um in die Stadtmitte zu gehen, braucht es nur 10 Minuten zu Fuß. Also, es fehlt nichts. In der Stadt ist
es besser, sich ohne Auto zu bewegen.

1 Completate.

Infinito	Presente indicativo 3ª persona singolare	Passato prossimo 3ª persona singolare
	apre	
cominciare		
durare		
	si alza	
		ha detto
spendere		
	viene	
	fa	
lavarsi		
addormentarsi		
	si sveglia	

2 **a) Scrivete delle frasi come nell'esempio.**

1. Carlo / tutti i giorni / alzarsi / sette / oggi / alzarsi / sei.
 • *Carlo tutti i giorni si alza alle sette, <u>ma</u> oggi si è alzato alle sei.*

2. Normalmente / io / in vacanza / spendere / molto / quest'anno / spendere / poco.
 • ....

3. I cinema / chiudere / normalmente / a mezzanotte / la scorsa settimana / chiudere / alle 3.00.
 • ....

4. Il postino / venire / sempre / alle nove / oggi / venire / dopo le dieci.
 • ....

5. Normalmente / il quotidiano / costare / 90 centesimi / oggi / 1 euro e 5.
 • ....

6. La segretaria / normalmente / scrivere / molte lettere / oggi / mandare / solo un fax.
 • ....

7. Tutte le settimane / loro / leggere / molte riviste / questa settimana / non leggere / niente.
 • ....

8. Quasi sempre / i film / durare / 90 minuti / ieri sera / il film / durare / due ore.
 • ....

b) Teresa racconta:

Ieri sera .... (io / finire) di lavorare tardi. Subito dopo cena, la mia amica ed io
siamo andate al concerto di Andrea Boccelli. Il biglietto .... (costare) parecchio.
Lo spettacolo .... (cominciare) alle nove e un quarto. È il primo concerto di Boccelli
che ho sentito dal vivo e mi .... (piacere) molto. .... (durare) circa
due ore ed .... (finire) dopo le undici. Dopo il concerto siamo andate con Marcello e
Roberto in discoteca. A loro non piace Boccelli ma non sanno quello che perdono.

 Ascoltate e confrontate.

3

a) Che cosa hanno fatto oggi Carla, Michele e Antonio? Scrivete al passato prossimo.

Carla	Michele	Antonio
07.30 leggere il giornale	07.00 alzarsi	06.00 fare ginnastica
08.00 autobus	07.30 colazione	06.30 lavarsi
08.30 aprire il laboratorio e	08.00–12.00 leggere, parlare,	07.00 macchina
fare delle analisi	studiare...	07.45 arrivare in ufficio
13.00 pranzare	12.30 mensa	08.00 aprire la corrisponden-
14.00–15:30 pausa	14.30 biblioteca	za, leggere, scrivere,...
16.00 scrivere rapporti	18.30 andare al cinema con	14.00 parlare con il capo
19.30 chiudere il laboratorio	gli amici	17.00 lasciare l'ufficio
20.30 cenare		

b) Indovinate la professione di

Carla : ....
Michele : ....
Antonio : ....

architetto   medico

portiere   studente

assistente di laboratorio   insegnante   segretario

4 Da o fa ?

Completate con i verbi adatti e, se necessario, con la preposizione.

1. Un mese .... il caporeparto .... di comprare cinque nuovi (decidere)
   computer.

2. La mia collega .... il tedesco .... alcuni mesi. (imparare)

3. Il film che .... una settimana .... non ci (noi vedere)
   .... (piacere)

4. Peccato! Il professor Berti non .... più lezioni .... un anno. (dare)

5. .... qualche giorno il nostro dipartimento di logistica non
   .... più dell'area Sud. (occuparsi)

6. I Botta .... a Roma un anno .... (trasferirsi)

7. Il corso di francese .... pochi giorni. (finire)

8. – Perché Agata non .... ? (venire)
   • .... dalla sua vicina per vedere il video del Palio di Siena. (fermarsi)

9. Lo scorso semestre le lezioni .... fino a marzo. (durare)

10. La riunione .... troppo, (noi) .... tempo (durare, perdere)
    e non (noi) .... nulla. (decidere)

11. Mario è molto preoccupato. Mi .... che la sua ditta (lui dire)
    .... una settimana .... (chiudere)

5   **Tre fratelli gemelli. Chi fa che cosa?**

medico	commesso	ragioniere	professore
impiegato	tecnico	designer	caporeparto

1. Sandro lavora ogni giorno fino alle cinque. Il suo lavoro non è stressante ma a volte monotono, soprattutto quando deve occuparsi della contabilità.

2. Pietro lavora in un'industria tessile. Il suo lavoro è piacevole e non solo creativo, per questo a lui piace molto. Ogni anno prepara due collezioni.

3. Michele una volta alla settimana lavora anche di notte. Il suo lavoro non è facile ma interessante, e poi lui ama aiutare i pazienti. Lavora molto e anche durante le vacanze deve tenersi in contatto con i colleghi, ma guadagna bene.

1. Sandro ....   2. Pietro ....   3. Michele ....

6   **a) Cercate le parole.**

segretaria	E	L	E	T	T	R	O	T	E	C	N	I	C	O
caporeparto	I	I	M	P	I	E	G	A	T	O	S	N	A	A
insegnante	M	P	C	S	A	G	R	A	●	L	A	F	P	I
tassista	A	R	O	C	H	I	M	I	C	O	R	E	O	R
commessa	D	T	M	R	E	S	●	E	M	E	T	R	R	A
elettrotecnico	E	T	M	I	T	T	I	L	A	D	O	M	E	T
vigile	S	E	E	T	N	A	N	G	E	S	N	I	P	E
designer	I	R	S	T	A	S	S	I	S	T	A	E	A	R
rappresentante	G	O	S	O	A	E	L	I	G	I	V	R	R	G
maestra	N	T	A	R	T	S	E	A	M	P	A	E	T	E
chimico	E	T	M	E	D	I	C	O	R	T	E	●	O	S
impiegato	R	A	P	P	R	E	S	E	N	T	A	N	T	E
sarto														
scrittore														
attore														
regista														
medico														
infermiere														

Le lettere rimaste vi daranno un proverbio.

☐☐☐☐☐☐   ☐   ☐☐☐☐   ☐   ☐☐☐☐☐☐☐   ☐☐   ☐☐☐☐☐

(= Impara un buon mestiere perché nella vita ti può servire.)

3

b) Dove lavorano queste persone e cosa fanno? Scrivete delle frasi.

La segretaria lavora in ufficio, scrive lettere, organizza riunioni e scrive rapporti.

....

....

....

....

7 **Dividete! Di quali verbi si tratta?**

TRADUCIAMOPRODUCIPRODUCIAMOTRADUCONOTRADUCEPRODUCOTRADUCITRADUCO

Quali forme mancano?

....

....

8 **Patrizia Faure racconta la sua giornata di lavoro.**
Durante l'ascolto completate il testo.

„ .... molto presto, verso le cinque o le .... , per fare ginnastica.
Poi ho fatto la .... , mi sono vestita e sono .... Non mi piace fare colazione da sola
a casa, preferisco andare al bar. In genere prendo un cappuccino e un ....
Come sempre sono andata .... ufficio .... piedi, ma al ritorno ho preso il tram. In ufficio ho
lavorato molto, ho .... e .... molte lettere, ho lavorato al computer e
.... al telefono. Il mio capo è simpatico e qualche volta facciamo insieme una pausa
per prendere qualcosa al bar di fronte .... All'una sono ritornata a casa per pranzare
.... abito vicino e perché la mia pausa dura fino alle due e mezza.
Sono ritornata a casa dopo le sei, un po' più tardi del solito. Quanto è stata lunga la giornata!
Che stanchezza!"

9 **Traducete il seguente testo.**

Ich bin 32 Jahre alt, und seit 6 Jahren arbeite ich als Laborant am Krankenhaus S. Maurizio in Latina.
Ich muss vier Mal im Monat auch nachts arbeiten, und das gefällt mir nicht. Vor drei Monaten habe
ich angefangen, einen neuen Arbeitsplatz zu suchen und habe schon einige Angebote von Labors in
anderen Städten erhalten. Vielleicht muss ich umziehen. Wer weiß?

....

....

....

....

....

Ripetere fa sempre bene. Ecco un test.

1 **Vi ricordate di tutto? Completate.**

ACETO BALSAMICO

Il .... famoso è quello di Modena, è .... diverso dal normale
.... È denso, marrone scuro e intensamente .... Si prepara per bollitura a fuoco diretto di .... bianchi DOC. La maturazione avviene in
botti di .... pregiato, come rovere, ciliegio ed infine ginepro. I tipi più pregiati
.... da 20 a più di 50 anni. Poche gocce insaporiscono carne, pesce, verdure e insalate.

2 **Rispondete con il verbo e con *lo la li le*.**

Esempio: – Bevete la coca cola?
              • *Sì, la beviamo.*

1. – Quando incontrate gli amici?

   • ....

2. – Guardi spesso la TV?

   • ....

3. – Mangiate la verdura cruda?

   • ....

4. – Leggete le riviste sportive?

   • ....

5. – Prendi un caffè dopo cena?

   • ....

6. – Prendete ogni giorno la metropolitana?

   • ....

7. – Quando fate gli esercizi d'italiano?

   • ....

8. – Chi disegna le stoffe?

   • ....

3 **La soluzione vi dà un participio.**

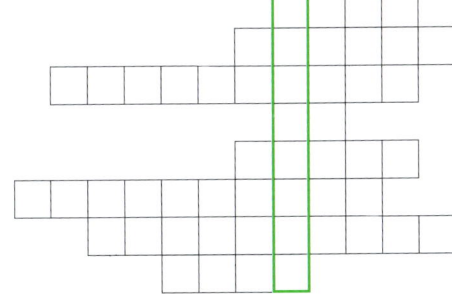

1. Circola in città e non inquina.
2. La verdura al mercato è ...
3. Dà lezioni.
4. Imparo l'italiano ... due anni.
5. Scrive poesie.
6. Quando il tempo è bello mi piace andare in ...
7. L'... di laboratorio esegue le analisi.
8. Cento grammi o un ...

4 **a) Mario telefona a Serena. Durante l'ascolto potete prendere nota.
Secondo voi chi è Mario? Dove lavora? Lavora a tempo pieno?**

**b) Completate. Coniugate i verbi: *trasferirsi, fermarsi, perdere, durare, vedere, chiudere, finire*.
Attenzione alle preposizioni!**

Ieri Anna e Mario .... da La Spezia .... Parma. Durante il viaggio la vecchia Panda di Mario
.... proprio sul Passo della Cisa, così .... molto tempo e il viaggio ....
due ore più del previsto. Serena non .... arrivare nessuno. Non ha più avuto voglia ....
aspettare, ... i libri ed è andata .... cinema. Il film .... tardi e quando è arrivata
.... casa è andata subito a letto, ma un po' preoccupata.

5 Completate le risposte. Che cosa manca?

1 – Vieni al mare anche tu?
  • Sì, ... volentieri.
2 – A che ora vi siete alzati?
  • .... alle otto e mezza.
3 – Cosa Le do?
  • .... un chilo di peperoni.
4 – Sei stata alla fiera di Milano?
  • Sì, ... ieri.
5 – Da quanto tempo abitano qui?
  • .... trasferit......... un anno fa.

6 lo, la, li, le

1 Taglio le patate e .... rosolo con il rosmarino.
2 – Chi traduce questa lettera?
  • .... io. Non è difficile.
3 Al mercato, prima di comprare le olive .... assaggio.
4 – Vai in autobus?
  • Sì, ... prendo tutti i giorni.
5 Il tecnico vende gli elettrodomestici e .... ripara.

7 Tutto al passato prossimo

1. Un mese fa Mario .... (aprire) in centro un nuovo ristorante di lusso.
2. .... (venire) i tecnici per vedere il nuovo reparto.
3. – A che ora .... (finire) ieri la riunione?
  • Alle 20.00, ... (durare) tutto il pomeriggio.
4. Negli ultimi mesi .... (io leggere) il giornale ogni mattina.
5. Il viaggio in Giappone ci .... (piacere) ma .... (spendere) troppo.

8 a) Dove sei? Dove vai?

.... Pisa, ... mare, ... campagna, ... estero, ... centro, ... cinema, ... ristorante, ... università, ... ufficio, ... posta, ... Inghilterra, ... panetteria, ... Friuli, ... museo, ... vacanza, ... mensa

b) Come?

.... nave, ... treno, ... l'ultimo autobus, ... bicicletta, ... la macchina della ditta, ... tram

9 a) Completate il dialogo. Come rispondono Marco e Giulio?

Chi ce l'ha?

– Prima di partire ci .... (convenire) telefonare al porto. Marco, mi .... (dare) il numero?
• Mi dispiace, non .... (chiedere) a Giulio. Lui .... di sicuro perché .... (telefonare) ieri.
– Giulio. Giuliooo!
▲ Sì, ... (venire). Allora?
– Mi .... (dare) il numero del porto?
▲ Io? Il numero del porto? No, non .... (telefonare) all'ufficio informazioni!

b) Quale congiunzione?

Pietro vuole andare all'isola d'Elba con Marco e Giulio.
Lo sciopero dei traghetti non è ancora finito, **ma/quindi/perché** prima di partire Pietro vuole telefonare al porto **per/perciò/ma** avere qualche informazione, **per/perciò/ma** non ha il numero. Lo chiede a Marco **perché/ma/per** purtroppo anche lui non ce l'ha.
Forse ce l'ha Giulio **ma/quindi/perché** ha telefonato ieri al porto. Che sfortuna, lo ha lasciato a casa.

Peccato, non ce l'ha nessuno!

1 Completate con *essere o avere*.

1. .... stanca. .... lavorato molto.
2. La mia amica Giulia .... triste perché .... perso il lavoro. Poveretta!
3. Oggi non sto bene, forse .... la febbre.
4. Luigino .... mal di stomaco perché .... mangiato troppi gelati.
5. Alessandro .... nervoso perché domani deve andare dal dentista. Che paura!
6. (Voi) .... paura di prendere troppe medicine?
7. (Noi) .... preoccupati per la sua malattia.

2 Rispondete.

1. – Cos'hai?
   • *Ho mal di denti.*   (denti)
2. – Come stanno i bambini?
   • .... (raffreddato)
3. – Come stai?
   • .... (influenza)

4. – Come vi sentite?
   • .... (nervoso)
5. – Cos'hai?
   • .... (testa)
6. – Come sta tuo marito?
   • .... (febbre)

3 Completate.

1. Maria è molt...... nervosa perché domani deve partecipare alla gara.
2. Ho scritto molt...... lettere e ho parlato con molt...... clienti.
3. In aereo il viaggio dura poch...... ore.
4. È ora di andare, i bambini sono stanchi, hanno molt...... sonno.
5. Non telefonare, è tropp...... tardi.
6. Tropp...... gente ha molt...... paura quando deve andare dal dentista.

4 Completate.

	IO	TU	LUI / LEI	NOI	VOI	LORO
volere	vorrei	vorresti		vorremmo	vorreste	
....			dovrebbe			dovrebbero
potere		potresti		potremmo		

vorrei	dovresti	potrei
ich möchte	....	....

5 Combinate queste frasi e formate brevi dialoghi.

– Ho trentanove di febbre!	• Potresti prendere un tranquillante.	– Sì, hai ragione.
– Sono nervoso!	• Non ti preoccupare.	– Non devo preoccuparmi?
– Siamo stanchi morti!	• Dovresti restare a letto.	– No, li accompagno io.
– Santo cielo, che paura!	• È vero. Dovrebbero chiamare un taxi!	– Come volete, ci vediamo domani.
– Marco e Giulio sono in ritardo!	• Grazie, ma vorremmo tornare in albergo.	– Preferisco riposarmi un po'.
– Volete rimanere qui?	• Dovreste lavorare meno.	– Hai ragione, ma il nostro capo...

 Ascoltate e confrontate.

6 Completate con il condizionale.

1. .... andare a letto presto ma non possiamo.   volere

2. Tu .... essere meno nervoso.   dovere

3. I vicini di casa .... curare di più il giardino.   dovere

4. Oggi non mi sento bene, ... restare a casa.   volere

5. Ragazzi, non .... parlare più piano?   potere

6. Carla, tuo marito mi .... aiutare? Ho un problema con la macchina.   potere

7 Le pecore nere vi danno la prima parte del proverbio.

- stanco, nervoso, triste, contento, una
- sonno, sete, mano, caldo, paura
- lava, braccio, collo, spalla, testa
- allergia, febbre, mal di denti, l'altra, raffreddore
- aspirina, tutte, gocce, sciroppo, tisana

.... e .... e due lavano il viso.

8 a) Completate.

	il	lo	lo/l'	la	la/l'	i	gli	le
in		nello				nei		
di				della				delle
su	sul				sull'			
da			dall'					
a							agli	

b) Completate con le preposizioni e con gli articoli.

1. Prima di partire vorrei andare .... parrucchiere.

2. Qui .... casa ho molto caldo, andiamo .... balcone.

3. I responsabili .... acquisti sono .... riunione per parlare .... ultimo contratto.

4. Durante il mio lavoro devo telefonare spesso .... clienti. Oggi ho telefonato .... un cliente italiano.

5. .... negozi .... centro i prezzi sono veramente troppo alti.

6. Ma tu sei sempre raffreddato, perché non vai .... medico?

7. Un proverbio italiano dice: "Lontano .... occhi, lontano .... cuore."

---

9 **Ascoltate e ripetete come nell'esempio.**

Esempio:
caffè – due tazzine ➜ *Ne prendo due tazzine.*

- tranquillante   –   quindici gocce
- ferie   –   tre giorni
- tisana   –   una tazza
- aspirina   –   mezza
- sciroppo   –   un cucchiaio

---

10 Completate con: **lo, la, li, le, ci, ne**

1. – Io parlo due lingue, e tu?
   - .... parlo tre.

2. – Ho mal di testa. Quante gocce devo prendere?
   - .... puoi prendere venti.

3. Compro il giornale e .... leggo.

4. In quest'albergo si sta proprio bene. .... vorremmo tornare presto.

5. Quanti vocaboli italiani conoscete? .... conosciamo circa duecento.

6. Se non avete ancora telefonato al medico, ... posso chiamare io.

7. Tanti bambini hanno allergie. Alcuni medici .... curano con le erbe.

8. – Vuoi un po' di torta?
   - Si, grazie, ma .... prendo solo una fettina*.

9. Dopo pranzo bevo volentieri un Ramazzotti. .... bevo con una fetta di limone.

10. Scrivo la lettera per Marta e .... spedisco subito.

11. Mario fa tanto per rimanere in forma, conosce le palestre e .... frequenta tutte.

---

* fettina = kleines Stück

11 **Ecco un annuncio pubblicitario, provate a leggerlo.**

a) Cercate nel testo il contrario di:

• essere stanco ....
• una nuova ricetta ....
• energia negativa ....
• dopo la colazione ....

b) Rileggete l'annuncio e spiegate il significato di queste espressioni:

• svogliato ....
• adeguarsi ....
• la giusta carica ....

12 **a) E voi, come vi sentite la mattina?**
Replicate con le espressioni:

Anch'io / tu / lei, ... – Io / tu / lei invece non ...

1   Mia sorella si sveglia già stanca.
  ....

2   Prendi anche tu le vitamine tutte le mattine?
  ....

3   Oggi mi sembri proprio in forma.
  ....

4   Noi facciamo jogging prima della colazione, e voi?
  ....

5   Oggi non riesco a lavorare, sono proprio svogliata, e tu?
  ....

b) Replicate con il condizionale e i pronomi.

1   Carla non prenderebbe mai medicine omeopatiche.
  Secondo me, le dovrebbe prendere.

2   Ho letto un'antica ricetta di una tisana contro il mal di testa e la proverei volentieri.
  ....

3   Sandra e Patrizia fanno una cura di fanghi a Chianciano Terme.
  ....

4   Claudia non segue mai i consigli del medico.
  ....

1 Al telefono. Segnate la risposta giusta.

A. Il telefono suona. Cosa dite?
- ☐ Buongiorno!
- ☐ Ciao!
- ☐ Pronto!

B. "Restare in linea" significa:
- ☐ fare la fila
- ☐ telefonare il giorno dopo
- ☐ aspettare qualche minuto

C. Dico: "Ti richiamo io." se
- ☐ voglio ritelefonare io più tardi
- ☐ la persona mi richiama
- ☐ la persona aspetta

D. "Qui Telecom Italia" significa:
- ☐ parla la segreteria del signor Italia
- ☐ risponde la segreteria italiana della Telecom
- ☐ parla una persona che chiede un'informazione

E. "Chiamami sul telefonino." significa:
- ☐ lascia un messaggio
- ☐ il telefonino è rotto, non posso usarlo
- ☐ non sono a casa, telefonami al numero del mio telefonino

2 Completa!

		tu	Lei	noi
1.		*Ascoltali!*	....	....
2.		....	*Le telefoni!*	....
3.		....	....	*Aspettiamole!*
4.		*Aspettalo!*	....	....
5.		....	*La ascolti!*	....
6.		....	....	*Scriviamogli!*

3 Completate.

Vorrei conoscerlo.	→	*Lo vorrei conoscere.*	Chi?	*il direttore, il tuo amico, ...*
....	←	Le potreste avvisare?	Chi?	....
Vorremmo leggerli.	→	....	Che cosa?	....
Potete incontrarlo.	→	....	Chi?	....
....	←	Gli dovresti telefonare.	A chi?	....
Puoi richiamarci?	→	....	Chi?	....

4 Sottolinea il participio giusto.

1. Ho visto la mostra. | L'ho | visto. | vista. | viste.

2. Ieri abbiamo scritto tante lettere. | Le abbiamo | scritte. | scritta. | scritti.

3. Avete visitato i Musei Capitolini? | Sì, li abbiamo | visitato. | visitati. | visitate.

4. Ho ordinato il catalogo della mostra. | L'ho | ordinata. | ordinati. | ordinato.

5. Hai visitato la chiesa di Sant'Anna ? | No, non l'ho | visitata. | visitate. | visitati.

5 Completate come nell'esempio.

Esempio: Ha scritto una cartolina, ma non l'ha spedita.

1. Abbiamo incontrato Carla e .... (invitare)
2. Ha fatto un caffè, ma non .... (bere)
3. Anna ha telefonato a Piera, ma non .... (trovare)
4. Ho comprato i biglietti tramite Internet e .... (pagare)
5. Abbiamo preso le foto e .... (guardare)
6. Siete stati agli Uffizi e .... (visitare)

6 Quali verbi nasconde l'autobus?

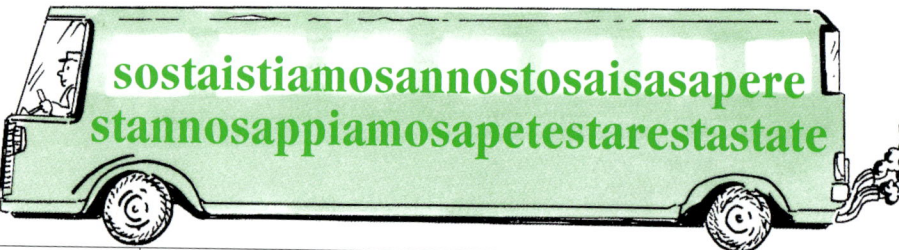

sostaistiamosannostosaisasapere
stannosappiamosapetestarestastate

infinito	io	tu	lui/lei	noi	voi	loro
....	....	....	....	....	....	....
....	....	....	....	....	....	....

7 Scrivete delle frasi usando i possessivi. Trovate voi il verbo adatto e la preposizione dove è necessaria.

Esempio: Maria--- parco --- amiche ➡ *Maria è andata al parco con le sue amiche.*

1. il signor De Nicola--- ufficio --- colleghi

   ....

2. Che peccato! Paolo e--- moglie--- i biglietti per il concerto

   ....

3. Anna e--- ragazzo--- la partita--- vicini

   ....

4. --- fratelli ed io--- il catalogo della mostra dei Macchiaioli con gli zii

   ....

5. Patrizia, Anna--- libri

   ....

6. io--- compleanno--- amici

   ....

7. --- amici ed io--- nove davanti al cinema

   ....

8. voi--- amiche--- cena

   ....

8 Formulate le vostre scuse come nell'esempio:

Esempio:
perdere l'autobus
➡ *Scusa, sono in ritardo perché* ho perso l'autobus.

1. perdere il treno
2. la vicina – venire
3. non sentire la sveglia
4. leggere a lungo
5. addormentarsi
6. la lezione – durare più del solito

9 Completa il seguente dialogo.

Gli	le	Vediamoci	i suoi	I miei	i tuoi	dimmi

– Anna, senti!

• Sì, ... !

– Vieni anche tu al mercato delle pulci venerdì? Io ci vado con Lucio. Cerchiamo un regalo per .... genitori. .... vorremmo regalare una lampada. Sai, quelle liberty.

• Sì, ... conosco. Sono belle ma un po' care. .... nonni hanno tanti pezzi liberty, mi piacciono molto! Va bene, vengo con voi e cerco dei libri di vecchie ricette.

– Già, tu e .... vecchi libri! Ne vedo sempre tanti a quella solita bancarella.

• Ah, bene. Allora come restiamo?

– .... in via Colombo davanti al bar *La caravella* verso le tre.

• Va bene. A venerdì.

ristoranti

"QUEL FANTASTICO GIOVEDÌ", via Castelnuovo
Ambiente elegante e romantico, buona selezione di vini.
Si accettano carte di credito.

AROLDO, Lido di Spina, viale delle Acacie
Ampia terrazza con vista sul mare, propone una cucina a base di pesce.

IDO, località Marrara, via Primaro
Caratteristica trattoria della zona, offre piatti tipici della tradizione ferrarese.
Cena a prezzo fisso.

maggio

spettacoli

PALIO DI SAN GIORGIO
piazza Ariostea
Domenica 30

FERRARA MUSICA
teatro comunale
Prosegue il ciclo di concerti e spettacoli lirici.
Per informazioni:
tel. 0532-203212

musei

PINACOTECA NAZIONALE
Palazzo Diamanti, corso Ercole d'Este 21
Orario:
Feriali: 9.00 – 14.00
Festivi: 9.00 – 13.00
Chiuso lunedì.

MUSEO ARCHEOLOGICO NAZIONALE
Palazzo Costabili, via XX Settembre 124
Attività per ragazzi dai 6 ai 12 anni
Orario 9.00 – 14.00

MUSEO EBRAICO
via Mazzini 95.
Aperto dalla domenica al giovedì
Visita con guida
ore 10.00 / 11.00 / 12.00

a) Quali annunci corrispondono alle situazioni indicate?

• Passare con i figli un divertente sabato mattina al museo.

• Cenare con piatti ferraresi, senza spendere troppo.

• Pagare con la carta di credito.

• Informarsi sui concerti.

• Avere interesse per la storia ebraica.

• Pranzare all'aperto, vicino al mare.

b) Siete a Ferrara e volete passare una giornata con i vostri amici italiani. Cosa vi piacerebbe fare con loro? Perché? Scrivetelo.

....

....

....

....

c) Giorgia frequenta l'università a Ferrara e si interessa di arte e storia.
Ottavio ama la lirica e mangiar bene. Cosa gli consigliate di fare per passare insieme una bella serata?

....

....

....

....

1 Che capi* sono? Inserite le vocali e lo saprete.

gnn   *gonna*   gcc ....

pntln ....   pllvr ....

cmc ....   mgln ....

scrp ....   cntr ....

cpptt ....   cmplt ....

cppll ....   clz ....

                                                            * Kleidungsstücke

2 Preposizioni

1. Mi piacciono solo i pantaloni .... tinta unita.

2. Quel cappotto .... lana .... Missoni mi piace molto .... i colori.

3. Ho comprato .... mercato una giacca .... pelle nera.

4. La giacca .... quadri .... tua sorella è molto elegante.

5. Il signor Grosso è molto robusto e va .... mare .... la sua camicia .... fiori.

6. Le scarpe .... vernice che sono .... vetrina costano troppo.

7. La mia vecchia zia .... Firenze porta volentieri una camicetta .... seta rosa .... il colletto .... velluto.

8. I vestiti confezionati .... misura sono belli, ma costano un sacco .... soldi.

3 Guardate i disegni.

a) Signor Grandi   Rita

b) Federico   Agata

c) Gustavo   Enza

d) Carlo   Paolina

a) Scrivete le differenze.

a): *Il Signor Grandi porta una giacca.*

b): *Agata porta una camicetta.*

....

....

....

....

c): ....

d): ....

....

....

....

....

b) Scrivete dei paragoni come nell'esempio.

1. *Il ragazzo è più alto della ragazza.*

2. ....

3. ....

4. ....

5. ....

> alto
> giovane
> grasso
> bello
> elegante
> sportivo

c) Esprimete i paragoni in modo diverso.

1. *La ragazza è meno alta del ragazzo.*

2. ....

3. ....

4. ....

5. ....

4 Pensate a due vostri parenti o amici e confrontateli.

Mio cugino Teodoro è più simpatico di Grazia, però lei è più elegante.

....

....

....

....

....

5 Completate con *che* , *di* e con l'articolo, dove è necessario.

1. Fare acquisti in centro è più divertente .... ai grandi magazzini.

2. Un vestito corto e stretto è meno pratico .... uno largo.

3. Il mio maglione norvegese è meno caldo .... tuo.

4. Guarda, quei guanti sono più belli .... (i) tuoi.

5. Questi pantaloni sono più larghi .... Jeans.

6. Cucire una camicetta senza maniche è più facile .... fare una maglia.

6 Paragoni

pantaloni		gonna
pesce		carne
stare a casa	**di**	uscire
comprare al mercato	**che**	da Valentino
far fare le modifiche dal sarto		farle in casa
un vestito nero		un vestito a fiori

1. *I pantaloni sono più comodi della gonna.*
2. ....
3. ....
4. ....
5. ....
6. ....

7 Dettato grafico

Prendete i colori e preparatevi a disegnare il nostro amico Albertone.

a) **Ascoltate e immaginate il suo aspetto.**

b) **Durante il secondo ascolto fate uno schizzo.**

8 Che cosa a chi?

una cartolina	ai nonni	➜	*Gliela mandiamo.*
il vino	a voi	➜	
i CD	a te	➜	
il mio indirizzo	a Anna	➜	
le camicie	a loro	➜	
i pantaloni	a noi	➜	

9 Completate!

1. – Senti, puoi darmi il numero di telefono della tua sarta?

   • Sì, se mi chiami stasera .... do.

2. – I pantaloni sono troppo lunghi, ho fatto fare una modifica.

   • E quando .... danno?

   – Li vado a prendere domani.

3. – Quando si mette Armando quella camicia viola e verde?

   • .... mette per la festa di carnevale.

4. – Paola sa che deve venire stasera?

   • Sì, ... ho detto io.

5. – Come mi sta? Come mi sta?

   • Ma .... ho già detto che è una meraviglia.

6. – Hai ricevuto i documenti della scuola di sartoria?

   • Sì, ... hanno mandat........ la settimana scorsa.

10 **Cruciverba**

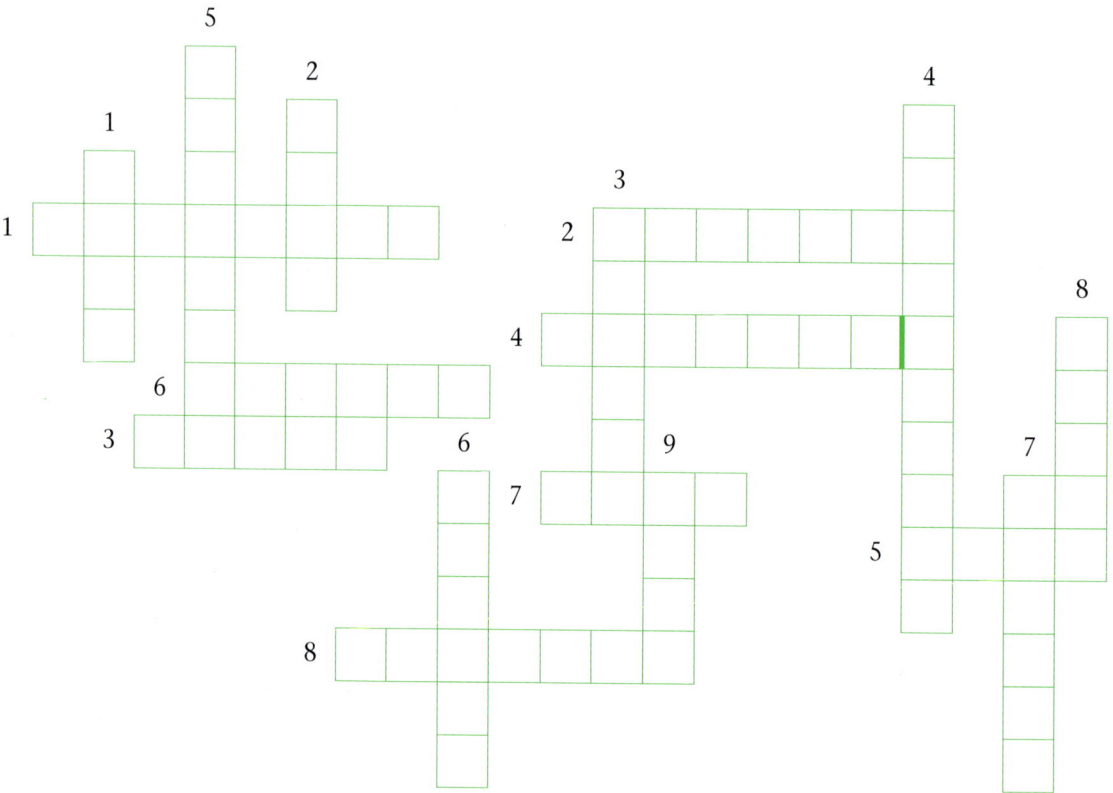

Orizzontale

1. Si porta quando fa freddo.

2. Il contrario di largo.

3. Le portano le donne.

4. Una camicetta con le....

5. Costa troppo. È....

6. Io porto la....40.

7. Il contrario di bianco.

8. Si porta con i pantaloni.

Verticale

1. Il pullover può essere di....

2. La....costa cara.

3. Le....sportive sono comode.

4. Quella camicetta a disegni....è bella.

5. Anna vorrebbe comprare un....

6. Si portano d'inverno.

7. Al mercato i .... sono bassi.

8. Mi piace portare vestiti in....unita.

9. – Di che colore è la tua camicetta nuova? = È ...

Ripetere fa sempre bene. Ecco un test.

1 **Cosa consigliate? Abbinate le frasi ai consigli.**

1. Il bambino ha la febbre. ☐
2. Rosanna ha mal di testa e non vuole un'aspirina. ☐
3. La signora Rigoli vuole comprare una cintura alla Rinascente. ☐
4. Devo parlare con la dottoressa Rodi. ☐

5. Pinuccia dorme ancora. ☐
6. Vorrei sentire cosa fa Mario. ☐
7. Marco come sempre è in ritardo. Partiamo senza di lui! ☐
8. Vado a comprare il giornale. ☐

A. Chiamalo sul cellulare!

D. Al mercato la pagherebbe meno.

G. Le telefoni in ambulatorio!

B. La sveglio io.

E. Potrebbe prenderne mezza.

F. Potrebbe prenderne uno anche per me?

H. No, aspettiamolo ancora cinque minuti!

C. Dovresti portarlo a letto.

* cellulare = Mobiltelefon

2 **a) Completate con:**

1. a) mezzogiorno
   b) undici e trenta
   c) una

2. a) svegliati
   b) svegliarsi
   c) svegliato

3. a) troppo a lungo
   b) lungo
   c) lunghi

4. a) stai male
   b) sta male
   c) state male

5. a) potrebbe
   b) potrebbero
   c) potrei

6. a) chimico
   b) farmacista
   c) professore

7. a) stress
   b) tosse
   c) febbre

8. a) gli
   b) ne
   c) la

Sono le (1) .... Il signor Stanchini si è appena (2) .... Come sempre ha dormito (3) .... , (4) .... e non si sente in forma. Certo (5) .... fare ginnastica come gli ha detto il medico. Ma il (6) .... gli consiglia una misteriosa ampolla contro lo (7) .... e lui (8) .... preferisce.

b) Voi cosa gli consigliereste?

....

....

3 **Completate con _volere_, _potere_, _dovere_ al condizionale e con _ne_ dove è necessario.**

1. Per la festa .... comprare una camicia di seta. .... ho vista una, ma è cara.
2. – Cosa facciamo stasera? Avete .... un'idea?
   • .... andare in go-kart per provare la nuova pista.
3. Ti ho aspettato alla fermata. Quando sei in ritardo, ... avvisare.
4. Loro .... stare più tranquilli. Secondo me .... non è un problema.
5. – Quanti inviti dobbiamo scrivere?
   • .... scrivere almeno dieci.

4 **Cosa manca?**

1. – Devo parlare con Patrizia per il maglione che le ho comprato.
   • Puoi telefonar......... dopo le nove.
2. – Pronto, Paolo! Sei tu?
   • Sì, sono io. Di......... !
3. – Signor Ricci, posso chiamar......... stasera?
   • Mi dispiace, non sono a casa. .... richiami domani.
4. Sabato andiamo a teatro, ricordate......... dei biglietti.
5. Ricordiamo......... che domani comincia il festival.

5 **Rispondete!**

1. – Chi ha mangiato i dolci?
   • .... il cane.
2. – Hai invitato anche Anna?
   • Sì, ... ieri.
3. – Chi ha cucito i pantaloni?
   • Non .... nessuno.
4. – Dove avete comprato le calze di lana?
   • .... alla Standa.

6 **Scegliete il possessivo adatto.**

1. Marta, sai dove sono .... pantaloni neri? Li devo accorciare.
2. Anna non va mai in vacanza con .... genitori.
3. Carla e Paolo viaggiano spesso e .... bambini restano con i nonni.
4. .... amici sono già arrivati e i tuoi?
5. Se non hai i guanti, puoi prendere ....

> le nostre / i tuoi
> il suo / i suoi
> i loro / i suoi
> i miei / le mie
> il mio / i miei

7 **Traducete i messaggi.**

Hallo, Elisa, ich habe zwei Karten für das Konzert von Luca Carboni morgen im Palasport. Willst du kommen? Das wäre schöner als uns auf der Piazza zu treffen. Antworte bald!

– Einverstanden! Wir sehen uns bei mir um sechs. Dann nehmen wir die U-Bahn, das ist bequemer als mit dem Auto.

....
....
....
....
....

8 **Rispondete con i pronomi doppi.**

1. – Portate dalle vacanze un souvenir agli amici?
   • ....
2. – Ti metti l'impermeabile oggi?
   • ....
3. – Qualche volta la tua vicina ti offre un caffè?
   • ....
4. – Vi fate fare le modifiche dal sarto?
   • ....
5. – Dici sempre la verità al tuo partner?
   • ....
6. – Porti una bottiglia di vino agli amici, quando ti invitano?
   • ....

9 **Completate con: *che, di, come* e dove è necessario con l'articolo.**

1. I miei stivali doposci sono meno cari .... tuoi.
2. Queste pastiglie sono meno forti .... quelle che ho preso l'ultima volta.
3. La mia ragazza trova più divertente vedere un concerto .... andare al cinema.
4. Guarda, quei guanti sono belli .... i tuoi.
5. Fare la spesa al mercato è più economico .... al supermercato.
6. Una gonna corta è meno comoda .... una lunga.

1

a) Chi sono? Cosa stanno facendo? Leggete la descrizione, guardate il disegno e completate.

1. Marisa ha i capelli castani, le piace il vino.
2. La signora Carlini è la zia di Dorotea e dovrebbe dimagrire.
3. Marco e Carla sono in piedi dietro il tavolo. Carla non è magra.
4. Beppe è dietro il tavolo, porta l'orecchino.
5. Franco e Matteo portano il prosecco.

a. Marisa *sta* ....
b. La signora Carlini ....
c. Marco e Carla ....
d. Beppe ....
e. Franco e Matteo ....

b) Chi sono gli altri? Cosa stanno facendo? Descriveteli!

....

....

....

....

2

Dove sono e cosa stanno facendo in questo momento alcune persone che conoscete bene?

Mio marito ....

La mia amica ....

....

....

....

3 Completate.

	– are	– ere	– ire	verbi riflessivi
infinito	ballare parlare	mettere scrivere	sentire aprire	togliersi la giacca baciarsi
stare + gerundio	sta ballando	sta	.... sta	si .... si stanno ....

Alcuni gerundi irregolari		
fare	dire dicendo	bere ....

4 Sta per ... Sta ...

1. prendi l'ombrello – piove (in questo momento)
2. attento – il tuo bicchiere cade (tra poco)
3. prendi l'ombrello – piove (tra poco)
4. Mi ascolti? Sì, – penso al regalo per il compleanno di Paola (in questo momento)
5. cerchiamo (in questo periodo) una casa più grande – questa è troppo piccola
6. ho poco tempo – imparo il francese (in questo periodo)
7. Carla non c'è – arriva (tra poco)

Prendi l'ombrello perché sta piovendo.
Attento! Il tuo bicchiere sta per cadere.

....
....
....
....
....
....
....

5 Completate il dialogo con...

–Buon _____ ! Tanti _____ !

• Grazie, Luigi, vieni...

– Aspetta, questo è _____ .

• Grazie, grazie. Che bello! Cos'è?

– Guarda, _____ !

• Oh, un CD di Nek.

– Ti _____ ?

• Sì, tantissimo, lo sai.

auguri

piace

compleanno

aprilo

per te

6 Dopo la festa. Traduzione

Ludovicas Fest ist spät zu Ende gegangen. Alle haben sich vergnügt und wirklich gut gegessen. Die letzten Gäste wollen gerade gehen, und Ludovica beginnt gerade aufzuräumen. Giorgio und Alessio wollen ihr helfen. Als erstes hängen sie die übrig gebliebenen Luftballons ab, und dann wollen sie die Tische abbauen. Während sie die Geschenke anschaut, die sie bekommen hat, hört Ludovica das Telefon klingeln und hebt ab. Es ist Luisa. Sie sagt, dass sie gleich mit ihrem Freund kommen wird. So geht das Fest weiter.

7 **Completate usando le forme di *essere, esserci, stare*.**

1. L'autobus .... arrivando.
2. Di sabato, in centro, ... tanto traffico.
3. .... in aprile il tuo compleanno?
4. Alle feste di Dorotea .... sempre tanti ospiti.
5. Non preoccuparti, ... per arrivare!
6. Queste tartine .... buone.
7. .... Maria alla tua festa?
8. Prendi il bicchiere, (noi) .... per brindare.

8 **a) Quali mesi sono? Scriveteli!**

AROZM .... EBRAFBIO ....
AOOSTG .... GUIONG ....
TOERBTO .... IDECMREB ....
ESBRTETEM .... ULIOGL ....

**b) Quali mancano?
Scriveteli voi!**

9 **Completate.**

1. .... è il primo mese.
2. .... è il terzo mese.
3. Il .... gennaio è festa.
4. Natale è il 25 ....
5. L' .... marzo è la festa della donna.

10 **Ascoltate e segnate.**

1. Ludovica festeggia
   ☐ la laurea.
   ☐ l'onomastico.
   ☐ il trentesimo compleanno.

2. Quando Luisa arriva, Giorgio
   ☐ sta mangiando.
   ☐ sta per andare via.
   ☐ sta mettendo in ordine.

3. Il gattino è
   ☐ vero.
   ☐ di legno.
   ☐ di porcellana.

4. Mentre Giorgio pensa al gatto, i piatti
   ☐ cadono.
   ☐ stanno per cadere.
   ☐ si rompono.

5. Ludovica e i suoi amici si interessano di
   ☐ motori.
   ☐ aeronautica.
   ☐ sport.

8

1 Qual è il titolo adatto?

Goethe frequenta l'Università di Padova

Le ville lungo il Brenta

L'antica università di Padova

Architetti del '500

Viaggiatori in Italia

① ....

Il 3 settembre 1786, J. W. Goethe è partito per l'Italia, dove è rimasto fino a maggio del 1788. Già dal 1618 studenti di tutta Europa frequentano l'Università di Padova e il *grand tour* attraverso l'Italia è considerato un completamento della loro formazione.

② ....

Lungo il Brenta i ricchi veneziani hanno fatto costruire le abitazioni per controllare gli investimenti terrieri e al tempo stesso trascorrere la villeggiatura. Le ville più raffinate, come Villa Foscari, progettata dal Palladio, sono sorte nel '500. Da marzo ad ottobre queste dimore si possono ammirare anche dal fiume: l'opportunità è offerta da battelli che uniscono quotidianamente Venezia a Padova.

2 Un'amica curiosa.

Margherita è tornata a Belluno e parla con la sua amica Beatrice. Completate il dialogo.

– Ciao, non ti ho vista per tutto il fine settimana. Sei stata via?

• Sì, ... *(gita)*

– Da sola?

• No, ... *(amici)*

– Dove siete stati?

• .... *(Oasi di Giare)*

– Quando?

• .... *(sabato)*

.... *(bicicletta)*

.... *(Dogaletto–Giare)*

Ci siamo divertiti, abbiamo visto .... *(?)*

– Che bello .... *(?)*

....

3 a) **DA o PER**

1. .... quale binario parte il treno .... Vicenza?
2. È questo il battello .... la Giudecca?
3. .... il centro, che autobus devo prendere?
4. L'autostrada .... Parma è chiusa a causa di incidente.
5. .... dove partono i battelli?
6. .... Venezia a Marostica non ci sono treni diretti.

b) DA, PER, A, CON, DI, IN

1. Un biglietto .... prima classe solo andata.
2. .... la gita compriamo due etti .... prosciutto per i panini.
3. .... il ritorno prendiamo il vagone non fumatori.
4. Andando .... treno .... Milano .... Torino si attraversa un paesaggio monotono.
5. Il fine settimana che ho passato .... Marco non è stato bello.
6. .... dove inizia il percorso ciclistico .... l'oasi naturalistica?
7. È tardi, ... biglietteria ho dovuto aspettare un quarto d'ora.

4 Dopo il viaggio

Siete ritornati dall'Italia, avete passato delle belle giornate in diverse città. Ora state mettendo
ordine e rivedete i biglietti. Cosa vi viene in mente? Scrivete dove siete stati e cosa avete fatto.

....

....

....

....

5 Secondo me

vedere molti musei	rapidità	comodità	viaggiare in macchina
passare alcuni giorni al lago		andare qualche giorno a sciare	sicurezza
girare a piedi per la città	fare un viaggio in bicicletta		fare una vacanza rilassante

noioso   piacevole   importante
interessante   scomodo   secondario

... vedere molti musei è più noioso che girare a piedi per la città.
Continuate per scritto.

6 Ho letto un inserto.

Le Grotte di Frasassi sono aperte ai visitatori tutto l'anno. Biglietteria, informazioni e servizi sono a breve distanza dall'ingresso. Sul biglietto d'ingresso è indicata l'ora di inizio visita. La visita alla Grotta ha la durata di 1 ora circa, con guide ed accompagnatori gratuiti. La Grotta ha suggestivi effetti scenografici e agevoli camminamenti. La temperatura interna è costante a 14 gradi circa.Sono disponibili visite escursionistiche speleologiche della durata di 3 ore con materiali e guide specializzate forniti dal Consorzio Frasassi.

COME CI SI ARRIVA
- Autostrada A14 (Bologna - Canosa) Uscita Ancona Nord
- Superstrada Ancona - Roma Uscita Genga - Sassoferrato
- Linea Ferroviaria Ancona - Roma Stazione: Genga - S.Vittore Terme

Informazioni:
CONSORZIO FRASASSI
Genga - Ancona - Italia
Tel. 0732.973039 - 973001
Fax 0732.973397

NUMEROVERDE
1670-13828

Scrivete o mandate un fax al Consorzio Frasassi dicendo

- perché avete deciso di scrivere

- a cosa volete partecipare

- in quante persone siete (escursione speleologica)

- chiedete anche se è possibile prenotare una pensione o un albergo, indicate le vostre preferenze

---

7 a) Completate con il gerundio!

fare leggere venire aprire Comprare

1. Ho incontrato Giulio .... al corso d'italiano.
2. .... la finestra ho sentito un gran freddo.
3. Abbiamo saputo la notizia .... il giornale.
4. Al supermercato .... tanto, si ha lo sconto.
5. .... ginnastica, sono dimagrita di cinquecento grammi.

b) Gerundio o no?

1. (io fare) i biglietti   compri il giornale   *Mentre faccio i biglietti, tu compri il giornale.*
2. (noi andare) al binario   guardiamo il tabellone   *Andando al binario guardiamo il tabellone.*
3. (voi aspettare)   avete preso il caffè?   ....
4. (noi telefonare) ad Anna   preparate i panini   ....
5. (tu guardare) la carta della città   leggo l'orario del museo   ....
6. (io aggiustare) la bicicletta   ascolto la radio   ....
7. (tu cercare) un parcheggio   compriamo le bibite   ....
8. (io venire) in intercity   ho guardato il paesaggio ....

8   Che fare?

<table>
<tr><td>autunno

inverno

estate</td><td>brutto tempo
afa
nebbia
nevica
piove</td><td>non andare a sciare
chiudere le persiane
mettersi un maglione
non usare la bicicletta
andare piano in macchina</td></tr>
</table>

Esempio: In autunno, quando c'è nebbia, vado piano in macchina.

9   Modi di dire. Avete buona memoria? Completate.

1. C'è un .... da morire.
2. Fa un .... da cani.
3. .... a catinelle.
4. .... a pecorelle.
5. Mangiare pane e ....
6. C'è .... che spacca le pietre.

10   I Limoni

Rileggete i versi da *I limoni* di Eugenio Montale e provate a esprimerne il contenuto in alcune righe.

....
....
....
....

Avete letto volentieri questa poesia? Vi è piaciuta? Per quale motivo?

....
....
....

1 C'era una volta...

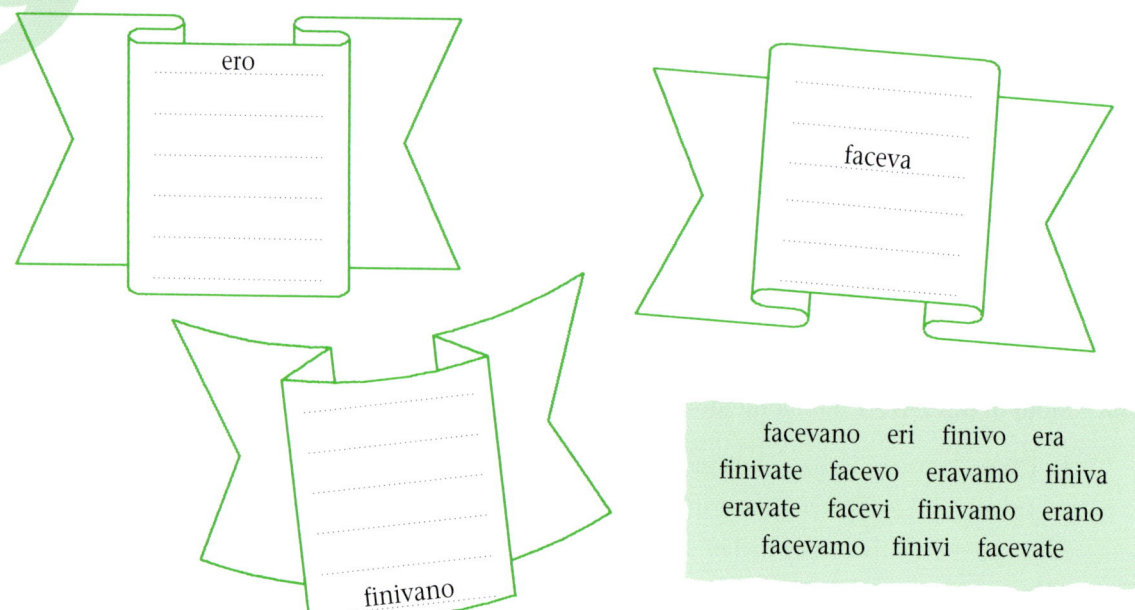

ero

faceva

finivano

facevano eri finivo era
finivate facevo eravamo finiva
eravate facevi finivamo erano
facevamo finivi facevate

2 a) Completate.

frequento		
	abbiamo fatto	
		leggevi
siete		
vanno		
	ho avuto	
		lavoravate
guarda		
posso		

b) Utilizzando i verbi della terza colonna, scrivete delle frasi.

• *Quando frequentavo*
• *Da ragazzi facevamo*
• *Mentre leggevi*
•
•
•
•
•
•

3
1. Avrei preso l'aereo
2. Mentre eravamo al cinema,
3. Non ho più rivisto Ernesto
4. Ogni volta che incontravo Rosalba,
5. Saremmo andati al Jazz festival,
6. Quando ero bambina,

andavamo a prendere qualcosa al bar.
ma costava troppo caro.
ma i biglietti erano esauriti.
ha iniziato a piovere.
andavo ogni domenica dai miei nonni.
da quando andavamo insieme in montagna.

9

4 quando mentre ogni

1. In treno, ... io leggevo, Carlo guardava il panorama.
2. L'anno scorso .... lunedì andavo a lezione di francese.
3. .... ero in Italia, andavo al mare .... pomeriggio.
4. .... parlavo, tu pensavi ad altro.
5. .... leggevo, ho sentito qualcuno arrivare.
6. .... giorno l'università proiettava film interessanti.
7. .... tu eri già a letto, io dovevo ancora mettere in ordine.
8. .... hai telefonato, io non ero ancora pronta.

5 Completate con le forme dell'imperfetto o del passato prossimo.

1. In vacanza ogni mattina .... (fare) colazione al bar con gli amici.
2. Questa mattina .... (prendere) la corriera per andare al lavoro.
3. Mentre noi .... (essere) in città, ... (arrivare) i nostri amici. Peccato!
A casa non .... (esserci) nessuno.
4. Al matrimonio di Laura .... (esserci) anche i suoi cugini inglesi.
5. La festa di compleanno di Lucio .... (finire) molto tardi. Alle due .... (esserci) ancora quasi tutti.
6. Non .... (noi prendere) un taxi perché non .... (avere) abbastanza soldi.
7. Ieri sera guardando la TV .... (io/addormentarsi).
8. Da ragazzo mi .... (piacere) molto sciare. Una volta .... (vincere) una gara regionale.
9. Sabato sera .... (noi/rimanere) tutti da Pietro perché non .... (avere) voglia di uscire.
10. .... (volere) imparare bene l'inglese e così .... (frequentare) un corso di tre mesi a Londra. Abitando presso una famiglia ho parlato molto.

6 La puntualità di Adriano

Completate con le forme dell'imperfetto o del passato prossimo.

Ieri *volevo* (volere) arrivare puntuale da Caterina. .... (conoscersi) venti giorni fa in palestra e le .... (telefonare) un paio di volte. Ieri .... (essere) il nostro primo appuntamento, così .... (chiedere) ad Alessandro di prestarmi il suo motorino perché il mio come al solito non .... (funzionare). .... (uscire) un po' prima dal lavoro, anche se il mio capo non .... (volere). Insomma .... (fare) tutto il possibile e sono arrivato puntuale. Ma... Caterina non .... (esserci) e non .... (vedersi). Ci sono rimasto con un palmo di naso*.

---

* rimanerci con un palmo di naso = mit langer Nase abziehen

 Ascoltate e confrontate.

7 Caterina non è andata all'appuntamento. Ora scrive una breve lettera ad Adriano.

Caro Adriano,

Alla prossima volta!
Caterina

8 Vi ricordate del viaggio in corriera di Sara? Completate con i verbi.

Sara sulle ginocchia .... una guida a colori con un rosone di pietra in copertina: *Chiese romaniche del circondario*. Hanno percorso la litoranea semideserta, i semafori non ....
ancora e l'autista .... agli incroci. Sotto di loro .... il mare e la costa.
La corriera ha fatto manovra sulla piazza. Il sole .... caldo, per mangiare i panini si sono
sdraiati su uno spazio erboso. .... piano piano, godendo del piacere di essere lì.

9 Completate con le preposizioni e con l'articolo quando è necessario.

1. L'anno scorso abbiamo lavorato ogni sera .... otto e mezza.
2. .... ragazzo abitavo .... collina .... Fiesole.
3. .... luglio abbiamo fatto tante camminate .... Alpi.
4. Durante il corso facevamo sempre colazione .... un bar proprio davanti .... Palazzo Ducale.
5. .... estate passavamo le serate parlando .... politica seduti .... balcone.

10 Leggete le domande. Ascoltate il dialogo e segnate un (+) se le frasi sono vere o un (–) se sono errate.

1. Giulia ha avuto un colloquio in Inghilterra.   ( )
2. Marco le telefona per sapere come è andata.   ( )
3. Marco è un ragazzo nervoso.   ( )
4. Giulia ha viaggiato senza contrattempi.   ( )
5. L'aereo è arrivato in ritardo.   ( )
6. Giulia non ha ancora ritrovato la sua valigia.   ( )
7. Nella valigia aveva i documenti per il colloquio.   ( )
8. Giulia è soddisfatta del colloquio.   ( )
9. Marco e Giulia si incontrano la sera stessa.   ( )
10. Si vedono al tennis poco prima delle venti.   ( )

Ripetere fa sempre bene. Ecco un test.

1 Di parola in parola

campagna

paesaggio

viaggiando

mezzi di trasporto

traghetto

stagioni e tempo

autunno

temporale

mesi

aprile

persone — tassista

ponte

architettura

2 Coniugate il verbo adatto e completate le frasi.

| fare (2 x)   guidare*   partire   andare   arrivare |

1. .... alla festa ho comprato i fiori.
2. Non abbiamo più tempo, il treno ....
3. Carla non c'è ancora, ... biglietti.
4. .... la macchina ascolto spesso la radio.
5. Accendiamo le candele, ... gli ospiti.
6. .... così non finiamo in tempo.

* guidare = Auto fahren

3 Quand'è?

feste   data   stagione

feste	data		stagione
festa della donna	l'otto marzo	Fioriscono le mimose.	
giorno della liberazione d' Italia	il venticinque aprile	W* la libertà!	
Natale		...con i tuoi e Pasqua con chi vuoi.	
festa del lavoro		Ma non si lavora.	
Capodanno		Viva l'anno nuovo.	
ferragosto		Tutti al mare.	

* W = Viva...! (Es lebe...!)   M = Abbasso...! (Nieder mit...!)

4 Che tempo fa?

5 E in italiano? Orientiamoci.

gegenüber dem Bahnhof   am Hafen   vom Gleis 4   auf der Terrasse   mit dem Boot
mit dem direkten Zug   zu Fuß   aus Mailand   in die Stadtmitte
(wir kommen zurück) vom Museum   in der Jugendherberge*   neben der Telefonzelle
auf dem Balkon   auf der Brenta   am See   in der Mensa   nahe beim Flughafen

* Jugendherberge = ostello della gioventù

6 Con i seguenti elementi ricostruite il viaggio.

> 9.00 Milano treno Venezia 13.00 vaporetto ostello della gioventù restare una settimana
> festival del cinema tre giorni / cinque film ultimo giorno / Jesolo molti turisti afa
> mare abbastanza pulito pranzo / pizzeria / spiaggia Venezia 16.00 / Milano 20.30

Siamo partiti da Milano ....

....

....

7 Raccontate brevemente.

Quando eravamo in ... **abitavamo** **andavamo** **vedevamo** **incontravamo...**

8 Ascoltate la conversazione e segnate la frase giusta.

1. Patrizia sa che Tiziano e Margherita
   - ☐ stanno per arrivare.
   - ☐ arrivano domani.
   - ☐ non vengono.

2. Mentre Margherita e Tiziano arrivano
   - ☐ sta piovendo.
   - ☐ sta per piovere.
   - ☐ nevica.

3. Il garage dei Soldano è
   - ☐ pieno di biciclette.
   - ☐ occupato.
   - ☐ libero.

4. Patrizia festeggia
   - ☐ il compleanno.
   - ☐ la laurea.
   - ☐ l'onomastico.

5. Tiziano e Margherita hanno portato a Patrizia
   - ☐ un grande regalo.
   - ☐ un piccolo regalo.
   - ☐ un mazzo di fiori.

6. Tiziano e Margherita conoscono Anna perché
   - ☐ sono colleghi.
   - ☐ sono stati insieme nel sud dell'Italia.
   - ☐ sono vicini di casa.

7. La signora Soldano vuole fare
   - ☐ una sorpresa a Patrizia.
   - ☐ un regalo a Patrizia.
   - ☐ una sorpresa a Tiziano e Margherita.

9 Completate con i verbi nelle forme adatte.

> lasciare essere (3 x) invitare avere (2 x) accettare passare piovere (2 x) esserci

Margherita e Tiziano .... in gita e al ritorno .... a casa di Patrizia.
Durante la gita .... fortuna: il tempo .... abbastanza bello e soprattutto
non ...., anche se .... vento e l'ultimo quarto d'ora .... molto
faticoso. Arrivando .... le biciclette sotto casa anche se stava per ....
Hanno portato a Patrizia un regalino per il suo onomastico ma non .... intenzione di
fermarsi per la festa del giorno dopo. Però la madre, che stava preparando la torta, li ....
a rimanere e loro ...., anche per fare una bella sorpresa a Patrizia.

1 Avere bisogno di ... o bisogna ...

a) **Di chi o di che cosa abbiamo bisogno?**

1. La macchina non funziona.	medico	*Abbiamo bisogno del meccanico.*
2. Per rimodernare il bagno,	falegname	
3. Piove a catinelle.	meccanico	
4. L'armadio non chiude bene.	idraulico	
5. I bambini hanno la febbre.	ombrello	

b) **Cosa si deve fare?**

1. Quando si attraversa la strada,   *bisogna fare attenzione al semaforo.*
2. Quando si è in ritardo,
3. Se la macchina si ferma in autostrada,
4. Se si va in vacanza e non si può portare il cane,

2 Ci vuole, ci vogliono ...

1. Quanto ci vuole in macchina da Milano a Venezia?
2. Cosa ci vuole per raggiungere il Lido di Venezia?
3. Cosa ci vuole per andare in campeggio?
4. Cosa ci vuole per fare una vacanza di tre mesi?

3 Fate ordine.

riesci riesce riuscite riesco riescono riusciamo
tengo tengono tenete tiene tieni teniamo

io	tu	lui/lei/Lei	noi	voi	loro

4 Cosa manca?

bisogna   aver bisogno   chiedere (2 x)
trattarsi   riuscire   pensare (3 x)

di   di
di   a   di   a
a

Sig. Mancuso: .... un favore. Le volevo .... tenere Argo, il mio cane. .... dieci giorni. Naturalmente se per voi non è un problema.

Sig. Romano: Ah, il Suo Argo. Anche mia moglie ama i cani. Il fatto però è che il nostro Paolino ha un'allergia e purtroppo non li sopporta. Ma .... risolvere questo problema se .... (i) Biffi .... tenerlo. Anche loro sono qui in agosto e mia moglie e i ragazzi potrebbero .... portarlo fuori. Non si preoccupi, vuol dire che ci .... noi. Quando ha intenzione di partire?

Sig. Mancuso: Fra quindici giorni.

Sig. Romano: Allora .... ancora parlare con i Biffi. Tornando a casa ci .... io. Ci conosciamo bene.

10

Rispondete usando *ci* o *ne*.

1. Riesci a venire puntuale?   *Sì, ci riesco.*
2. Hai voglia di tenere il cane?   ....
3. Pensate voi ai biglietti?   ....
4. Avete bisogno del vocabolario?   ....
5. Hai voglia di andare a fare la spesa? ....
6. Riuscite a portare le valigie?   ....
7. Parlate spesso di sport con i vicini? ....
8. Avresti voglia di fare un bel viaggio? ....

6

a) *bene o buono*

1. Quest'idraulico è veloce e lavora ....
2. Questo caffè è proprio ....
3. Ci pensi tu? – Sì, va .... Non preoccuparti.
4. Non ti piace? Non è .... questo formaggio?
5. Mario non è venuto perché non stava ....
6. Uhmm, che ....!

b) *meglio o migliore*

1. È .... fare così.
2. Anna non c'è ancora. È .... aspettarla.
3. Il signor Pezzi ha fatto la proposta ....
4. Sarebbe .... chiedere ai nostri vicini.
5. La Sua idea mi sembra ....
6. Quando vivevo a Madrid parlavo .... lo spagnolo.

7

Me lo dai?

1. Mi serve. → Ne ho bisogno io. → Serve a me.
2. Gli serve. → ....
3. Serve a mia sorella. → ....
4. Vi serve. → ....
5. Serve al tuo ragazzo. → ....
6. Serve ai miei. → ....
7. Serve ai miei colleghi. → ....
8. Ti serve. → ....

8

Inserire nelle frasi:

perciò   ma   perché   per questo   per   quindi

1. Vorrei prendere un caffè, ... non ho tempo.
2. Siamo arrivati in ritardo .... non abbiamo trovato un posteggio.
3. .... viaggiare comodamente prendo l'aereo.
4. Marisa si è alzata tardi, ... ha perso il treno.
5. La nonna si è ammalata, ... non possiamo andare in vacanza.
6. Non ho fatto la spesa, ... stasera vado al ristorante.

9 Hai bisogno di aiuto perché il tuo computer non funziona.

• Se vuoi, puoi contattare FAI CON NOI *agenzia scambi* mandando un fax.

Iscriviti indicando:
 – indirizzo
 – età
 – professione
 – tempo a disposizione
 – attività che puoi offrire

> All'agenzia ....
>
>
>
>
>
>
>   Cordiali saluti

• Se non ti conviene iscriverti a *Fai con noi*, chiedi questo favore ad un tuo amico.
  Scrivigli un biglietto.

> Caro Andrea,
>   avrei bisogno di…
>
>
>
>   Grazie mille, a presto!

10 Leggete le domande. Ascoltate il dialogo e segnate un (+) se le frasi sono vere o un (–) se sono errate.

1. Carla è triste. ( )
2. A casa di Carla ha lavorato l'elettricista. ( )
3. L'elettricista ha lavorato rapidamente. ( )
4. Carla ha pagato troppo. ( )
5. Marco l'avrebbe aiutata volentieri. ( )

6. Marco voleva fare bella figura con gli ospiti. ( )
7. Ha cucinato un cuoco non tanto bravo. ( )
8. La carne era buonissima. ( )
9. Carla si intende di computer. ( )
10. Alla prossima occasione ci penserà lei a cucinare per Marco. ( )

1

Partirò il _____ lunedì.

1. compro
2. vendete
3. abbiamo
4. è
5. sei
6. partono
7. cominciamo
8. porta

1. c o m p r e r ò
2.
3.
4.
5.
6.
7.
8.

2

Vi ricordate di tutto? Aiutate Metilde a raccontare.

Ora vado in città alla fiera, vendo la ricotta e guadagno un po' di soldi. Con questi soldi _____ due uova, le _____ sotto la chioccia e così nasceranno due pulcini. Di questi due pulcini _____ due bei polli, due polli grassi grassi. Quando _____ grassi, non finiranno nella mia pentola, ma li _____ e comprerò un'agnellina.

Poi l'agnellina figlierà e io avrò due agnellini. Quando _____ belli grassi, comprerò una vitellina che crescerà, la _____ e comprerò due vitelli. Quando questi due vitelli saranno grandi e grassi, li venderò e mi _____ una bella casetta. In questa casetta ci _____ un bel terrazzino, là mi metterò a sedere e la gente che passerà facendo un inchino mi _____: "Oh, signora Metilde!"

3

Qual è il tempo adatto?

1. Tra un mese _____ finalmente in vacanza.
2. Il signor Gallo ha detto che _____ il prossimo martedì.
3. La settimana scorsa _____ del nuovo budget.
4. Mia sorella _____ a Bologna da un mese.
5. _____ al ristorante, oggi non ho voglia di cucinare.
6. Ieri sera _____ da Anna per cena e _____ fino a mezzanotte.
7. Credo che fra un anno Paola e Gianluca _____.
8. Tre anni fa _____ la nave per andare in America. Che bel viaggio!

(noi) essere
arrivare
(io) occuparsi
lavorare
(noi) andare
(noi) fermarsi
parlare
sposarsi
(voi) prendere

4

Leggete la notizia dal Corriere della Sera. Sottolineate i due verbi al futuro e completate.

Venere di Milo, «rinasceranno le braccia»

LONDRA — Scienziati inglesi hanno scoperto una tecnica per far «ricrescere» il marmo. Secondo il Times «questa tecnica farà rinascere le braccia alla Venere di Milo» (nella foto). La tecnica per produrre cristalli di marmo è una scoperta del centro di restauro di Liverpool «Nmgm» e dell'università di Loughborough.

Corriere della Sera, 07-03-99

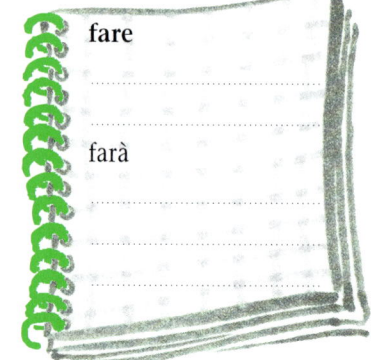

fare

farà

• Secondo voi come sarà il risultato? Scrivete una frase di commento.

5 Cosa farà Maria Luisa l'otto luglio?

Alle otto e trenta andrà alla posta.

....

....

....

....

....

....

VENERDI

8

LUGLIO

08.30	posta
09.00 – 11.00	analisi di laboratorio
11.15	conferenza capo dipartimento
14.15 – 15.00	incontro rappresentante Bayer
19.00	tel. Francesco
21.30	tutto Jazz

6 a) Osservate l'offerta delle *Lotterie Nazionali*.

b) Segnate un (+) se le frasi sono vere o un (–) se sono errate.

1. *Gratta e vinci* è un gioco.　( )
2. La signora deve fare ginnastica in palestra tutti i giorni.　( )
3. Spesso dice: "Vincerò".　( )
4. Ogni giorno ci sono premi da 50.000 euro.　( )

c) La signora è simpatica e ottimista, quindi siamo sicuri che vincerà almeno 100.000 euro. Secondo voi cosa ne farà? Immaginatevi il suo futuro e scrivetelo.

....

....

....

....

....

....

....

....

....

....

....

11

7 Superlativo relativo

1. Metilde avrà .... casetta .... di tutto il paese.
2. A Sassuolo il signor Krankl ha fatto .... affari ....
3. La lotteria nazionale offre .... occasioni ....
4. Il Po è .... fiume italiano ....
5. Per me .... teatro .... è il San Carlo di Napoli.
6. Secondo i media questi produttori sono ....

(bello)
(buono)
(buono)
(lungo)
(interessante)
(attivo)

8 Quattro chiacchiere a cena dopo gli affari.
Ascoltate e segnate la risposta giusta.

1. Il signor Krankl
    ☐ è soddisfatto del suo soggiorno di lavoro in Italia.
    ☐ è stanco del suo soggiorno di lavoro in Italia.
    ☐ è insoddisfatto del suo soggiorno di lavoro in Italia.

2. Il signor Krankl tornerà
    ☐ la prossima settimana.
    ☐ per la prossima collezione.
    ☐ per cenare con i colleghi.

3. Il signor Krankl abita
    ☐ in un villaggio nuragico.
    ☐ a Siniscola.
    ☐ in Austria.

4. Il prossimo anno il signor Krankl visiterà
    ☐ la Sardegna con la moglie.
    ☐ la Sardegna solo.
    ☐ la Sardegna con la suocera.

5. Vicino a Nuoro si possono vedere
    ☐ i giganti.
    ☐ le Tombe dei giganti.
    ☐ i gatti.

6. Il Flumendosa è
    ☐ un fiume.
    ☐ una città.
    ☐ un monte.

9 a) Traducete.

Ich habe viel gespart, und für nächsten Sommer habe ich einen langen Urlaub auf dem Programm. Mein Freund wird auch mitkommen (mit mir). Wir werden nicht weit weg fahren, aber der Urlaub wird lang sein und wir werden interessante Städte und Orte sehen. Die üblichen Studienreisen durch Italien gefallen uns nicht, und deshalb haben alles wir organisiert. Wir werden mit dem Zug bis nach L'Aquila fahren und eine Rundfahrt durch den Nationalpark der Abruzzen machen: zu Fuß (gehend) dauert das etwa zwei Wochen. Wer weiß, ob wir Bären und Wölfe sehen werden! Nach zwei Wochen in der Natur werden wir für einige Tage nach Umbrien, nach Orvieto und Perugia, fahren. Dort werden wir drei Tage bleiben, um einige Konzerte des Jazzfestivals zu hören (sehen).

b) Dove e come passerete il prossimo periodo di vacanza?

....
....
....
....
....

1 a) Conoscete questi monumenti e opere d'arte? Scrivete il loro nome.

b) Ne avete visto qualcuno personalmente? Scrivete indicando:
quando l'avete visto / in che occasione / con chi / come era il tempo / se vi è piaciuto o no e perché...

2 Completate con il passato prossimo.

realizzare, avvenire, morire, nascere, doversi trasferire, imparare, eseguire (2 x)

Il pittore Renato Guttuso .... nel 1912 a Bagheria, in provincia di Palermo. Il primissimo apprendimento del giovane .... nella bottega dei fratelli Ducato, pittori di carretti. Da loro .... a maneggiare pennelli e colori. Prima della seconda guerra mondiale .... nel nord dell'Italia. A ventinove anni, nel 1941 .... la famosa Crocifissione, la sua prima grande opera. Il periodo di grande successo è quello romano. Nel 1972 .... l'opera più impegnativa: *Funerali di Togliatti* e nel 1974 quella più famosa: *Vucciria,* che rappresenta l'antico mercato di Palermo. A Roma .... anche il *Caffè Greco* e il *Ritratto di Moravia.* .... a Roma nel 1987. La sua tomba si trova nella città natale, vicino alla pinacoteca che raccoglie le sue opere.

3 Traduzione

1. Amedeo Modigliani ist am 12. Juli 1884 in Livorno geboren.
2. Er hat die Kunstakademie (Akademie der Schönen Künste) in Florenz besucht.
3. Schon als Junge hatte er oft gesundheitliche Probleme.
4. 1905 zog er nach Paris.
5. Die Frauen in seinen Portraits haben einen .... Hals.

Unite tutti i punti in ordine numerico dall'1 al 40. ◄

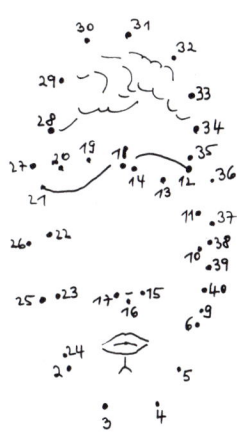

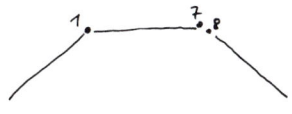

4 Oggi ... e ieri

1. Non posso telefonarti.   *Non ho potuto telefonarti.*
2. Vuole partire presto.   *È voluto partire presto./Ha voluto partire presto.*
3. Dobbiamo trasferirci a Matera.
4. Volete visitare molte chiese.
5. Non vuole chiedere ai suoi genitori.
6. Possiamo incontrarlo.
7. Non posso aspettare.
8. Non vogliono occuparsi di questo problema.
9. Non possono rimanere a lungo.

5 Completate le frasi usando l'imperfetto di dovere, potere e volere.

1. Mario non .... uscire ma poi la sua ragazza è passata a prenderlo e sono andati in discoteca.
2. Santo cielo, sono già le dieci! .... telefonare a Mara verso le nove.
3. .... partire ieri sera ma nevicava.
4. L'esame è andato bene ma .... andar meglio.
5. Gianni .... diventare cantante ma non ha avuto una buona occasione.

6 a) Per svolgere questo esercizio forse avrete bisogno di un dizionario. Completate le frasi con il verbo adatto.

EVENTI DAL ... AL ...

1. Nel 1909 Guglielmo Marconi, inventore del telegrafo e della radio, ... il premio Nobel per la Fisica.
2. Nel 1922 .... la dittatura fascista in Italia.
3. Nel 1946 il grande direttore d'orchestra Arturo Toscanini .... la Scala di Milano, ricostruita dopo i bombardamenti.
4. Nel 1958 Giuseppe Roncalli, patriarca di Venezia, ... Papa con il nome di Giovanni XXIII.
5. Nel 1982 gli azzurri .... la finale dei mondiali di calcio contro la squadra della Repubblica Federale Tedesca.
6. Nel 1993 .... la cosiddetta II Repubblica Italiana.
7. Nel 1997 il terremoto .... la volta della Basilica di San Francesco ad Assisi.
8. Nel 1999 il Parlamento Europeo .... il politico italiano Romano Prodi alla Presidenza della Commissione Europea.

b) Scrivete altri eventi del XX secolo.

1. ....
2. ....
3. ....
4. ....

DATI PERSONALI

nome	Luca Ricci
data di nascita	15 gennaio 1975
luogo di nascita	Viterbo
nazionalità	italiana
stato civile	sposato dal 12 aprile 1999 con Patrizia Della Rovere
figli	Carolina, nata il 03/02/2000

STUDI

dal 1981 al 1995   scuola elementare, scuola media, istituto tecnico commerciale indirizzo "informatica"
esame finale: diploma di ragioniere

ULTERIORI QUALIFICHE

settembre 1995–luglio 1996   qualifica di Esperto in Marketing conseguita presso l'ENFAP di Roma

CONOSCENZE LINGUISTICHE ED INFORMATICHE

1994–1996   lingua inglese parlata e scritta
lingua tedesca: certificato livello superiore rilasciato dal Goethe-Institut di Roma
ottima conoscenza dello strumento informatico Windows '98, comunicazione in rete

ESPERIENZE PROFESSIONALI

1996–1997   lavoro part–time presso il Comune di Viterbo
settembre 1997–agosto 1998   contratto di formazione presso lo studio di consulenza finanziaria Miosi & Figli, Roma

ESPERIENZE ALL'ESTERO

ottobre 1998–marzo 1999   tirocinio presso lo studio di consulenza industriale Schäfer & Wäckerle, Monaco di Baviera, Germania.

OCCUPAZIONE

da aprile 2000   presso la LUXOTTICA di Agordo (Belluno), dipartimento finanze e controlling

b) **A libro chiuso scrivete la vita di Luca. Vi siete ricordati di tutto? Confrontate.**

c) **Se volete, preparate il vostro *curriculum vitae* e fatelo correggere dal vostro insegnante.**

Ripetere fa sempre bene. Ecco un test.

1 ne, ne, ne, ...

1. Hai bisogno della bicicletta, oggi? Se no la prendo io.   No, ...
2. Avreste voglia di uscire con noi?   Sì, ...
3. Ha voglia di visitare la fiera di Milano?   Sì, ...
4. Avete dei clienti in Italia?   No, ...
5. Per visitare il centro di Roma ha bisogno della guida?   Sì, ...
6. Hai parlato con Anna dello stand per la fiera?   Sì, ... già ....
7. Alla fiera, vedrai tutti gli stand?   No, ... solo alcuni.
8. Hai presentato tutti i documenti?   Certo, non .... ho dimenticato nessuno.

2 Completate con: bisogna, ci vuole, ci vogliono e aver bisogno di ...

1. Per restare negli Stati Uniti più di tre mesi .... il passaporto e il visto.
2. .... chiamare l'idraulico per riparare il lavandino.
3. .... davvero molto tempo per imparare bene l'italiano.
4. Stasera i ragazzi .... (la) macchina per tornare dal concerto.
5. Gianni vuole parlarti: forse .... aiuto.
6. Per fissare l'appuntamento .... ancora parlare con il signor Carta.
7. Secondo me .... almeno dieci persone per organizzare un'agenzia di scambi come FAI CON NOI.

3 ci, ci, ci, ...

1. Riuscite a venire prima delle sette?   No, ...
2. Chi pensa al vino da offrire ai clienti?   ....
3. Marta riuscirà a trovare lavoro?   .... sicuramente.
4. Veramente credi a tutto quello che racconta la tua vicina?   Naturalmente non ....
5. Riesci a portare la valigia?   .... Aiutami, per favore.

4

CI NE

1. Dovremmo finire prima delle cinque ma purtroppo non .... riusciremo.
2. .... avrei voglia, ma oggi non posso.
3. – Posso prendere la tua penna? • Mi dispiace, ma .... ho bisogno io.
4. Secondo me .... vuole più di un'ora.
5. Non vi preoccupate, ... penso io.

5 Traducete.

1. Wir haben uns in diesem Hotel wohl gefühlt, der Service ist sehr gut.
2. Es ist besser zu warten, weil wir noch andere Informationen brauchen.
3. Der Vorschlag des Büros von Mailand erscheint mir besser.
4. Diese Nudeln mit Lachs sind sehr gut, dein Bruder kocht wirklich gut.
5. Meiner Meinung nach ist es besser, darüber mit dem Direktor zu sprechen.

6 Completate.

perciò **quindi**

ma **per** **perché**

1. Dovresti telefonare al dentista .... fissare un appuntamento.
2. Luigi è arrivato in ritardo, ... ha perso una buona occasione.
3. Non abbiamo abbastanza soldi, ... ci fermeremo a Roma solo tre giorni.
4. Ho pensato di chiederti questo favore .... so che oggi non lavori.
5. Bisognerebbe mandare un fax alla segreteria .... non ho il numero.

7 Cosa manca?

vado			andrò
			prenderai
	ha fatto		
		venivamo	
scrivete			
		si incontravano	

8 Secondo me...

Esempio: ... Todi è la città più bella.

questo **Barolo e Orvieto**

Todi **???**

quelle delle ceramiche

posto – comodo
vini – buono
fiere – interessante
attore – famoso
piazza – armonico
lezione – noioso

9 Il signor Baldin racconta. Completate con i verbi al tempo opportuno.

.... (nascere) a Pieve di Cadore e là .... (frequentare) la scuola.
Quando .... (avere) quattordici anni, la mia famiglia ....
(doversi trasferire) a San Diego. Certo all'inizio la vita non .... (essere) facile anche
perché io non .... (parlare) l'inglese e quindi non .... (avere)
amici. A volte .... (pensare): non ci .... (riuscire) mai. Ma dopo
un anno .... (potersi iscrivere) alla High School. .... (fare
amicizia) con molti ragazzi con cui .... (essere) in contatto ancora oggi.
Dopo il *college* e la laurea in informatica .... (fondare = gründen) questa ditta.
Allora .... (essere) quattro colleghi ed ora abbiamo 150 collaboratori. Anche i miei
genitori .... (voler rimanere) negli Stati Uniti e .... (vivere)
con mia moglie e me.

 Ascoltate e confrontate.

In classe

"....credo di poter affermare che nella ricerca scientifica, né il grado di intelligenza né la capacità di eseguire e portare a termine con esattezza il compito intrapreso siano i fattori essenziali per la riuscita e la soddisfazione personale...contano maggiormente la totale dedizione e il chiudere gli occhi davanti alle difficoltà".

a) Rita Levi Montalcini, Premio Nobel per la Medicina
Durante il primo ascolto annotate le date.

1909 : ....
       : ....
       : ....
       : ....
       : ....

b) Durante il secondo ascolto aggiungete alle date i fatti importanti.

c) Ognuno scrive delle domande a proposito della vita di Rita Levi Montalcini.
A turno, leggete una domanda al vicino, lui risponde e così si continua.
Attenzione, non si possono ripetere le domande già fatte.

> Nelle tiepide giornate primaverili, quando gli ippocastani dei viali della città si coprivano di gemme, era d'obbligo per noi bambini andare, nelle prime ore pomeridiane a prendere "una boccata di sole" in uno di questi viali. Nel nostro caso, e cioè di Paola e mio (il fratello e la sorella maggiore avevano già superato questa fase), la meta delle passeggiate era Corso Duca di Genova che aveva rispetto a Corso Vittorio Emanuele, dove abitavamo, il vantaggio di essere un'arteria secondaria, non percorsa dai mezzi pubblici, ma soltanto da carrozze tirate da magri ronzini e dalle rare automobili che circolavano nei primi vent'anni del secolo. (...)
> Non mi importava niente della boccata di sole, anche se i grandi sostenevano che faceva molto bene alla salute, e non avevo alcuna voglia di mettere in mostra la mia mancanza di socievolezza e le mie scarse attitudini sportive. Ero infatti la meno abile nel saltare alla corda, nel gioco della settimana, nel lanciare la palla o i voletti. (...)

da *Elogio dell'imperfezione*, © Garzanti 1988

d) Avete appena letto un ricordo di infanzia di una nota scienziata.
Conoscete qualche aspetto dell'infanzia di personalità del vostro paese?

Ratgeber Lernen

Eccoci al secondo volume di „Allora, andiamo". In Band 1 haben Sie die Grundzüge der italienischen Sprache und die wichtigsten Lernstrategien kennen gelernt. Im folgenden wollen wir Ihnen einige weitere Vorschläge machen, die Sie nicht nur ermutigen sollen, bewussster Italienisch zu lernen, sondern Ihnen auch helfen können, Ihre Vorsätze in die Tat umzusetzen.

Bewusster Italienisch lernen

1. Achten Sie darauf, wie Ihr Kursleiter bzw. Ihre Kursleiterin das Italienische verwendet: merken Sie sich diesen oder jenen Ausdruck und vor allem die Verben und die Zeiten.
   Beispiel:
   Beim Lesen einer Tabelle sagt man etwa: *Nel 1997 il consumo del latte era del 17%.*
   Wichtig hier: wie man Prozentangaben liest.

2. Wenden Sie das Gelernte so oft wie möglich außerhalb des Unterrichts an (vgl. einige der Gelegenheiten in Bd. 1, Tipp Nr. 37), nicht nur, um den Wortschatz nicht zu vergessen, sondern auch, weil
   – sich in Alltagssituationen oft neue Aspekte des Gebrauchs ergeben,
   – weil etwas, das mit einem persönlichen Erlebnis verknüpft ist, besser im Gedächtnis verankert wird.

3. Nehmen Sie sich manchmal, wenn andere Kursteilnehmer sprechen, für einige Minuten vor, ganz bewusst nach Fehlern zu suchen, und fragen Sie sich dabei:
   – Wo lag das Problem?
   – Wie hätte ich es gelöst?
   – Was wäre mir nicht so locker/gut/elegant usw. gelungen?
   – Was wäre mir besser gelungen?

4. Erstellen Sie situationsbezogene Redemittellisten, d. h. Wendungen, die wichtig sind, um z. B.
   – einzukaufen,
   – im Restaurant zu bestellen,
   – jemanden zu fragen, wie es ihm geht,
   – ein Telefongespräch zu führen,
   – sich zu verabreden, usw.

   Beispiel: jemandem zum Geburtstag gratulieren:
   > *Tanti auguri! Cento di questi giorni!*

5. Speichern Sie den neuen Wortschatz nicht als isolierte Wörter, sondern in passenden Zusammenhängen.

   Beispiele:

   mezzi di trasporto: andare in macchina
   > *andare in bicicletta*
   > *venire in autobus*
   > *andare con la macchina della ditta*
   > *venire con l'ultimo autobus*

   einen Vorschlag / eine Bitte ablehnen: Mi dispiace, sabato non posso.
   > *Mi dispiace proprio.*
   > *Oggi non ho voglia.*

   Erweitern Sie diesen Wortschatz regelmäßig.

6. Bewusst lernen: Wenn im Unterricht z. B. der Konditional oder das Imperfekt behandelt wird, überlegen Sie sich, in welchen Situationen diese Form für Sie persönlich wichtig sein könnte.

7. Üben Sie regelmäßige Selbstkontrolle, indem Sie sich fragen: „Was macht mir immer wieder Schwierigkeiten? Wo werde ich öfter korrigiert?" Verschaffen Sie sich anhand der folgenden Checkliste einen Überblick über Ihre starken [☺] und schwachen [☹] Seiten:

	☺	☹
Aussprache		
Orthographie		
Leseverstehen		
Hörverstehen		
Sprechen: Scheu?		
Schreiben		
Grammatik		
Wortschatz		
Fleiß		
Italienisch im Alltag anzuwenden: Mut?		
... ...		

Tauschen Sie Ihre Tabellen mit anderen Kursteilnehmern aus und besprechen Sie, wie Sie die Erfolge ausbauen und was Sie gegen Probleme tun könnten. Stellen Sie sich Situationen vor, in denen das Problem auftritt, und üben Sie dementsprechend gemeinsam oder allein.

Formulieren Sie realistische Ziele und legen Sie fest, woran Sie arbeiten möchten. Machen Sie sich eine Liste und füllen Sie sie, soweit möglich, gleich auf Italienisch aus. (Die folgende Liste soll als Anregung dienen).

Cosa migliorare?	Come?	Quando?	Per quanto tempo?	Fatto?
Pronuncia della "r" (o della "qu")	Kassette nachsprechen	Sabato 9 settembre	20 minuti	✓
Perfekt	Unregelmäßige Partizipien lernen	il prossimo fine settimana	15 minuti	
Gebrauch Imperfekt – Perfekt	Parlare con l'insegnante di italiano	la prossima lezione	10 minuti	
Hörverstehen	... ...	... ...	... ...	

Lesen

8. Gewöhnen Sie sich daran, an unbekannte Texte wie folgt heranzugehen (s. auch Bd. 1, Tipp 4):
   – Versuchen Sie zunächst nur, den Inhalt global zu erfassen.
   – Bemühen Sie sich, die Wortbedeutungen aus dem Zusammenhang heraus zu erschließen.
   – Schreiben Sie eine oder auch alle weiteren Bedeutungen eines Wortes auf und vergleichen Sie dann mit dem Wörterbuch oder dem Lektionsvokabular.

9. Üben Sie, aus einem Text die wichtigsten Stichworte herauszunotieren.

10. Prüfen Sie in regelmäßigen Abständen (jede Woche, alle zwei Wochen oder jeden Monat) Ihre Fortschritte im Leseverstehen (bezogen auf einen Text von ca. 1 Seite Länge):

Am ... (Datum)	Wie viele Wörter musste ich im Wörterbuch nachschlagen, um den Text zu verstehen?				
...	0	1 bis 3	4 bis 7	8 bis 10	über 10
	0	1 bis 3	4 bis 7	8 bis 10	über 10
	0	1 bis 3	4 bis 7	8 bis 10	über 10
	0	1 bis 3	4 bis 7	8 bis 10	über 10

usw. Sie können solch eine Tabelle kopieren oder selbst vorbereiten.

Hören

11. Wenn Sie einen Text hören, versuchen Sie, ihn zunächst global zu verstehen, indem Sie auf Schlüsselwörter achten, die die wesentlichen Aussagen enthalten.
    Wenn Sie, im Falle von Kassetten/CDs die Möglichkeit haben, den Text nochmals zu hören, können Sie sich auf diese Schlüsselbegriffe stützen und von ihnen ausgehend das Verständnis erweitern.

12. Überprüfen Sie regelmäßig Ihre Fortschritte im Hörverstehen:

Am ...	Wieviel habe ich verstanden?					
	0 %	20 %	40 %	60 %	80 %	100 %
	0 %	20 %	40 %	60 %	80 %	100 %
	0 %	20 %	40 %	60 %	80 %	100 %

Es wird sich über die Wochen und Monate eine diagonale Linie nach rechts ergeben, die Ihren Fortschritt darstellt.

Ein Tipp für eine Gelegenheit, neben Filmen, Fernsehen und Radio Italienisch zu hören:
italienische Touristen ‚belauschen‘ (die jetzt in großer Zahl zu uns kommen).

Schreiben

16. Vor dem Schreiben sollte man sich am besten erst einmal über seine Absicht klar werden und seine Gedanken strukturieren:

Planung	Worüber will ich schreiben? Was möchte ich mitteilen? Wem? Zu welchem Zweck?
Gedanken sammeln	Was gehört zum Thema? Wie gliedere ich es? Was ist besonders wichtig?
Verfassen	
Überarbeitung (inhaltlich)	Habe ich alle Punkte berücksichtigt, oder fehlt etwas? Wie könnte ich das Gesagte einfacher / präziser formulieren? Wie kann ich die Gedanken besser verknüpfen?
Überprüfung (sprachlich)	Artikel, Endungen von Substantiven, Angleichung von Adjektiven und Substantiven, Zeiten: richtiger Gebrauch? Verbformen Verbindungswörter

Wichtiger Zwischenschritt:
Aus Stichpunkten ganze Sätze formulieren, Notizen zu einem Text ausarbeiten.

15. Trainieren Sie eine genauere Ausdrucksweise, indem Sie z. B. Definitionen, d. h. Umschreibungen, von Begriffen formulieren, sowohl von konkreten als auch von abstrakten. Nehmen Sie sich vor, jede Woche fünf Wörter zu definieren. Vergleichen Sie sie evtl. mit Vorschlägen anderer Kursteilnehmer.

17. Schreiben Sie einen gelesenen Text, der Ihnen Schwierigkeiten bereitet, oder eine Passage daraus mit anderen Worten nieder oder notieren Sie ihn in Stichworten.

18. Wenn Sie gerne Tagebuch führen: schreiben Sie es doch von jetzt an auf Italienisch.
Oder schreiben Sie Ihre Einkaufszettel auf Italienisch.

Sprechen

19. Achten Sie darauf, wie Ihr/e Kursleiter/in spricht oder andere Personen, die Sie hören: auf ihre Aussprache und die Betonung, auf die Satzmelodie und den Tonfall, und versuchen Sie diese nachzuahmen.

20. Inszenierungs-Spiel:
Formen Sie gelesene oder gehörte Geschichten / Schilderungen in Dialoge um: Wie klingt die Geschichte wohl als ‚Hörspiel'?

22. Mentale Alltagsübung:
Mitten in einer alltäglichen Situation, z.B. beim Einkaufen im Obstladen, überlegen Sie sich, was Sie sagen würden, wenn Sie jetzt in Italien wären.
Wenn Sie für einen Begriff das richtige Wort nicht kennen, wie würden Sie ihn umschreiben?

21. Gelingt es Ihnen, Gefühle wie Freude, Ärger, Verlegenheit usw. auf Italienisch auszudrücken? Achten Sie auf entsprechende Stellen in Filmen oder Videos und probieren Sie es dann selbst.

Grammatikübersicht

Diese Grammatikübersicht stellt keine vollständige Grammatik des Italienischen dar, sondern eine Zusammenfassung des grammatischen Stoffs dieses Bandes. Daher werden Inhalte, die im Grammatikanhang von Band 1 vorkamen, in der Regel nicht wiederholt. So finden sich zum Beispiel die regelmäßigen Formen des Präsens und des Perfekts nicht noch einmal.

Inhalt

1 Die Verben

1.1 Das Präsens

1.1.1. Verben, deren Stamm auf -c oder -g endet

Die Endungen im Präsens beginnen teilweise mit a- oder o-, teilweise hingegen mit e- oder i-.
Bei Verben, deren Stamm auf -c oder -g endet, bereitet die Aussprache manchmal Schwierigkeiten.

	pagare *(bezahlen)*	cercare *(suchen)*
(io)	pago	cerco
(tu)	paghi	cerchi
(lui, lei, Lei)	paga	cerca
(noi)	paghiamo	cerchiamo
(voi)	pagate	cercate
(loro)	pagano	cercano

Verben auf -care und -gare fügen ein -h- ein, wenn die Endung mit i- beginnt. Das -c- bzw. -g- des Verbstammes wird also immer als [g] bzw. als [k] ausgesprochen.

	mangiare *(essen)*	cominciare *(beginnen)*	lasciare *(lassen)*
(io)	mangio	comincio	lascio
(tu)	mangi	cominci	lasci
(lui, lei, Lei)	mangia	comincia	lascia
(noi)	mangiamo	cominciamo	lasciamo
(voi)	mangiate	cominciate	lasciate
(loro)	mangiano	cominciano	lasciano

Bei Verben, die auf -giare, -ciare oder -sciare enden, wird der Konsonant des Verbstammes immer als [dʒ] bzw. als [tʃ] bzw. als [ʃ] ausgesprochen.
In der 2. Person Singular wird nur ein -i- geschrieben.

	svolgere *(durchführen)*		vincere *(gewinnen)*		conoscere *(kennen)*	
(io)	svolgo	[g]	vinco	[k]	conosco	[sk]
(tu)	svolgi	[dʒ]	vinci	[tʃ]	conosci	[ʃ]
(lui, lei, Lei)	svolge	[dʒ]	vince	[tʃ]	conosce	[ʃ]
(noi)	svolgiamo	[dʒ]	vinciamo	[tʃ]	conosciamo	[ʃ]
(voi)	svolgete	[dʒ]	vincete	[tʃ]	conoscete	[ʃ]
(loro)	svolgono	[g]	vincono	[k]	conoscono	[sk]

Verben, die auf -gere, -cere oder -scere enden, fügen kein -h- ein. Die Aussprache der Konsonanten ändert sich also.

Bei Verdopplung des Konsonanten ändert sich an diesen Regeln nichts. *Staccare* z.B. verhält sich wie *cercare*, *leggere* verhält sich wie *svolgere*.

1.1.2 Einige wichtige unregelmäßige Verben

	stare *(sich fühlen, bleiben)*	dare *(geben)*	sapere *(wissen)*	venire *(kommen)*	bere *(trinken)*
(io)	sto	do	so	vengo	bevo
(tu)	stai	dai	sai	vieni	bevi
(lui, lei, Lei)	sta	dà	sa	viene	beve
(noi)	stiamo	diamo	sappiamo	veniamo	beviamo
(voi)	state	date	sapete	venite	bevete
(loro)	stanno	danno	sanno	vengono	bevono

Beim Verb *bere* sind die Formen eigentlich regelmäßig, aber der Infinitiv selbst fällt aus dem Rahmen.

	tenere *(halten)*
(io)	tengo
(tu)	tieni
(lui, lei, Lei)	tiene
(noi)	teniamo
(voi)	tenete
(loro)	tengono

Es gibt eine ganze Reihe von Verben, die von *tenere* abgeleitet sind, wie *ritenere*, *trattenere*, *sostenere*. Sie bilden die gleichen Formen:

tenere	sostenere
tengo	sostengo
…	…

	produrre *(produzieren)*
(io)	produco
(tu)	produci
(lui, lei, Lei)	produce
(noi)	produciamo
(voi)	producete
(loro)	producono

Neben *produrre* gibt es eine ganze Reihe von Verben mit Präfix vor -*durre* wie *condurre, ridurre, tradurre, indurre*. Sie bilden die gleichen Formen:

produrre	condurre
produco	conduco
…	…

1.1.3 Verben mit unvollständiger Konjugation

Mehrere Verben kommen außer im Infinitiv praktisch nur mit der Form der 3. Person Singular vor, haben also keine vollständige Konjugation.

• Einige Verben sind unpersönlich, d. h. das Subjekt des Satzes (Wer oder was tut etwas?) ist keine konkret vorhandene Person oder Sache. Im Deutschen wird dieses unpersönliche Subjekt durch „es" ausgedrückt.

Piove.	Es regnet.
Nevica.	Es schneit.
Domani dovrebbe piovere.	Morgen müsste es regnen.

Das Verb *piovere* wird manchmal aber auch im übertragenen Sinn gebraucht. Dann sind auch die Formen der anderen Personen möglich:

Tu piovi dal cielo...	Du kommst vom Himmel „geregnet" (völlig unerwartet).
Piovono le critiche sul governo.	Es „regnet" (hagelt) Kritik auf die Regierung.

Ci conviene andare a Genova con la nostra macchina.	Es ist besser für uns, mit unserem Auto nach Genua zu fahren.

Das Verb *convenire* in dieser Bedeutung („besser sein") kommt praktisch nur in der Form *conviene* (3. Person Singular) vor.

• Unpersönliche Ausdrücke mit *fare* beim Wetter:

Che tempo fa?	Wie ist das Wetter?
Fa freddo.	Es ist kalt.
Fa caldo.	Es ist warm.

Diese Ausdrücke haben natürlich nur in der 3. Person Singular einen Sinn.

1.2 Der Imperativ

1.2.1 Regelmäßige Verben

	lavor**are**	vend**ere**	apr**ire**	fin**ire**
(tu)	lavor**a**!	vend**i**!	apr**i**!	fin**isci**!
(Lei)	lavor**i**!	vend**a**!	apr**a**!	fin**isca**!
(noi)	lavor**iamo**!	vend**iamo**!	apr**iamo**!	fin**iamo**!
(voi)	lavor**ate**!	vend**ete**!	apr**ite**!	fin**ite**!
(Loro)	lavor**ino**!	vend**ano**!	apr**ano**!	fin**iscano**!

Die Formen des Imperativs in der 1. und 2. Person Plural sind identisch mit denen des Indikativs. Sie verhalten sich aber anders bei Kombination mit Pronomen (siehe Kapitel 1.2.3).
Für den höflichen Imperativ im Plural werden neben den *voi*-Formen manchmal auch noch die hier unter *loro* genannten Formen gebraucht. Sie werden erst in Band 3 vorgestellt.

1.2.2 Unregelmäßige Verben

	dire	fare	stare	dare
(tu)	di'!	fai! oder fa'!	stai! oder sta'!	dai! oder da'!
(Lei)	dica!	faccia!	stia!	dia!

Bei *fai!, stai!* und *dai!* kann das Schluss-i auch entfallen. Die Form wird dann mit Apostroph geschrieben. Bei *di'!* ist die Form mit Apostroph obligatorisch.

1.2.3 Imperativ und Pronomen

Unbetonte direkte und indirekte Objektpronomen, Reflexivpronomen, *ci* und *ne* werden an den Imperativ ange-hängt. Dies gilt jedoch nicht für die Höflichkeitsform des Singulars, wo das Pronomen als eigenes Wort vor dem Imperativ steht.

In allen Tabellen der folgenden Kapitel ist als Beispiel nur ein Verb der Konjugation auf -are angegeben. Die Regeln gelten analog auch für die Verben der anderen Konjugationen. Die leer gelassenen Felder stehen für Formen, die inhaltlich keinen Sinn ergäben.

1.2.3.1 Imperativ und unbetontes direktes Objektpronomen

Laura non è in ufficio. – Chiamala a casa!	Laura ist nicht im Büro. – Ruf **sie** zu Hause an!

Pronomen im Singular

		+ mi	+ ti	+ lo	+ la
(tu)	chiama!	chiamami!	—	chiamalo!	chiamala!
(Lei)	chiami!	mi chiami!	—	lo chiami!	la chiami!
(noi)	chiamiamo!	—	—	chiamiamolo!	chiamiamola!
(voi)	chiamate!	chiamatemi!	—	chiamatelo!	chiamatela!

Pronomen im Plural

		ci	vi	li	le
(tu)	chiama!	chiamaci!	—	chiamali!	chiamale!
(Lei)	chiami!	ci chiami!	—	li chiami!	le chiami!
(noi)	chiamiamo!	—	—	chiamiamoli!	chiamiamole!
(voi)	chiamate!	chiamateci!	—	chiamateli!	chiamatele!

1.2.3.2 Imperativ und unbetontes indirektes Objektpronomen

È il compleanno di Laura. Compriamole un regalo!	Laura hat Geburtstag. Kaufen wir **ihr** ein Geschenk!

Pronomen im Singular

		mi	ti	gli	le
(tu)	telefona!	telefonami!	—	telefonagli!	telefonale!
(Lei)	telefoni!	mi telefoni!	—	gli telefoni!	le telefoni!
(noi)	telefoniamo!	—	—	telefoniamogli!	telefoniamole!
(voi)	telefonate!	telefonatemi!	—	telefonategli!	telefonatele!

Pronomen im Plural

		ci	vi	gli
(tu)	telefona!	telefonaci!	—	telefonagli!
(Lei)	telefoni!	ci telefoni!	—	gli telefoni!
(noi)	telefoniamo!	—	—	telefoniamogli!
(voi)	telefonate!	telefonateci!	—	telefonategli!

1.2.3.3 Imperativ und Reflexivpronomen

(tu)	lava!	+ ti	lavati!
(Lei)	lavi!	+ Si	Si lavi!
(noi)	laviamo!	+ ci	laviamoci!
(voi)	lavate!	+ vi	lavatevi!

1.2.3.4 Imperativ und *ci/ne*

(tu)	pensa!	+ ci	p<u>e</u>nsaci!
(Lei)	pensi!	+ ci	ci p<u>e</u>nsi!
(noi)	pensiamo!	+ ci	pensi<u>a</u>moci!
(voi)	pensate!	+ ci	pens<u>a</u>teci!

(tu)	compra!	+ ne	c<u>o</u>mprane!
(Lei)	compri!	+ ne	ne c<u>o</u>mpri!
(noi)	compriamo!	+ ne	compri<u>a</u>mone!
(voi)	comprate!	+ ne	compr<u>a</u>tene!

1.2.3.5 Aussprache

Durch das Anhängen der Pronomen beim Imperativ wird das Wort um eine Silbe länger. Die betonte Silbe bleibt aber die gleiche wie die des einfachen Imperativs:

Einfacher Imperativ:	*chi<u>a</u>ma!*	*tel<u>e</u>fona!*
Imperativ mit Pronomen:	*chi<u>a</u>mami!*	*tel<u>e</u>fonami!*

Bei *chiama!* ist die vorletzte Silbe betont. In der kombinierten Form mit Pronomen bleibt der Akzent auf der Silbe chia-, daher ist in dieser Form die drittletzte Silbe betont. Da bei der einfachen Form *telefona!* bereits die drittletzte Silbe betont wird, fällt in der Form mit Pronomen der Akzent sogar auf die viertletzte Silbe.

1.2.3.6 Einsilbige Imperative mit Pronomen

Bei den einsilbigen Imperativformen wie *di', da', fa', va', sta'* wird der Konsonant, mit dem das nachfolgende Objektpronomen beginnt, verdoppelt. Dies geschieht hingegen nicht beim Objektpronomen *gli*.

Direkte Objektpronomen
Pronomen im Singular

		mi	ti	lo	la
(tu)	di'!	—	—	**dillo!**	**dilla!**

Beispiel: *Tu sai la cifra, dilla!* Du weißt die Zahl, sag sie!

Pronomen im Plural

		ci	vi	li	le
(tu)	di'!	—	—	**dilli!**	**dille!**

Indirekte Objektpronomen
Pronomen im Singular

		mi	ti	gli	le
(tu)	di'!	**dimmi!**	—	**digli!**	**dille!**

Beispiele: *Dimmi!* (wörtlich: Sag mir!) Aufforderung zum Weitersprechen oder zum Bestellen
Dille che veniamo domani! Sag ihr, dass wir morgen kommen!

Pronomen im Plural

		ci	vi	gli
(tu)	di'!	**dicci!**	—	**digli!**

Als weiteres Beispiel, diesmal mit dem Verb *dare*, eine Zeile aus dem Vaterunser:
Dacci oggi il nostro pane quotidiano. Gib uns heute unser tägliches Brot.

1.2.4 Verneinter Imperativ

	lavor**are**	v**e**nd**ere**	apr**ire**	fin**ire**
(tu)	non lavor**are!**	non v**e**nd**ere!**	non apr**ire!**	non fin**ire!**
(Lei)	non lavor**i!**	non vend**a!**	non apr**a!**	non fin**isca!**
(noi)	non lavor**iamo!**	non vend**iamo!**	non apr**iamo!**	non fin**iamo!**
(voi)	non lavor**ate!**	non vend**ete!**	non apr**ite!**	non fin**ite!**

Die Verneinung des Imperativs wird gebildet, indem vor die Imperativform *non* gesetzt wird. Aber: Die Form der 2. Person Singular wird durch *non* + Infinitiv gebildet.

1.3 Das Perfekt (*Passato prossimo*)

1.3.1 Unregelmäßige Partizipien

accogliere	**accolto**	indurre	**indotto**	rivolgersi	**rivolto**
aprire	**aperto**	nascere	**nato**	scegliere	**scelto**
chiedere	**chiesto**	percorrere	**percorso**	scendere	**sceso**
chiudere	**chiuso**	permettere	**permesso**	sorreggere	**sorretto**
comprendere	**compreso**	perdere	**perso**	sorgere	**sorto**
condurre	**condotto**	predire	**predetto**	spendere	**speso**
descrivere	**descritto**	produrre	**prodotto**	succedere	**successo**
diffondere	**diffuso**	promettere	**promesso**	svolgere	**svolto**
dirigere	**diretto**	raggiungere	**raggiunto**	vedere	**visto**
discutere	**discusso**	rimuovere	**rimosso**	vivere	**vissuto**
estendere	**esteso**	risolvere	**risolto**		
fingere	**finto**	rivedere	**rivisto**		

Sehr viele Verben der Konjugation auf -ere haben ein unregelmäßiges Partizip Perfekt.

Hat ein Verb ein unregelmäßiges Partizip Perfekt wie *scrivere* (Partizip: *scritto*), so haben auch die davon abgeleiteten Verben wie z.B. *descrivere* das gleiche unregelmäßige Partizip (hier: *descritto*). Gleiches gilt zum Beispiel auch für *prendere (comprendere), vedere (rivedere), mettere (permettere, promettere)* und die Verben auf *-durre*.

1.3.2 Perfekt mit Modalverb

1.3.2.1 Das Hauptverb bildet das Perfekt mit *avere*.

> *Non ho potuto telefonare perché non avevo la scheda telefonica.*   Ich konnte nicht anrufen, weil ich keine Telefonkarte hatte.

ho	Form von *avere*
potuto	Partizip des Modalverbs
telefonare ▼	Infinitiv

Telefonare bildet das Perfekt mit dem Hilfsverb *avere*: <u>Ho</u> *telefonato*.
Daher ist das Hilfsverb *avere* auch bei der Bildung des Perfekt mit Modalverb zu verwenden. Ebenso verhalten sich alle Verben, die das Perfekt mit dem Hilfsverb *avere* bilden.

1.3.2.2 Das Hauptverb bildet das Perfekt mit *essere*.

> *Sono dovuto andare a piedi.*   Ich musste zu Fuß gehen.

sono	Form von *essere*
dovuto	Partizip des Modalverbs
andare ▼	Infinitiv

Andare bildet das Perfekt mit dem Hilfsverb *essere*: <u>Sono</u> *andato/a*.
Daher ist das Hilfsverb *essere* auch bei der Bildung des Perfekts mit Modalverb zu verwenden. Ebenso verhalten sich alle Verben, die das Perfekt mit dem Hilfsverb *essere* bilden. Achten Sie auch darauf, dass die Endung des Partizips in diesem Fall veränderlich ist. Eine Frau müsste also sagen: *Sono dovuta andare a piedi.*

Seit einigen Jahren wird aber auch die Form *Ho dovuto andare* mehr und mehr verwendet.

1.3.3 Perfekt reflexiver Verben

	trasferirsi *(umziehen, wechseln)*			zum Vergleich die *Formen des Präsens:*	
(io)	mi	sono	trasferito/a	mi	trasferisco
(tu)	ti	sei	trasferito/a	ti	trasferisci
(lui, lei, Lei)	si	è	trasferito/a	si	trasferisce
(noi)	ci	siamo	trasferiti/e	ci	trasferiamo
(voi)	vi	siete	trasferiti/e	vi	trasferite
(loro)	si	sono	trasferiti/e	si	trasferiscono

Reflexivpronomen + Präsens von *essere* + Partizip

1.3.4 Perfekt reflexiver Verben mit Modalverb

1. Möglichkeit

	trasferirsi *(umziehen, wechseln)*			
(io)	mi	sono	dovuto/a	trasferire
(tu)	ti	sei	dovuto/a	trasferire
(lui, lei, Lei)	si	è	dovuto/a	trasferire
(noi)	ci	siamo	dovuti/e	trasferire
(voi)	vi	siete	dovuti/e	trasferire
(loro)	si	sono	dovuti/e	trasferire

Reflexivpronomen + Präsens von *essere* + Partizip Modalverb + Infinitiv

2. Möglichkeit

	trasferirsi *(umziehen, wechseln)*		
(io)	ho	dovuto	trasferirmi
(tu)	hai	dovuto	trasferirti
(lui, lei, Lei)	ha	dovuto	trasferirsi
(noi)	abbiamo	dovuto	trasferirci
(voi)	avete	dovuto	trasferirvi
(loro)	hanno	dovuto	trasferirsi

Präsens von *avere* + Partizip Modalverb + Infinitiv mit Reflexipronomen

Zur Verbindung von Infinitiv und Pronomen siehe auch das Kapitel „Pronomen" (7.3.2).

1.3.5 Das Hilfsverb beim Perfekt: Besonderheiten

Wenn ein Verb zur Bildung des Perfektes im Deutschen das Hilfsverb „haben" verwendet, so wird es meistens auch im Italienischen mit *avere* gebildet. Wenn ein Verb im Deutschen das Hilfsverb „sein" verwendet, so benötigt es meistens im Italienischen *essere*. Auf einige Sonderfälle müssen Sie aber achten:

1.3.5.1 Anderes Hilfsverb als im Deutschen

Il film mi è piaciuto.	Der Film hat mir gefallen.
La casa è costata molto.	Das Haus hat viel gekostet.
Il film è durato due ore.	Der Film hat zwei Stunden gedauert.
Questa porzione mi è bastata.	Diese Portion hat mir genügt.

1.3.5.2 Beide Hilfsverben möglich

Bei einigen Verben gibt es für das Perfekt sowohl eine Form mit *essere* als auch eine mit *avere*, je nachdem ob sie mit direktem Objekt stehen oder ohne:

La lezione è cominciata in ritardo.	Der Unterricht hat mit Verspätung begonnen.
La lezione è finita alle 20.15.	Der Unterricht hat um 20.15 geendet.

Diese Verben bilden das Perfekt mit *essere*, wenn ausgesagt wird: „Eine Sache hat begonnen bzw. hat geendet."

| Oggi ho cominciato un nuovo lavoro. | Heute habe ich eine neue Arbeit begonnen. |
| Questa sera abbiamo finito il primo libro. | Heute abend haben wir das erste Buch beendet. |

Sie bilden hingegen das Perfekt mit *avere*, wenn sie mit einem direkten Objekt stehen: „Ich habe eine Sache begonnen bzw. beendet."

Beachten Sie:

| Ho finito. | Ich bin fertig. |

In diesem Satz bildet *finire* das Perfekt mit *avere*, scheinbar fehlt das Objekt. Gemeint ist aber: „Ich habe die Sache, von der gerade die Rede war, beendet." Das Objekt wird also gedacht, aber nicht ausgedrückt, und ergibt sich aus dem Kontext.

1.3.6 Perfekt mit direktem Objektpronomen

– *Hai visto gli spiriti?*
• *No, non li ho visti.*

	lo	la	li	le
(io)	l'ho visto	l'ho vista	li ho visti	le ho viste
(tu)	l'hai visto	l'hai vista	li hai visti	le hai viste
(lui/lei/Lei)	l'ha visto	l'ha vista	li ha visti	le ha viste
(noi)	l'abbiamo visto	l'abbiamo vista	li abbiamo visti	le abbiamo viste
(voi)	l'avete visto	l'avete vista	li avete visti	le avete viste
(loro)	l'hanno visto	l'hanno vista	li hanno visti	le hanno viste

Steht in einem Satz des Perfekts ein unbetontes direktes Objektpronomen, verändert das Partizip seine Endung gemäß diesem Objektpronomen.
Die Singularformen werden dabei apostrophiert.
Beachten Sie: Für das Apostrophieren beim Aufeinandertreffen von zwei Vokalen ist die Aussprache und nicht das Schriftbild entscheidend. Spricht man *lo* und *ho* nacheinander, folgen zwei -o- unmittelbar aufeinander, auch wenn ein geschriebenes -h- dazwischen steht. Deswegen wird *lo* hier zu *l'* apostrophiert.

1.4   Das Imperfekt

1.4.1   Regelmäßige Verben

	guardare	leggere	sentire	preferire
(io)	guardavo	leggevo	sentivo	preferivo
(tu)	guardavi	leggevi	sentivi	preferivi
(lui/lei/Lei)	guardava	leggeva	sentiva	preferiva
(noi)	guardavamo	leggevamo	sentivamo	preferivamo
(voi)	guardavate	leggevate	sentivate	preferivate
(loro)	guardavano	leggevano	sentivano	preferivano

Die regelmäßigen Formen des Imperfekts werden auf folgende Weise gebildet:

Infinitiv ohne -re	+ Endung
z.B. guarda	+ vo

1.4.2   Unregelmäßige Verben

	fare	dire	produrre		essere
(io)	facevo	dicevo	producevo		ero
(tu)	facevi	dicevi	producevi		eri
(lui/lei/Lei)	faceva	diceva	produceva		era
(noi)	facevamo	dicevamo	producevamo		eravamo
(voi)	facevate	dicevate	producevate		eravate
(loro)	facevano	dicevano	producevano		erano

Die Verben *fare, dire* und die Verben auf *-durre* verwenden für das Imperfekt einen um die Silbe *-ce* verlängerten Stamm. Die Endungen selbst sind dann regelmäßig. Dieser verlängerte Stamm wird auch zur Bildung des Gerundiums verwendet. S. Kap. 1.7

avere hat im Imperfekt regelmäßige Formen: *avevo, avevi, ...*
bere hat im Imperfekt die Formen *bevevo, bevevi, ...*

1.4.3 Imperfekt reflexiver Verben

Beispiele: *Mi alzavo ogni mattina alle 7.   Mi sentivo molto male in quel periodo.*
Das Reflexivpronomen steht wie im Präsens vor dem Verb.

1.4.4 Verhältnis von Imperfekt und Perfekt

Andavo ogni anno al mare con i miei genitori ... OOOOOOOOOOOOOO Wir fuhren jedes Jahr ans Meer ...	*ma una volta siamo andati in montagna.* OOOOOOO ↘ OO aber einmal sind wir in die Berge gefahren.
Handlung, die sich wiederholt Imperfekt	Handlung, die nur einmal geschieht Perfekt
Volevo fare nuove esperienze OOOOOOOOOOOOOO Ich wollte neue Erfahrungen machen ...	*e quindi ho deciso di cercare un lavoro in Italia.* OOOOOOO ↘ OO und deswegen habe ich entschieden, eine Arbeit in Italien zu suchen.
Handlung, die zuerst beginnt Imperfekt	Handlung, die als zweites eintritt. Perfekt
Guardavamo la televisione OOOOOOOOOOOOOO Wir schauten fern	*quando tu hai suonato.* OOOOOOO ↘ OO als du geklingelt hast.
Handlung, die zuerst beginnt Imperfekt	Handlung, die als zweites eintritt. Perfekt

Im **Italienischen** wird Imperfekt verwendet, um den Wiederholungscharakter einer Tätigkeit auszudrücken, oder um die Handlung zu kennzeichnen, die als erstes beginnt und noch andauert (als ‚Hintergrund-Handlung') in dem Moment, in dem eine zweite Handlung eintritt. Häufig trifft man aus diesem Grund das Imperfekt in der Literatur an, wenn die Szenerie der Handlung beschrieben wird.

Das Perfekt wird gebraucht
– bei einmaligen Ereignissen:

Siamo andati a Gubbio.	Wir sind nach Gubbio gefahren.

– bei Ereignissen, die mehrfach vorkamen, bei denen der Sprecher aber nicht den Wiederholungscharakter betonen will:

Spesso sono stato al mare.	Ich bin oft am Meer gewesen.

Wer es im Deutschen gewohnt ist, normalerweise das Präteritum zu verwenden, sollte darauf achten, Vergangenheitssätze im Italienischen nicht grundsätzlich mit dem Imperfekt zu bilden. Im Süden des deutschsprachigen Raums ist es hingegen weit verbreitet, fast ausschließlich das Perfekt als Vergangenheitsform zu verwenden. Diese Sprecher sollten beachten, wann im Italienischen das Imperfekt nötig wird und das *Passato prossimo* also nicht gebraucht werden sollte.

1.4.5 Imperfekt mit Modalverben

Il suo soggiorno parigino poteva durare a lungo ... Sein Aufenthalt in Paris hätte lange dauern können	*ma i progetti non hanno avuto esito positivo.* aber die Pläne hatten keinen positiven Ausgang.
Volevamo fermarci una settimana ... Wir wollten eine Woche bleiben	*ma siamo tornati dopo tre giorni.* aber wir sind nach drei Tagen zurückgekehrt
Il treno doveva partire dieci minuti fa ... Der Zug hätte vor zehn Minuten abfahren sollen	*ma è ancora fermo alla stazione.* aber er steht immer noch im Bahnhof.

Oft verwendet man ein Modalverb im Imperfekt, um eine Sache zu bezeichnen, die geschehen sollte, dann aber doch nicht stattfand.

1.5 Das Futur

1.5.1 Die regelmäßigen Verben

	comprare	vendere	sentire	finire
(io)	comprerò	venderò	sentirò	finirò
(tu)	comprerai	venderai	sentirai	finirai
(lui/lei/Lei)	comprerà	venderà	sentirà	finirà
(noi)	compreremo	venderemo	sentiremo	finiremo
(voi)	comprerete	venderete	sentirete	finirete
(loro)	compreranno	venderanno	sentiranno	finiranno

Der Infinitiv wird um den letzten Vokal, das -e-, verkürzt, und es wird die Endung des Futurs angehängt. Bei den Verben auf -are wird aus dem -a- im Verbstamm ein -e-.
Das Verb *dire* hat im Futur regelmäßige Formen: *dirò, dirai, …*

1.5.2 Unregelmäßige Verben

	avere	andare
(io)	avrò	andrò
(tu)	avrai	andrai
(lui/lei/Lei)	avrà	andrà
(noi)	avremo	andremo
(voi)	avrete	andrete
(loro)	avranno	andranno

	essere
(io)	sarò
(tu)	sarai
(lui/lei/Lei)	sarà
(noi)	saremo
(voi)	sarete
(loro)	saranno

Bei einigen Verben fällt der Vokal des Verbstammes aus.
Gleiches gilt auch für viele andere Verben auf -ere wie *potere, dovere, sapere, vivere, vedere, cadere, godere …*

	fare	dare	stare
(io)	farò	darò	starò
(tu)	farai	darai	starai
(lui/lei/Lei)	farà	darà	starà
(noi)	faremo	daremo	staremo
(voi)	farete	darete	starete
(loro)	faranno	daranno	staranno

Bei diesen Verben bleibt das -a- des Verbstammes erhalten, im Gegensatz zu den regelmäßigen Verben auf -are.

	venire	rimanere	volere	bere	tenere
(io)	verrò	rimarrò	vorrò	berrò	terrò
(tu)	verrai	rimarrai	vorrai	berrai	terrai
(lui/lei/Lei)	verrà	rimarrà	vorrà	berrà	terrà
(noi)	verremo	rimarremo	vorremo	berremo	terremo
(voi)	verrete	rimarrete	vorrete	berrete	terrete
(loro)	verranno	rimarranno	vorranno	berranno	terranno

Einige Verben bilden das Futur mit doppeltem -r-.

1.5.3 Futur reflexiver Verben

	mettersi
(io)	mi metterò
(tu)	ti metterai
(lui/lei/Lei)	si metterà
(noi)	ci metteremo
(voi)	vi metterete
(loro)	si metteranno

1.6 Das Konditional

1.6.1 Regelmäßige Verben

	parlare *(sprechen)*	prendere *(nehmen)*	aprire *(öffnen)*	preferire *(bevorzugen)*
(io)	parl**erei**	prend**erei**	apr**irei**	prefer**irei**
(tu)	parl**eresti**	prend**eresti**	apr**iresti**	prefer**iresti**
(lui, lei, Lei)	parl**erebbe**	prend**erebbe**	apr**irebbe**	prefer**irebbe**
(noi)	parl**eremmo**	prend**eremmo**	apr**iremmo**	prefer**iremmo**
(voi)	parl**ereste**	prend**ereste**	apr**ireste**	prefer**ireste**
(loro)	parl**erebbero**	prend**erebbero**	apr**irebbero**	prefer**irebbero**

Der Stamm für das Konditional ist der gleiche wie der für das Futur. Vergleichen Sie:

	parlare	prendere	aprire	preferire
Konditional	**parler**ei	**prender**ei	**aprir**ei	**preferir**ei
Futur	**parler**ò	**prender**ò	**aprir**ò	**preferir**ò

1.6.2 Konditional der Modalverben, von *avere* und *essere*

	volere	potere	dovere	avere	essere
(io)	**vorrei**	**potrei**	**dovrei**	**avrei**	**sarei**
(tu)	**vorresti**	**potresti**	**dovresti**	**avresti**	**saresti**
(lui/lei/Lei)	**vorrebbe**	**potrebbe**	**dovrebbe**	**avrebbe**	**sarebbe**
(noi)	**vorremmo**	**potremmo**	**dovremmo**	**avremmo**	**saremmo**
(voi)	**vorreste**	**potreste**	**dovreste**	**avreste**	**sareste**
(loro)	**vorrebbero**	**potrebbero**	**dovrebbero**	**avrebbero**	**sarebbero**

Der Stamm für das Konditional ist der gleiche wie der für das Futur. Vergleichen Sie:

	volere	potere	dovere	avere	essere
Konditional	**vorr**ei	**potr**ei	**dovr**ei	**avr**ei	**sar**ei
Futur	**vorr**ò	**potr**ò	**dovr**ò	**avr**ò	**sar**ò

1.6.3 Gebrauch des Konditionals

Einen Wunsch auf höfliche Weise ausdrücken:

Vorrei un caffè.	Ich möchte einen Kaffee.

Das ist höflicher als *Voglio un caffè!* (Ich will einen Kaffee!).

Einen nicht realisierbaren Wunsch ausdrücken:

Vorrei prendere un caffè, ma non posso.	Ich würde gerne einen Kaffee trinken, aber ich kann jetzt nicht.
Sarebbe bello fare una passeggiata, ma non abbiamo il tempo.	Es wäre schön, einen Spaziergang zu machen, aber wir haben die Zeit nicht.

Einen höflichen Ratschlag geben:

Dovresti andare a letto.	Du solltest / müsstest ins Bett gehen.

Das ist höflicher und diplomatischer als zu sagen: *Devi andare a letto!* (Du musst ins Bett gehen!).

Wahrscheinlichkeit, Unsicherheit ausdrücken:

Piera dovrebbe arrivare tra un quarto d'ora.	Piera müsste in einer Viertelstunde kommen.

… sagt man, wenn man sich nicht ganz sicher ist. Gibt es hingegen keine Zweifel, kann man das Futur verwenden: *Piera arriverà tra un quarto d'ora.* (Piera wird in einer Viertelstunde kommen).

1.7 Das Gerundium

1.7.1 Regelmäßige Verben

ballare	→ ballando
mettere	→ mettendo
aprire	→ aprendo
finire	→ finendo

Während das Gerundium der Verben auf -are mit der Endung -ando gebildet wird, lautet das Gerundium aller anderen Konjugationen auf -endo.

1.7.2 Einige unregelmäßige Verben

fare	→ facendo
dire	→ dicendo
produrre	→ producendo
bere	→ bevendo

Die Verben *fare, dire* und die Verben auf *-durre* verwenden für das Gerundium einen um die Silbe -ce verlängerten Stamm. Dieser wird auch zur Bildung des Imperfekts verwendet.

1.7.3 Gebrauch des Gerundiums

1.7.3.1 Gerundium statt Nebensatz

Das allein stehende Gerundium kann einen Nebensatz ersetzen, wenn beide Satzteile das gleiche Subjekt haben. Zeitliche Nebensätze:

	Andando	*ai binari deve guardare il tabellone.*
ersetzt den Satz:	*(Lei) mentre va*	*ai binari deve guardare il tabellone.*

Lei ist Subjekt beider Satzhälften.

Bedingungssätze:

	Facendo	*il biglietto di andata e ritorno pagherebbe di meno per la bicicletta.*
ersetzt den Satz:	*Se (Lei) fa*	*il biglietto di andata e ritorno pagherebbe di meno per la bicicletta.*

Lei ist Subjekt beider Satzhälften.

1.7.3.2 *stare* + Gerundium

(io)	sto	facendo
(tu)	stai	facendo
(lui/lei/Lei)	sta	facendo
(noi)	stiamo	facendo
(voi)	state	facendo
(loro)	stanno	facendo

Diese Konstruktion wird verwendet, wenn ausgesagt werden soll, was eine Person in diesem Moment gerade macht. *Che cosa stai facendo?* z. B. kann im Deutschen mit „Was machst du gerade?" wiedergegeben werden.

1.8 *stare per* + Infinitiv

Diese Konstruktion wird hier direkt im Anschluss an das Gerundium vorgestellt, da ähnlich wie in *sto facendo* das Verb *stare* verwendet wird und die beiden Konstruktionen auch von ihrer Bedeutung her leicht verwechselt werden können.

	stare	per	*Infinitiv*
(io)	**sto**	**per**	arrivare
(tu)	**stai**	**per**	arrivare
(lui/lei/Lei)	**sta**	**per**	arrivare
(noi)	**stiamo**	**per**	arrivare
(voi)	**state**	**per**	arrivare
(loro)	**stanno**	**per**	arrivare

Mit dieser Konstruktion wird ausgesagt, dass jemand im Begriff ist, etwas zu tun. *Sto per arrivare* z. B. kann im Deutschen mit „Ich werde gleich kommen" wiedergegeben werden.

– *Dove sei?*
• *Sono ancora in centro, ma sto per arrivare.*

2 Das Substantiv

2.1 Unregelmäßige Pluralformen

Singular	Plural
il braccio	le braccia
il dito	le dita
il ginocchio	le ginocchia
l'uovo	le uova
l'osso	le ossa

Einige Substantive, die im Singular männlich sind und auf -o enden, werden im Plural weiblich und bekommen die Endung -a. Es handelt sich oft um Bezeichnungen für Körperteile.

Singular	Plural
l'orecchio	gli orecchi
l'orecchia	le orecchie

Nicht unregelmäßig im eigentlichen Sinn ist der Plural von *orecchio* = Ohr. Dieses Wort gibt es sowohl in der männlichen als auch in der weiblichen Form, es gibt auch beide Pluralformen. Während im Singular die männliche Form üblicher ist, ist es im Plural die weibliche Form. Daher rührt der Eindruck einer unregelmäßigen Pluralform.

3 Das Adjektiv

3.1 *bello* vor dem Substantiv

Das Adjektiv *bello/bella* verändert seine männlichen Formen, wenn es vor dem Substantiv steht.

Formen des Singulars				Formen des Plurals			
un	**bel**	viaggio	*hingegen:* un viaggio bello	che	**bei**	fiori!	*hingegen:* fiori belli
un	**bell'**	albero	*hingegen:* un albero bello	che	**begli**	alberi!	*hingegen:* alberi belli
un	**bello**	zaino		che	**begli**	specchi!	*hingegen:* specchi belli

Die Bildung dieser Formen folgt den gleichen Regeln, wie sie für den bestimmten männlichen Artikel und für das Demonstrativpronomen *quello* vor Substantiv gelten.

3.2 *santo/a* vor Namen von Heiligen

männlich	weiblich
San Martino	**Santa** Chiara
Sant'Antonio	**Sant'**Agata
Santo Stefano	

3.3 Stellung vor dem Substantiv: Funktionen

Im Italienischen steht das Adjektiv normalerweise nach dem Substantiv. Wenn man es voranstellt, kann es dafür folgende Gründe geben:

3.3.1 Beschreibendes, ausschmückendes Adjektiv

Das Adjektiv vor dem Substantiv wird oft zur näheren Beschreibung oder Ausschmückung verwendet und soll nicht unterscheidenden Charakter haben:

Der Restaurantbesitzer aus Venedig (Lekt. 2.14) sagt über seine Speisekarte: *Naturalmente non manca la buona grappa veneta. Buona* gibt hier die Antwort auf die Frage: Wie ist der Schnaps aus dem Veneto? Er ist gut. Hieße es hingegen *Naturalmente non manca la grappa veneta buona*, dann hätte *buona* unterscheidenden, einschränkenden Charakter: Welche von den Veneto-Schnäpsen kaufe ich ein? Nur die guten, nicht die schlechten. Je nach Stellung des Adjektivs ist die Aussage des Satzes eine andere.

Im Text über die Brenta zwischen Padua und Venedig (Lekt. 8.2) wird diese Gegend als *luogo di villeggiatura di ricchi patrizi* bezeichnet. Hieße es *patrizi ricchi*, dann wäre *ricchi* die Antwort auf die Frage: Welche von den Patriziern? Nur die reichen. Vor dem Substantiv hingegen ist *ricchi* die Antwort auf die Frage: Wie waren diese Patrizier? Reich. Die Eigenschaft „reich" versteht sich beim Wort „Patrizier" eigentlich von selbst, insofern hat das Adjektiv hier eine ausschmückende Funktion.

In diesen Beispielen könnte das Adjektiv, das vor dem Substantiv steht (*buona* bzw. *ricchi*) auch weggelassen werden, ohne den Inhalt des Satzes wesentlich zu verändern.

3.3.2 Übertragene Bedeutung

Manche Adjektive haben, wenn sie vor dem Substantiv stehen, eine andere, übertragene Bedeutung. Matilde Serao wird als *grande scrittrice* bezeichnet (Lekt. 9.12). Dieses *grande* (bedeutend, großartig) ist zu unterscheiden von der wörtlichen Bedeutung von *grande* (groß im körperlichen Sinn, z. B. *una casa grande*). In Ausdrücken wie (6.16) *alta qualità* oder *alta moda* wird das Adjektiv *alto* bildlich gebraucht, im Gegensatz zur wörtlichen Bedeutung in Ausdrücken wie *un uomo alto* oder *una stanza alta*.

Il completo c'è in diversi colori (Lekt. 6.8): Das Kostüm gibt es in verschiedenen, sprich in mehreren Farben. Die Bedeutung von *diverso* ist hier im Vergleich zum wörtlichen Sinn etwas abgeschwächt. *Sottolineate con colori diversi* (Lekt. 9.7): Hier ist das *diverso* sehr wörtlich zu verstehen. Es ist bei dieser Übung entscheidend, zwei verschiedene Farben zu verwenden.

Signor Mancuso, Lei in America – un bel viaggio! (Lekt. 10.5) *Bello* vor dem Substantiv hat oft in einem übertragenen Sinn die Bedeutung „groß, umfangreich". Hier: eine weite, beschwerliche Reise. Vergleiche auch: *diecimila euro – una bella cifra!*.

Der Dichter kann, während er über die Salinen redet, sogar von *azzurri silenzi del mare* sprechen (Lekt. 3.8). Normalerweise können Farbbezeichnungen nicht vor dem Substantiv stehen. Hier handelt es sich aber um eine übertragene Bedeutung: Ein Schweigen kann natürlich keine Farbe haben. Das Adjektiv *azzurro* erweckt aber Assoziationen bezüglich der Farbe des Meeres und des Himmels und erzeugt dadurch eine bestimmte Atmosphäre.

3.3.3 Subjektive Entscheidung des Sprechers

Es gibt Fälle, in denen das Adjektiv vor dem Substantiv die gleiche Aussage enthält wie nach dem Substantiv. Es voranzustellen, ist dann eine Entscheidung des Sprechers, weil er diesem Adjektiv dadurch größeres Gewicht geben will oder schlicht für den Sprechrhythmus diese Reihenfolge bevorzugt:

Bei Ausdrücken wie *che bella giornata, che bei fiori* könnte man auch sagen *Che giornata bella, che fiori belli. Bello* vor dem Substantiv gibt hier der Gefühlsäußerung mehr Gewicht. Sie sehen: *Bello* vor dem Substantiv muss nicht zwangsläufig die übertragene Bedeutung wie in Kap. 3.3.2 haben.

Zwischen *piccoli problemi di salute* und *problemi piccoli di salute* gibt es keinen Bedeutungsunterschied. Ebenso nicht zwischen *il prossimo anno* und *l'anno prossimo*.

3.3.4 Feststehende Ausdrücke

Es gibt einige Kombinationen von Adjektiv und Substantiv, die in genau dieser Reihenfolge verwendet werden müssen und eine ganz eigene Bedeutung, losgelöst von ihren ursprünglichen Bestandteilen, erlangt haben:
il pubblico ministero Staatsanwalt
il grande magazzino Kaufhaus
la dolce vita das angenehme, luxuriöse, Leben, frei von Sorgen

3.4 Steigerung

3.4.1 Regelmäßige Formen

		Bildung	männlich	weiblich
+	relativer Superlativ	il/la più *vor dem Adjektiv*	il più caro	la più cara
▲	Komparativ	più *vor dem Adjektiv*	più caro	più cara
	Grundform		caro	cara
	Komparativ	meno *vor dem Adjektiv*	meno caro	meno cara
–	relativer Superlativ	il/la meno *vor dem Adjektiv*	il meno caro	la meno cara

Die Form *il più caro* wird als relativer Superlativ bezeichnet, weil mit ihr ausgesagt wird, dass eine Sache die teuerste von allen, sprich teurer als alle anderen ist. Der absolute Superlativ *carissimo* hingegen sagt nur aus, dass eine Sache sehr teuer ist, ohne auf andere Dinge Bezug zu nehmen.

3.4.2 Unregelmäßige Formen

		männlich	weiblich
relativer Superlativ ▲		il migliore	la migliore
Komparativ		migliore	migliore
Grundform		buono	buona

È la cosa migliore. (Das ist die beste Sache).

3.4.3 Vergleiche

Wenn nach *più/meno* ein Substantiv, ein Eigenname oder ein Pronomen folgt, wird der Vergleich mit *di* gebildet:

Substantiv	La gonna è	più cara	**della** camicetta.
Eigennamen	Antonio è	più alto	**di** Marco.
Pronomen	Il mio cappotto è	meno caro	**del** tuo.

Wenn nach *più/meno* eine Präposition oder ein Verb folgt, wird der Vergleich mit *che* gebildet:

Präposition	Al mercato si spende	meno	**che** in un negozio.
Verb	Girare al mercato è	più divertente	**che** andare in una boutique.

• **Vergleich mit *come***

La mia cintura non è (così) cara come la tua.	Mein Gürtel ist nicht so teuer wie deiner.

Der Vergleich bei *come* kann mit *così* eingeleitet werden. Dieses entfällt aber meistens.

3.4.4 Der relative Superlativ: Gebrauch

	A	S	K	
La zona di Modena è	il	polo ceramico	**più grande**	del mondo.

oder:

	A	K	S	
La zona di Modena è	il	**più grande**	polo ceramico	del mondo.

Das Gebiet von Modena ist **der größte** Standort für Keramikherstellung der Welt.

A = bestimmter Artikel
S = Substantiv
K = Komparativform des Adjektivs

4 Das Adverb

4.1 Steigerung von *bene*:

Das Adverb *bene* bildet den Komparativ *meglio*.

Èh, sa com'è … a casa è sempre meglio.	Sie wissen, wie das ist … zu Hause ist es immer besser.

4.2 Adverb *(bene)* oder Adjektiv *(buono)*?

Beachten Sie den Unterschied zwischen *è buono* und *è bene*. Bei *essere* steht das Adjektiv *buono*, wenn ein konkretes Subjekt vorliegt, zum Beispiel *Questa pasta è buona* (Diese Nudeln sind gut) oder *Il mio capo è buono* (Mein Chef ist gutmütig). Hingegen steht das Adverb *bene*, wenn es kein konkretes Subjekt gibt und es sich um eine unpersönliche Satzbildung handelt. Beispiel: *È bene non guardare troppo la televisione.* (Es ist gut, nicht zu viel fernzusehen). Im vorher genannten Satz *a casa è sempre meglio* (zu Hause ist es immer besser) wird deswegen auch die Adverbform *meglio* und nicht die Adjektivform *migliore* verwendet, weil es kein konkretes Bezugswort gibt.

4.3 Verneinungsadverbien

non ... affatto (überhaupt nicht)
Non sono affatto stanco.
Wie bei der Verneinung mit *mai, nessuno, per niente, niente* muss auch bei der Verneinung mit *affatto* vor dem Verb *non* stehen.

neanch'io (ich auch nicht)
– *Non sono affatto stanca.*
• *Neanch'io.*

Die Form *neanch'io* entsteht *aus neanche io*, das apostrophiert wird. *Neanche* seinerseits ist die Verneinung zu *anche*.

5 Quantitative Angaben

5.1 *mezzo*

... steht immer ohne Artikel, während es im Deutschen „ein halbe/r/s" heißt.

Vorrei mezzo chilo di salsiccia.	Ich möchte ein halbes Kilo Wurst.

5.2 Zeitangaben

• das nachgestellte *fa*

È arrivato una settimana fa.	Er ist vor einer Woche gekommen.

Im Gegensatz zu einer echten Präposition, die vor dem Substantiv steht, wird *fa* nachgestellt. Es handelt sich ja grammatikalisch gesehen auch nicht um eine Präposition, sondern um eine Form des Verbs *fare*.

• Angabe einer Zeit im Hinblick auf die Zukunft mit *fra* oder *tra*.

Fra due giorni andrò in vacanza.	In zwei Tagen fahre ich in den Urlaub.
C'è un autobus tra mezz'ora.	In einer halben Stunde fährt ein Bus.

5.3 Angabe der Häufigkeit

ogni		Substantiv im Singular	
ogni		*giorno*	jeden Tag

tutti/e	best.Artikel	Substantiv im Plural	
tutti	*i*	*giorni*	jeden Tag (wörtlich: alle Tage)

ogni	*due/tre/...*	Substantiv im Plural	
ogni	*due*	*giorni*	alle zwei Tage *oder* jeden zweiten Tag

una volta	*a* + best.Artikel	Substantiv im Singular	
una volta	*alla*	*settimana*	einmal in der Woche

6 Die Präpositionen

6.1 Grundpräpositionen

Diese Übersicht wiederholt die Beispielsätze aus Band 1. Zusätzlich finden sich Beispiele zu weiteren Bedeutungen, die in Band 2 vorkommen.

6.1.1 *di*

Angabe der Herkunft	*Sono di Norimberga.* *Non sono di qui.* *Sono Giovanni Pepe, della Fiat.* *Questo è il Palazzo Vecchio del 1271.*	Ich komme **aus Nürnberg**. Ich bin nicht **von hier**. Ich bin Giovanni Pepe, **von Fiat**. Das ist der Palazzo Vecchio **aus dem Jahr 1271**.
Angabe des Zeitpunktes	*A che ora apre questo negozio di mattina?*	Wann öffnet dieses Geschäft **morgens**?
Spezifizierung	*Frequento un corso di tedesco.* *Questa è la chiesa di San Francesco.* *Il prefisso dell'Italia è 0039.* *Napoli, la città del Vesuvio.* *(Grazie.) – Di niente.*	Ich besuche einen **Deutschkurs**. Das ist die **St.-Franziskuskirche**. Die Vorwahl **von Italien** ist 0039. Napoli, die Stadt **des Vesuvs**. (Danke.) – **Nichts** zu danken.
Angabe der Menge	*Un aumento del 5%.*	Eine Erhöhung **um 5 Prozent**.
Angabe des Alters	*Un bambino di due mesi* *Una ragazza della mia età*	Ein **zwei Monate altes** Kind Ein Mädchen **in meinem Alter**

Angabe des Themas	*Parliamo **di moda**.* *Si interessa **di sport**.*	Wir sprechen **über Mode**. Er interessiert sich **für Sport**.
Angabe einer Teilmenge	*Compro **delle buste**.*	Ich kaufe **Umschläge**.
Angabe des Materials	*I pantaloni **di cotone***	Die Hosen **aus Baumwolle**
Nach Mengenangaben	*Un bicchiere **di acqua minerale*** *Un chilo **di gamberi*** *Mezzo litro **di vino*** *Un po' **di sale***	Ein Glas **Mineralwasser** Ein Kilo **Garnelen** Ein halber Liter **Wein** Ein bisschen **Salz**

Nach Mengenangaben ist die Präposition *di* notwendig. Auch *un po'* ist in diesem Sinne eine Mengenangabe. Im Deutschen wird das Substantiv hingegen direkt an die Mengenangabe angeschlossen.
Ohne Entsprechung im Deutschen ist auch die Präposition *di* als Angabe einer Teilmenge in Sätzen wie *compro delle buste.*

6.1.2   *a*

Angabe des Ortes (wo?)	*Lavoro **alla posta**.* *Vivo **a Palermo**.* *Siamo **a Monaco**.* *Guardiamo qualche film **alla TV**.*	Ich arbeite **bei der Post**. Ich lebe **in Palermo**. Wir sind **in München**. Wir schauen ein paar Filme **im Fernsehen** an.
Angabe der Richtung (wohin?)	*Vado **a letto**.* *Andiamo **al concerto**.* *Adesso vado **a casa**.*	Ich gehe **ins Bett**. Wir gehen **ins Konzert**. Ich gehe jetzt **nach Hause**.
Angabe des Zeitpunktes	*Ci vediamo **alle tre**.* ***A che ora** apre il negozio?*	Wir sehen uns **um drei**. **Wann** macht das Geschäft auf?
Ende eines Zeitraums	*Dalle 8 **alle 12*** *Dal primo **al sette aprile**.* ***A presto!***	Von acht **bis zwölf** Vom ersten **bis siebten April**. **Bis bald!**
Angabe des indirekten Objekts, entspricht im Deutschen meistens dem Dativ (»wem?«)	*Scrivo **a un amico**.* *Telefono **a Emanuela**.* ***A Klaus** piacciono i musei italiani.* *Ecco, **a Lei** 10 centesimi.*	Ich schreibe **einem Freund**. Ich rufe **Emanuela** an. *(im Deutschen: Akkusativ!)* **Klaus** gefallen die italienischen Museen. Hier, 10 Cent **für Sie**.
Angabe der Art und Weise	*Tramezzini **al tonno*** *Un giardino **all'italiana*** *Una camicia **a righe***	Tramezzini **mit Thunfisch** Ein Garten **nach italienischer Art** (Ein Hemd **mit Linien**) > Ein gestreiftes Hemd
Angabe des Mittels	*Giochiamo **a carte**.* *Giochiamo **a palla**.* *Sono venuto **a piedi**.*	Wir spielen **Karten**. (<u>mit</u> Karten) Wir spielen **Ball**. (<u>mit</u> dem Ball) Ich bin **zu Fuß** gekommen.
Angabe des Zwecks beim Verb	*Andiamo **a visitare** qualche museo.*	Wir besuchen ein paar Museen. *(Wir <u>gehen</u> <u>besuchen</u>)*
feste Ausdrücke	*Lavora **a maglia**.*	Sie **strickt**.
Von … <u>bis/nach/zu</u> in Kombination mit *da*	*Da banca **a banca***	Von Bank **zu Bank**
Angabe der Entfernung	*Il mare è **a pochi metri** dalla fossa.*	Das Meer liegt **wenige Meter** vom Graben.

Ausdrücke mit *a* können sowohl Ortsangabe als auch Richtungsangabe sein.
Während bei Städtenamen *a* verwendet wird, muss es vor Länder- und Regionsnamen *in* heißen.
Während es *a piedi* heißt, wird bei der Benutzung von Verkehrsmitteln die Präposition *in* verwendet (*in macchina, in tram, …*).

6.1.3 *da*

Angabe, bei wem man sich befindet	*Abito **da mia nonna**.* *Ho dormito **da lei**.*	Ich wohne **bei meiner Großmutter**. Ich habe **bei ihr** geschlafen.
Angabe, zu wem man geht	*Andiamo **da mia madre**.*	Wir gehen **zu meiner Mutter**.
Angabe der Herkunft	*Veniamo **dalla Calabria**.* *Il treno per Padova parte **dal terzo binario**.*	Wir kommen **aus Kalabrien**. Der Zug nach Padua fährt **vom Gleis 3** ab.
Beginn eines Zeitraumes	*Dalle 5 alle 6* *Dal primo al sette aprile*	**Von 5** bis 6 **Vom ersten** bis siebten April
Angabe der Zeitdauer (seit)	*Faccio la cartomante **da tanti anni**.* *Sono a Monaco **da una settimana**.*	Ich bin Kartenlegerin **seit vielen Jahren**. Ich bin **seit einer Woche** in München.
Angabe der Art und Weise	*Non abito **da sola**.*	Ich wohne nicht **alleine**.
Angabe des Zwecks beim Substantiv	*Sala **da pranzo*** *Camera **da letto***	**Ess**zimmer **Schlaf**zimmer
Angabe des Urhebers, der Ursache	*Le vie sono animate **da una folla vivace**.*	Die Straßen sind (von einer **lebhaften Menge**) belebt.
von … bis/nach/zu in Kombination mit *a*	*Da banca a banca*	**Von Bank** zu Bank
Preis- oder Mengenangabe	*Il completo **da 380 euro*** *una bottiglia **da un litro*** *un pane **da un chilo***	Das Kostüm **zu 380** Euro eine 1-Liter-Flasche **ein Kilo Brot**
prädikativer Gebrauch	*Da ragazzo andavo ogni anno al mare.*	**Als Junge** fuhr ich jedes Jahr ans Meer.

Da bei Mengenangaben wird gebraucht, um aus festgelegten Verkaufsmengen auszuwählen: Der Kunde will zum Beispiel das Brot zu einem Kilo und nicht das kleinere zu einem halben Kilo, er will die große 1-Liter-Flasche und nicht die kleinere Halbliterflasche. In diesen Fällen kann man nicht *un chilo di …* oder *un litro di …* sagen, da es sich nicht um Produkte handelt, die in beliebigen Mengen abgegeben werden wie beispielsweise Käse und Wurst.

6.1.4 *in*

Angabe des Ortes (wo?)	*Lavoro **in un negozio**.* ***In Alto Adige** si parla anche il tedesco.* *Che cosa c'è **nel tuo disegno**.*	Ich arbeite **in einem Geschäft**. **In Südtirol** spricht man auch deutsch. Was ist da **auf deiner Zeichnung**?
Angabe der Richtung (wohin?)	*Vado **in banca**.* *La domenica andiamo **in campagna**.*	Ich gehe **auf die Bank**. Sonntags fahren wir **aufs Land**.
Angabe des Zeitpunkts	*C'è un concorso **in aprile**.* ***Nel tempo libero** leggo molto.*	Es gibt einen Wettbewerb **im April**. **In der Freizeit** lese ich viel.
Angabe des Mittels	*Vado **in bicicletta**.* *Sono venuta **in metropolitana**.* *Viaggiamo sempre **in macchina**.*	Ich fahre **mit dem Fahrrad**. Ich bin **mit der U-Bahn** gekommen. Wir reisen immer **mit dem Auto**.
Angabe der Personenzahl	*Siamo **in cinque**.*	Wir sind **zu fünft**.
feste Ausdrücke	*In tutto 4 euro e 50.*	**Insgesamt** 4 Euro 50.

Ausdrücke mit *in* können sowohl Ortsangabe als auch Richtungsangabe sein.
Während bei Ländern und Regionen *in* verwendet wird, muss es vor Städtenamen *a* heißen.
Für die Verkehrsmittel wird in der Regel *in* verwendet. Allerdings heißt es *a piedi*, und falls das Verkehrsmittel näher bestimmt wird, gebraucht man die Präposition *con* (z. B. *con il treno delle 7*).

6.1.5 *con*

Angabe der Begleitung	*Passo le vacanze **con gli amici**.* *Mi piace parlare **con la gente**.* *Carla è sposata **con Daniele**.*	Ich verbringe die Ferien **mit den Freunden**. Es gefällt mir, **mit den Leuten** zu reden. Carla ist verheiratet **mit Daniele**.

Angabe der Eigenschaft	*Un uomo con i capelli corti.* *Una camera con doccia.*	Ein Mann **mit kurzen Haaren.** Ein Zimmer **mit Dusche.**
Angabe des Mittels	*Sono venuto con il treno delle dieci.* *con la macchina della ditta*	Ich bin **mit dem 10-Uhr-Zug** gekommen. **mit dem Auto der Firma**

con wird für Verkehrsmittel verwendet, wenn dieses näher bestimmt ist: *con il treno delle 10.* Ist hingegen vom Verkehrsmittel allgemein die Rede, gebraucht man die Präposition *in (in autobus, in treno).*

6.1.6 *su*

Angabe des Ortes	*Il centro storico si trova sull'isola di Ortigia.* *Sul lato destro c'è la cattedrale.* *Sorrento si trova sul Golfo di Napoli.*	Die Altstadt liegt **auf der Insel Ortigia.** **Auf der rechten Seite** ist die Kathedrale. Sorrent liegt **am Golf von Neapel.**
Angabe der Art und Weise	*In questo locale si viene a mangiare solo su prenotazione.* *Un abito su misura*	In dieses Lokal kommt man zum Essen nur **mit Reservierung.** Ein Anzug **nach Maß** (maßgeschneidert)
Angabe des Themas	*Discutono su come trascorrere il pomeriggio.* *Un articolo su una villa settecentesca*	Sie diskutieren **darüber, wie sie den Nachmittag verbringen sollen.** Ein Artikel **über eine Villa** des 18. Jahrhunderts

6.1.7 *per*

Angabe der Richtung	*Partiamo per Stoccarda.*	Wir fahren **nach Stuttgart.**
räumlich im Sinne von „durch/über"	*Prendi per Via Anfiteatro.*	Gehe/Fahre **durch die Via Anfiteatro.**
Angabe des Ortes (wo?)	*Ho incontrato un amico per la strada.*	Ich habe **unterwegs** einen Freund getroffen.
Angabe des Zeitpunktes	*L'appuntamento è per sabato.*	Die Verabredung ist **für Samstag.**
Angabe der Zeitdauer	*Vorrei una camera per una notte.*	Ich möchte ein Zimmer **für eine Nacht.**
Angabe der Streckenlänge	*Si va avanti per venti metri.*	Man geht **20 Meter** weiter.
Angabe des Grundes	*È famosa per le canzoni melodiche.*	Sie ist **für die melodischen Lieder** berühmt.
Angabe des Zwecks	*Vado al bar per bere qualcosa.* *C'è posto per 25 000 spettatori.*	Ich gehe in die Bar, **um etwas zu trinken.** Es gibt Platz **für 25 000 Zuschauer.**
prädikativ	*per punizione*	**als** Strafe

6.1.8 *tra* und *fra*

Angabe des Ortes	*Tra la porta e il sofà c'è un vaso.*	**Zwischen der Tür und dem Sofa** steht eine Vase.
Angabe eines Gebietes, in dem man sich bewegt	*Escursione tra le Ville Venete.*	Ausflug **entlang der venezianischen Villen.**
Angabe des Zeitpunktes in der Zukunft	*Fra due giorni andrò in vacanza.* *C'è un autobus tra mezz'ora.*	**In zwei Tagen** fahre ich in den Urlaub. **In einer halben Stunde** fährt ein Bus.
Angabe der Ausgangsmenge	*Scegliete fra queste cause.*	Wählt **aus diesen Gründen** etwas aus.

Zwischen *tra* und *fra* gibt es keinen Bedeutungsunterschied. Die beiden Präpositionen werden gleichberechtigt nebeneinander verwendet. Allerdings ist vor einem Substantiv, das mit f- beginnt, *tra* vorzuziehen, um zu verhindern, dass zweimal der gleiche Konsonant am Wortanfang gesprochen wird: *Tra fratelli* (unter Brüdern) wird als angenehmer empfunden als *fra fratelli.* Gleiches gilt umgekehrt vor einem Substantiv, das mit t- beginnt.

6.2 Weitere Präpositionen

• das nachgestellte *fa*: siehe Kapitel 5.2 „Zeitangaben"

verso	*Tutta la famiglia fa merenda **verso le quattro** del pomeriggio.* *Facciamo un'escursione in battello da Venezia **verso Padova**.*	Die ganze Familie macht Zwischenmahlzeit **gegen vier Uhr** am Nachmittag. *(zeitlich)* Wir machen einen Ausflug mit dem Boot von **Venedig nach Padua**. *(räumlich)*
fuori	*Abito **fuori Milano**.*	Ich wohne **außerhalb von Mailand**.
secondo	*Si paga **secondo i chilometri** e le ore.*	Man zahlt **nach/gemäß den Kilometern** und den Stunden.
durante	***Durante la pausa** di mezzogiorno vanno in una pasticceria.*	**Während der Mittagspause** gehen sie in eine Konditorei.
contro	*Devo prendere qualcosa **contro il mal di stomaco**.*	Ich muss etwas **gegen die Magenschmerzen** nehmen.
dentro	*Come vorrei stare **dentro il fango** per delle ore!*	Wie gern würde ich stundenlang **im Schlamm drinnen** bleiben!
attraverso	*Il sacerdote interpreta il volere degli dei **attraverso il volo** degli uccelli.* *Già nel '600 tanti studenti di tutta Europa facevano il grand tour **attraverso l'Italia**.*	Der Priester interpretiert den Willen der Götter **durch den Flug** der Vögel. *(mithilfe von)* Schon im 17. Jahrhundert machten viele Studenten aus ganz Europa die „Grand Tour" **durch Italien**. *(räumlich)*
tranne	*Si può fare il Tour B tutti i giorni **tranne il lunedì**.*	Man kann die Tour B täglich **außer montags** machen.
salvo	*Mia madre era disposta a perdonarmi tutto, **salvo questo**.*	Meine Mutter war bereit, mir alles zu vergeben, **bis auf dieses**.
lungo	*In primavera è bello camminare **lungo le saline**.*	Im Frühling ist es schön, **an den Salinen entlang** zu gehen.

6.3 Weitere präpositionale Ausdrücke

in cima a	*L'azienda è **in cima ad un colle** fra i monti toscani.*	Der Betrieb ist **auf dem Gipfel eines Hügels** in den toskanischen Bergen (gelegen).
in base a	*Rispondi **in base a quello** che sai.*	Antworte **auf Grund dessen**, was du weißt.

7 Die Personalpronomen

7.1 Das Subjektpronomen

Das Personalpronomen als Subjekt entfällt im Italienischen normalerweise. Wenn es verwendet wird, dann zur besonderen Betonung. Dabei muss es nicht notwendigerweise am Anfang des Satzes stehen. Möglich ist auch die Stellung hinter dem Verb:

*Ci pensiamo **noi**.*
<u>Wir</u> sorgen dafür (und nicht jemand anders).

*Ti telefono **io**.*
<u>Ich</u> rufe dich an (und nicht du mich).

7.2 Das unbetonte direkte Objektpronomen: Formen

Das direkte Objekt im Italienischen gibt die Antwort auf die Frage „<u>wen</u> oder <u>was</u>?" und entspricht damit dem Akkusativ im Deutschen. Die Formen der unbetonten direkten Objektpronomen lauten:

Singular		Plural		
1.	**mi** *mich*	1.	**ci**	*uns*
2.	**ti** *dich*	2.	**vi**	*euch*
3.	**lo** *ihn*	3.	**li**	*sie (m)*
	la *sie*		**le**	*sie (f)*
	La *Sie*			

Die Pronomen der 3. Person haben im Singular und im Plural verschiedene Formen für männlich und weiblich. Die Form richtet sich nach dem Substantiv, für das das Pronomen steht.

7.3 Unbetonte Objektpronomen: Gebrauch

7.3.1 Das unbetonte direkte Objektpronomen steht vor dem Verb.

Come cucina **i gamberi**? – **Li** faccio con l'aglio.	Wie kochen Sie **die Garnelen**? – Ich mache **sie** mit Knoblauch.

7.3.2 beim Infinitiv

Non ho avuto tempo di chiamarti. (direktes Objektpronomen)
Non ho avuto tempo di telefonarLe. (indirektes Objektpronomen)
Treffen Infinitiv und Objektpronomen zusammen, wird der Infinitiv um das -e- verkürzt und das Objektpronomen direkt angehängt.

7.3.3 bei Modalverben

Quando	ti	posso	chiamare?
Quando	Le	posso	telefonare?
	O	M	I

(O = Objektpronomen)
(M = Modalverb)
(I = Infinitiv)

oder

Quando	posso	chiamarti?
Quando	posso	telefonarLe?
	M	I+O

Beachten Sie, dass beide Möglichkeiten von der im Deutschen verwendeten Wortstellung abweichen:

Wann	kann ich	dich	anrufen?
	M	O	I

7.3.4 beim Imperativ

Come sono le olive? Le assaggi!
Come sono le olive? Assaggiale!
(Näheres siehe im Kap. „Imperativ" 1.2.3)

7.3.5 mit *ecco*

	lo	la
ecco!	eccolo!	eccola!

	li	le
ecco!	eccoli!	eccole!

ecco hat in diesem Fall die Funktion von „hier hast du …" bzw. „hier haben Sie …"

*Dove sono **i pantaloni**? – Eccoli!*	Wo sind **die Hosen**? – Hier haben Sie **sie**.

7.4 Betonte Objektpronomen nach Präpositionen

In Band 1 wurden die Formen für die betonten Objektpronomen nach der Präposition *a* vorgestellt. Diese Formen werden grundsätzlich verwendet, wenn das Objektpronomen nach einer Präposition stehen soll:

Singular		
1.	a/da/per/...	me
2.	a/da/per/...	te
3.	a/da/per/...	lui
	a/da/per/...	lei
	a/da/per/...	Lei
Plural		
1.	a/da/per/...	noi
2.	a/da/per/...	voi
3.	a/da/per/...	loro

*Per la bambina un gelato e **per noi** due caffè.*
Secondo me ci conviene prendere l'aereo.

Für die Kleine ein Eis und **für uns** zwei Kaffee.
(**Nach mir >**)**Meiner Meinung nach** ist es besser für uns, das Flugzeug zu nehmen.

*Qualcuno **di voi** lavora nel campo farmaceutico?*

Arbeitet jemand **von euch** im pharmazeutischen Bereich?

*Avresti voglia di venire **con me** allo ZELIG stasera?*

Hättest du Lust, heute abend **mit mir** ins ZELIG zu kommen?

*Vengo **da te** a prendere qualcosa.*
Sotto di loro guardavano il mare.

Ich komme **zu dir**, um was zu trinken.
Unter sich sahen sie das Meer.

Beachten Sie, dass im letzten Beispielsatz nach der Präposition *sotto* das Objektpronomen mit *di* angeschlossen wird. Das Gleiche geschieht auch bei einigen anderen Präpositionen wie *fra/tra, sopra, su, senza, dietro, verso, contro* und *dopo*.

A me piace questo libro ersetzt den Satz *Mi piace questo libro* und gibt ihm eine besondere Betonung.
Bei den anderen Präpositionen hingegen kann nur das betonte Objektpronomen verwendet werden.

7.5 Kombinierte Objektpronomen

7.5.1 Zusammentreffen von direktem und indirektem Objektpronomen

– Vorrei provare quei pantaloni. Me li porterebbe?

In der Form *me li* treffen ein indirektes und ein direktes Objekt aufeinander:

Frage	Antwort	Antwort mit e. Pronomen
wem bringt man etwas? (indirektes Objekt, Dativ)	mir	**mi**
was bringt man? (direktes Objekt, Akkusativ)	die Hosen = *i pantaloni*	**li**

Aus den zwei Pronomen *mi* und *li*, die direkt aufeinander folgen würden, wird die kombinierte Form *me li* gebildet.

	lo	la	li	le
mi	**me lo**	**me la**	**me li**	**me le**
ti	**te lo**	**te la**	**te li**	**te le**
gli	**glielo**	**gliela**	**glieli**	**gliele**
le	**glielo**	**gliela**	**glieli**	**gliele**
ci	**ce lo**	**ce la**	**ce li**	**ce le**
vi	**ve lo**	**ve la**	**ve li**	**ve le**
gli	**glielo**	**gliela**	**glieli**	**gliele**

Wenn indirekte und direkte Objektpronomen aufeinander folgen, wird das indirekte Objektpronomen zur besseren Aussprache lautlich angeglichen:
Aus dem Schlussvokal -i wird ein -e.
Für die Formen der dritten Person (Singular und Plural) wird hingegen das um ein -e verlängerte *gli* verwendet, außerdem wird dieses mit dem direkten Objektpronomen in einem Wort zusammengeschrieben.
Die weibliche Form der dritten Person Singular heißt also ebenso wie die männliche *glielo*! Das gleiche gilt für die Höflichkeitsform im Singular, die ja stets die weibliche Form der 3. Person Singular benutzt.

Beachten Sie, dass im Italienischen zuerst das indirekte Objekt steht. Im Deutschen ist es umgekehrt:

Glieli porto.	Ich bringe sie Ihnen.
wem? was?	was? wem?

7.5.2 Kombination von Reflexivpronomen und direktem Objektpronomen

		lo	la	li	le
lui/lei/Lei	si	**se lo**	**se la**	**se li**	**se le**
loro	si	**se lo**	**se la**	**se li**	**se le**

Auch das Reflexivpronomen der dritten Person in der Verwendung als indirektes Objekt (wem tut er was? sich selbst) wird bei Zusammentreffen mit einem direkten Objektpronomen lautlich angeglichen.

– Quando Pietro si mette il cappello?
• Se lo mette solo quando piove.

Frage	Antwort	Antwort mit e. Pronomen
Wem setzt er etwas auf? (indirektes Objekt, Dativ)	sich selbst	**si**
Was setzt er sich auf? (direktes Objekt, Akkusativ)	den Hut = *il cappello*	**lo**

Aus *si lo* wird *se lo*.

Unterscheiden Sie:
– indirekte Objektpronomen der 3. Person, die sich auf (eine) weitere Person(en) beziehen:
  gli und *le* = ihm und ihr
  gli = ihnen
– indirekte Objektpronomen der 3. Person, die sich auf die Person selbst beziehen:
  si = sich selbst (Singular)
  si = sich selbst (Plural)

7.6   Verben mit anderem Objekt als im Deutschen

• *telefonare a qualcuno*
telefonare bedeutet „anrufen". Allerdings steht „anrufen" im Deutschen mit Akkusativobjekt: „Ich rufe ihn an." (wen?). Im Italienischen muss es aber heißen *Gli telefono*. (Am Rande: in süddeutschen Mundarten sagt man zum Teil „Ich rufe ihm an").

• *aiutare qualcuno*
aiutare bedeutet „helfen". Allerdings steht „helfen" im Deutschen mit Dativobjekt: „Ich helfe ihm." (wem?). Im Italienischen muss es aber heißen *Lo aiuto*.

• *chiedere qualcosa a qualcuno*
Chiedere bedeutet „fragen" oder „bitten". Im Deutschen steht die Person, die gefragt wird, im Akkusativ, und die Sache, nach der gefragt wird, ist durch eine Präposition „fragen nach" oder „bitten um" angeschlossen. Im Italienischen hingegen steht die erfragte Sache im Akkusativ und die befragte Person im Dativ:
Thomas parla con Letizia e le chiede chiarimenti.   Thomas redet mit Letizia und bittet sie um Erklärungen.

• *ringraziare qualcuno*
Ringraziare wird normalerweise mit „danken" übersetzt. Im Deutschen steht nach diesem Verb der Dativ: „Ich danke Ihnen". Im Italienischen hingegen steht nach *ringraziare* ein direktes Objekt: *La ringrazio*.

7.7   *ci* und *ne*

7.7.1   *ci*

• *ci* als Ersatz für eine Richtungsangabe:
Faccio un salto in macelleria. Ci vado oggi perché hanno l'agnello.

Im zweiten Satz will man *in macelleria* nicht noch einmal wiederholen und ersetzt es durch *ci*.
Dieses *ci* steht dabei vor dem Verb: Aus *vado in macelleria* wird *ci vado*.

• *ci* als Ortsangabe:
Cosa sapete di Padova? Ci siete già stati?

Es ist klar, dass von Padua die Rede ist. Daher ist es nicht nötig, im zweiten Satz zu sagen *Siete già stati a Padova?*, die Konstruktion *a Padova* kann durch *ci* ersetzt werden.

• *ci* als Ersatz für eine Ergänzung mit a:
– Riesci a venire stasera a casa mia?
• Sì, ci riesco di sicuro!
Aus *riesco a venire* wird *ci riesco*.

– Qualcuno deve pensare a portare fuori il cane.
• Ci pensiamo noi!
Aus *pensiamo a portare fuori il cane* wird *ci pensiamo*.

Bezieht sich die Ergänzung mit *a* auf Personen, ist diese Ergänzung mit *ci* aber nicht möglich:
– Questo libro piace anche a Luigi?
• Sì, gli piace.

Wenn man nicht die ganze Konstruktion *a Luigi* noch einmal wiederholen will, muss als Ersatz das unbetonte indirekte Objektpronomen verwendet werden.

7.7.2 *ci vuole*

Objekt im Singular	*Da Bologna a Firenze ci vuole un'ora.*	Von Bologna nach Florenz braucht man eine Stunde.
Objekt im Plural	*Da Firenze a Roma ci vogliono due ore.*	Von Florenz nach Rom braucht man zwei Stunden.

Steht das Objekt (die Sache oder die Person, die benötigt wird) im Singular, wird *ci vuole* verwendet. Bei einem Objekt im Plural hingegen muss es *ci vogliono* heißen.

7.7.3 *ce l'ho*

	lo	la	li	le
(io)	ce l'ho	ce l'ho	ce li ho	ce le ho
(tu)	ce l'hai	ce l'hai	ce li hai	ce le hai
(lui/lei/Lei)	ce l'ha	ce l'ha	ce li ha	ce le ha
(noi)	ce l'abbiamo	ce l'abbiamo	ce li abbiamo	ce le abbiamo
(voi)	ce l'avete	ce l'avete	ce li avete	ce le avete
(loro)	ce l'hanno	ce l'hanno	ce li hanno	ce le hanno

Um auszudrücken: „Den Sellerie, den habe ich" kann man im Italienischen nicht sagen *il sedano lo ho*. *Avere* kann in diesem Fall nicht alleine stehen. Das gleiche gilt, wenn man auf eine Frage wie *Hai il biglietto?* antwortet. Ein einfaches *Sì, l'ho* ist nicht möglich. Es wird ein Ausdruck mit *ce* (das ist die lautlich angeglichene Form von *ci*) gebildet. Aus *lo ho* wird *ce l'ho*.
Ci in dieser Verwendung hat sprachlich im Grunde keine eigene Bedeutung. Es dient dazu, die Aussprache zu erleichtern.

Bei der Form *ce l'ho* kann man nicht erkennen, ob sie sich auf ein männliches Wort (*lo*) oder ein weibliches Wort (*la*) bezieht.

In vollständigen Sätzen wie *Ho il biglietto* kann *avere* alleine stehen. Allerdings ist es in der Umgangssprache weit verbreitet, auch in diesen Fällen zu sagen *Ce l'ho il biglietto* oder in einigen Regionen sogar *C'ho il biglietto* (gesprochen [tʃo]).

7.7.4 *ne*

- **ne zur Angabe der Teilmenge eines bereits genannten Begriffs**
– *Quante aspirine devo prendere?*
• *Ne devi prendere una.*
Bei diesem Gebrauch bleibt *ne* im Deutschen unübersetzt. Die Bedeutung ist ungefähr „hiervon, davon", nämlich in diesem Beispiel von den Aspirin-Tabletten.

Für diesen Gebrauch von *ne* gibt es im Deutschen keine Entsprechung. Da man im Deutschen ganz einfach sagen kann „du musst eine nehmen", ohne auf das vorher erwähnte Substantiv in irgendeiner Form (hiervon, davon) Bezug zu nehmen, muss man darauf achten, im Italienischen bei derartigen Sätzen *ne* nicht zu vergessen.

- *ne* **als Ersatz für eine Ergänzung mit *di***
– *Hai voglia di venire domani?*
• *Sì, ne ho voglia.*
Statt als Antwort zu sagen: *Sì, ho voglia di venire,* und damit die Worte der Frage zu wiederholen, ersetzt man das *di venire* durch *ne*. Dieses steht hierbei vor dem Verb.

8   Die Possessivpronomen

			männlich			weiblich		
Bezugswort im Singular	Singular 1.	il	**mio**	libro	la	**mia**	macchina
	2.	il	**tuo**	libro	la	**tua**	macchina
	3.	il	**suo**	libro	la	**sua**	macchina
	Höflichk.	il	**Suo**	libro	la	**Sua**	macchina
	Plural 1.	il	**nostro**	libro	la	**nostra**	macchina
	2.	il	**vostro**	libro	la	**vostra**	macchina
	3.	il	**loro**	libro	la	**loro**	macchina
Bezugswort im Plural	Singular 1.	i	**miei**	libri	le	**mie**	macchine
	2.	i	**tuoi**	libri	le	**tue**	macchine
	3.	i	**suoi**	libri	le	**sue**	macchine
	Höfl.	i	**Suoi**	libri	le	**Sue**	macchine
	Plural 1.	i	**nostri**	libri	le	**nostre**	macchine
	2.	i	**vostri**	libri	le	**vostre**	macchine
	3.	i	**loro**	libri	le	**loro**	macchine

Possessivpronomen verhalten sich wie Adjektive, d.h. sie richten sich in Zahl (Einzahl/Mehrzahl) und Geschlecht (männlich/weiblich) nach ihrem Bezugswort. Zu beachten ist, dass die Form der 3. Person Plural in allen vier Fällen *loro* heißt. Die Possessivpronomen *miei, tuoi, suoi* sind unregelmäßig. Bei ihnen wird vor dem Endvokal -i ein weiterer Vokal eingefügt.

Vor Possessivpronomen steht im Italienischen in der Regel der bestimmte Artikel:

Il mio amico è simpatico. (Mein Freund ist sympathisch.)
Ho un problema con la mia macchina. (Ich habe ein Problem mit meinem Auto.)
Hai telefonato alle tue amiche? (Hast du deine Freundinnen angerufen?)

[Possessivpronomen mit unbestimmtem Artikel wie z.B. *un mio amico:* siehe Band 1]

Possessivpronomen vor Verwandtschaftsbezeichnungen

			männlich			weiblich	
Verwandtschafts-bezeichnung im Singular	Singular 1.		**mio**	figlio		**mia**	figlia
	2.		**tuo**	figlio		**tua**	figlia
	3.		**suo**	figlio		**sua**	figlia
	Höflichk.		**Suo**	figlio		**Sua**	figlia
	Plural 1.		**nostro**	figlio		**nostra**	figlia
	2.		**vostro**	figlio		**vostra**	figlia
	3.	il	**loro**	figlio	la	**loro**	figlia
Verwandtschafts-bezeichnung im Plural	Singular 1.	i	**miei**	figli	le	**mie**	figlie
	2.	i	**tuoi**	figli	le	**tue**	figlie
	3.	i	**suoi**	figli	le	**sue**	figlie
	Höflichk.	i	**Suoi**	figli	le	**Sue**	figlie
	Plural 1.	i	**nostri**	figli	le	**nostre**	figlie
	2.	i	**vostri**	figli	le	**vostre**	figlie
	3.	i	**loro**	figli	le	**loro**	figlie

Vor Verwandtschaftsbezeichnungen im Singular steht kein bestimmter Artikel. Vor der 3. Person Singular und vor den Formen des Plurals hingegen bleibt der bestimmte Artikel:

Sono stato a Bagheria con mia sorella.
Sono stato a Bagheria con le mie sorelle.

Während das Deutsche in der 3. Person Singular zwischen einem männlichen und weiblichen Besitzer unterscheidet (sein Buch/ihr Buch), gibt es im Italienischen nur *il suo* für ein männliches Bezugswort und *la sua* für ein weibliches Bezugswort.
La sua macchina kann entweder „sein Auto" oder „ihr Auto" heißen.
I suoi libri können entweder „seine Bücher" oder „ihre Bücher" sein.
Nur aus dem Zusammenhang wird klar, ob der Besitzer männlich oder weiblich ist.

Für die Höflichkeitsform wird im Singular die gleiche Form wie die 3. Person Singular verwendet, im Unterschied zu dieser aber auch im Satz immer groß geschrieben:
il Suo libro (Ihr Buch), *la Sua macchina* (Ihr Auto), *i Suoi libri* (Ihre Bücher)
Die Höflichkeitsform im Plural wird mit *il Vostro/ la Vostra, i Vostri/ le Vostre* gebildet und groß geschrieben.

9 Fragewörter

nach dem Ort	**dove?** + Verb	wo?	*Dove lavora?* Wo arbeiten Sie?
nach der Richtung	**dove?** + Verb	wohin?	*Dove va?* Wohin fahren Sie?

dove kann sowohl die Frage nach dem Ort (wo?) als auch die Frage nach der Richtung (wohin?) sein. Nur aus dem Kontext wird somit klar, welche der beiden Möglichkeiten gemeint ist.

10 Nebensätze

10.1 Konjunktionen

Hier werden nur die Konjunktionen erwähnt, die in Band 2 neu auftauchen. Zahlreiche andere Konjunktionen finden sich im Grammatikanhang von „Allora, andiamo!", Band 1.

*Ho finito di lavorare poco fa, **quindi** non ho cenato.*	Ich habe erst vor kurzem aufgehört zu arbeiten, **daher** habe ich nicht zu Abend gegessen.
*Ho finito di lavorare solo venti minuti fa. **Per questo** sono in ritardo.*	Ich habe erst vor 20 Minuten aufgehört zu arbeiten. **Deswegen** bin ich verspätet.
*Ho avuto una buona offerta dalla Cassa di Risparmio di Cremona, **perciò** mi sono trasferita.*	Ich habe ein gutes Angebot von der Sparkasse Cremona bekommen, **deswegen** habe ich (die Stelle) gewechselt.

Quindi, per questo und *perciò* in dieser Bedeutung („deswegen") sind untereinander austauschbar.

Quindi kann aber zeitliche Bedeutung haben:

*Fare cuocere per 40 minuti, **quindi** aggiungere il riso.*	40 Minuten lang kochen lassen, **dann** den Reis hinzugeben.
***Quando** facevamo errori l'insegnante ci correggeva.*	**(Jedes Mal) Wenn** wir Fehler machten, korrigierte uns der Lehrer.
***Quando** ero ragazzo giocavo volentieri a calcio.*	**Als** ich ein Junge war, spielte ich gerne Fußball.
*Guardavo la TV, **mentre** gli altri si divertivano.*	Ich schaute fern, **während** die anderen sich vergnügten.

Für das deutsche „während" werden im Italienischen zwei unterschiedliche Wörter verwendet: Bezieht sich „während" auf ein Verb, ist also Konjunktion am Anfang eines Nebensatzes, heißt es im Italienischen *mentre*. Ist „während" aber Präposition, steht also vor einem Substantiv (z. B. „während der Mittagspause"), heißt es im Italienischen *durante la pausa di mezzogiorno*.

10.2 Wortstellung

Im italienischen Nebensatz bleibt die Reihenfolge der Wörter gleich wie im Hauptsatz: Subjekt – Prädikat – Objekt. Das ist ein wichtiger Unterschied zum Deutschen, wo im Nebensatz das Prädikat an den Schluss rückt:

Italienisch:

Hauptsatz:	*Facevamo errori.*
	S + P O
Nebensatz:	*Quando facevamo errori, …*
	S + P O

Deutsch:

Hauptsatz:	Wir machten Fehler.
	S P O
Nebensatz:	Wenn wir Fehler machten, …
	S O P

S = Subjekt   P = Prädikat   O = Objekt

Lektionsvokabular

Das folgende Lektionsvokabular führt die jeweils neuen Wörter in der Reihenfolge ihres Vorkommens auf und gibt dabei die einzelnen Lektionsabschnitte an.
Es enthält nicht die Wörter der Hörtexte.
– Die Wörter, die zum Zertifikatswortschatz gehören, sind fett gedruckt.
– Die Wörter der Leseseiten (grau unterlegt) und der „Ripassi" werden, da diese Texte fakultatives Material sind, nicht als obligatorischer Wortschatz dargestellt.
– Die Betonung wird, soweit sie nicht auf der in den meisten Fällen betonten vorletzten Silbe liegt, durch Unterstreichung des betreffenden Vokals angegeben.

Abkürzungen:

Adj.	Adjektiv	lit.	literarisch	Subst.	Substantiv
Adv.	Adverb	Part.	Partizip (Perfekt)	tr.	transitiv = mit Objekt
Inf.	Infinitiv	Pl.	Plural	ugs.	umgangssprachlich
itr.	intransitiv = ohne Objekt	qc.	qualcosa	unr.	unregelmäßig
Konj.	Konjunktion	qu.	qualcuno		

1 A tavola

Bei Tisch

1 a)	il prodotto alimentare	das Lebensmittel
	con**o**scere	kennen
	quando (*Konj.*)	wenn, als
	il mercato	Markt
	notare	bemerken
1 b)	**chiamarsi**	heißen
	la foto	Foto
	gli alimentari	die Lebensmittel
	la salsiccia	Wurst
	il salame	Salami
	il formaggio	Käse
	il prosciutto	Schinken
	la mela	Apfel
	l'arancia	Orange
	la banana	Banane
	la pera	Birne
	l'uva	Weintraube
	i fagiolini	(grüne) Bohnen
	i funghi	Pilze
	il pane	Brot
	il baccalà	Stockfisch
	le sardine	Sardinen
	i g**a**mberi	Garnelen
2 a)	la bancarella	Verkaufsstand
	abbinare	verbinden
2 b)	*seguente*	folgende(r)
	tratto/a da	genommen aus
	appena (*Adv.*)	soeben, kaum
(1)	**dare**	geben
	fresco/a	frisch
	bastare	genügen
	così	so
	proprio (*Adv.*)	wirklich, genau
	caro/a	teuer

	ma	aber
	buono/a	gut
	rosolato/a	angebraten
	l'aglio	Knoblauch
	il prezz**e**molo	Petersilie
	il sale	Salz
	il pepe	Pfeffer
	servire	*hier:* servieren
	le tagliatelle (fpl)	*Bandnudelart*
(2)	**da un chilo**	zu einem Kilo
	Quant'è?	Wie viel kostet es?
	altro/a	andere(r/s)
(3)	fare un salto	einen Sprung machen
	la macelleria	Metzgerei
	ci	dahin, dort hin
	l'agnello	Lamm
	un quarto	ein Viertel
	tutto/a	ganz; alle(s)
(4)	il minestrone	Gemüsesuppe
	guardare	schauen
	la verdura	Gemüse
	i fagioli	weiße Bohnen
	il c**a**volo	Kohl
	la patata	Kartoffel
	il s**e**dano	Stangensellerie
	favoloso/a	fabelhaft
	amaro/a	bitter
	assaggiare	versuchen, kosten (*bei Lebensmitteln*)
	l'etto	hundert Gramm
2 c)	risp**o**ndere	antworten
	Part.: **risposto**	
2 d)	**cercare**	suchen
	l'espressione (f)	Ausdruck
	usare	benutzen, verwenden

2 e)	solo/a	allein
	sé	sich
	i Mazza	die Familie Mazza *oder* das Ehepaar Mazza
	partire	*hier:* wegfahren
	le provviste (fpl)	Proviant
	il viaggio	Reise
	preparare	vorbereiten
	ogni	jede(r/s), jede(n/s)
3 a)	aggiungere	hinzufügen
	Part: aggiunto	
	gli spinaci	Spinat
	la frutta	Obst
	confrontare	vergleichen
	cotto/a	gekocht
	crudo/a	roh
	i capperi	Kapern
	volentieri	gerne
	sovente	oft
3 c)	*usando*	gebrauchend
	alcuni/e	einige
	breve	kurz
4 a)	*osservare*	beobachten, anschauen
	chiedere qc. a qu.	jemanden nach etwas fragen
	la parola	Wort
	la pasta	Nudeln (*als Sammelbegriff*)
	il biscotto	Keks
4 b)	**la scatola**	Schachtel, Dose
	la scatoletta	kleine Schachtel, kleine Dose
	il barattolo	Dose, Glas
	il pacco	Packung
	il vasetto	kleines Glas (*für Konserven*)
4 c)	*a turno*	der Reihe nach
	dice (dire)	sagt
	l'alimento	Nahrungsmittel
	la quantità	Menge
	la confezione	Verpackung
	adatto/a	geeignet, passend
5)	*Dove cade l'accento?*	Wo liegt die Betonung?
	la colonna	(Text-)Spalte
	corrispondente	entsprechend
6 a)	spendere	ausgeben
	Part.: **speso**	
	completare	vervollständigen
	il pesce	Fisch
6 b)	**Mi dica!**	Bitte, was möchten Sie?
	il latte	Milch
	la pesca	Pfirsich
	l'insalata	Salat

7)	**il negozio di alimentari**	Lebensmittelgeschäft
	la marca	Marke
	emiliano/a	aus der Emilia
	naturale (*Adj.*)	natürlich
	il parmigiano	Parmesankäse
	l'aceto balsamico	Balsamessig
	l'aceto	Essig
	reggiano/a	aus Reggio Emilia
	il più famoso	der berühmteste
	denso/a	dickflüssig
	scuro/a	dunkel
	intensamente	intensiv
	profumato/a	duftend
	la bollitura	Kochvorgang
	il fuoco	Feuer
	diretto/a	direkt
	DOC (denominazione di origine controllata)	„aus kontrolliertem Anbaugebiet"
	la maturazione	das Reifen
	avviene (avvenire)	geschieht
	la botte	Fass
	pregiato/a	wertvoll
	il rovere	Eiche
	il ciliegio	Kirschbaum
	infine	schließlich
	il ginepro	Wacholder
	la goccia	Tropfen
	insaporire (-isco)	schmackhaft machen
	la carne	Fleisch
8)	**ognuno/a**	jede(r/s)
	separatamente	getrennt
	scrivere Part.: **scritto**	schreiben
	solo	nur
9)	**la ricetta**	Rezept
	gli ingredienti	Zutaten
	mancare	fehlen
	il riso	Reis
	lo spicchio	Zehe (*Knoblauch*)
	l'esecuzione (f)	Ausführung
	bollire	kochen
	tagliato/a	geschnitten
	il dadino	Würfelchen
	cuocere	kochen
	ultimare	vollenden
	la cottura	Kochvorgang
	pestare	zerstoßen
	il pesto	1. das Zerstoßene 2. *Kräutersoße mit Basilikum*
	il brodo di cottura	Kochbrühe
	versare	eingießen
	ben	*verkürztes* bene
	il bagnet	*grüne Soße*
	la salsa	Soße
	tritare	hacken
	finemente	fein

il mazzetto	das Bund	
schiacciato/a	zerdrückt	
filetti di acciuga	Sardellenfilets	
l'acciuga	Sardelle	
il pezzetto	Stückchen	
il peperoncino	scharfer Paprika	
mescolando	mischend	
bagnare	nass machen	
a poco a poco	nach und nach	
l'olio di oliva	Olivenöl	
il tuorlo	Eigelb	
l'uovo, Pl.: le uova	Ei	
sodo/a	fest, kräftig; *beim Ei:* hartgekocht	
i crostini	*geröstete Brotschnitten*	

10 a)
le trenette	*Bandnudelart*
al pesto	mit Pesto
il saltimbocca	*kleine Kalbsroulade*
alla + *Herkunftsangabe* (z. B. alla romana)	nach der Art von ...
insalata caprese	*Mozzarella mit Tomaten und Basilikum*
il pesce spada	Schwertfisch
il fegato	Leber
la cipolla	Zwiebel
gli gnocchetti	*Nudeln mit gnocchi-ähnlicher Form*
la focaccia	*(in Süditalien:) kleine gefüllte Brötchen*
barese	aus Bari

10 b)
il sapore	Geschmack
l'aggettivo	Adjektiv, Eigenschaftswort
la peperonata	*gedünstete Paprika-schoten*
dolce	süß
salato/a	salzig
piccante	scharf
insipido/a	ohne Geschmack
saporito/a	schmackhaft

11 a)
la vacanza	Urlaub
decidere	entscheiden, beschließen
Part.: **deciso**	
l'antipasto	Vorspeise
la melanzana	Aubergine
arrostito/a	gebraten
al mago	nach Art des Zauberers
il gamberone	Riesengarnele
l'ossobuco (m)	Kalbshaxe
il maraschino	Sauerkirschlikör
la paillard	*gegrillte Kalbslende*
grigliato/a	gegrillt
la cassata siciliana	*sizilianische Süßspeise*
il babà	*Hefegebäck*

11 b)
in tre	zu dritt
accomodarsi	sich setzen
portare	bringen, tragen

ottimo/a	sehr gut
come	als, wie
il primo	der erste Gang
ripieno/a	gefüllt
i funghi porcini	Steinpilze
intero/a	voll, ganz
senza	ohne
il secondo	der zweite Gang
condito/a	gewürzt; *beim Salat:* angemacht
da bere	zu trinken
bere (bevo)	trinken
naturale	*(Mineralwasser:)* ohne Kohlensäure
il gelato	(Speise-)Eis
la fragola	Erdbeere
la panna	Sahne
il conto	Rechnung

11 c)
dividersi	sich aufteilen
il ruolo	Rolle

12)
immaginarsi	sich vorstellen
occorrere	nötig sein
il piatto	Teller
il bicchiere da acqua	Wasserglas
il bicchiere da vino	Weinglas
il coltello	Messer
il cucchiaio	Esslöffel
la forchetta	Gabel
il cucchiaino	Teelöffel
dire (*unr.*)	sagen

13
la coppia	Paar
il dolce	Süßspeise

14 a)
trovare	finden
il piatto	*hier:* Gericht, Speise
presso	bei
la trattoria	Gaststätte
la calle	Gasse *(in Venedig)*
il sestiere	Stadtviertel *(in Venedig)*
il proprietario	Besitzer
gestire (-isco)	leiten
prima (*Adv.*)	zuerst, früher
ora	jetzt
trasformare	umwandeln
originario/a	ursprünglich
l'osteria	Gasthaus
giocare a bocce	Boccia spielen
attuale	gegenwärtig
curato/a	gepflegt
affacciarsi	sich zeigen, sich erheben
svilupparsi	sich entwickeln
interno/a	innere(r/s)
l'edera	Efeu
la vite	Weinstock
la clientela	Kundschaft
in gran parte	zum großen Teil
gran	*verkürztes* grande

straniero/a	ausländisch, Ausländer(in)
di ... in	von ... zu
esclusivamente	ausschließlich
affiancato/a	begleitet
la preparazione	Vorbereitung, Zubereitung
seguire	folgen, verfolgen
l'alternarsi delle stagioni	Wechsel der Jahreszeiten
la stagione	Jahreszeit, Saison
l'abbinamento	Kombination
le erbe spontanee	Wildkräuter
l'erba	Gras, Kraut
la primavera	Frühling
l'ortica	Brennnessel
l'asparago	Spargel
selvatico/a	wild
l'autunno	Herbst
vario/a	verschieden, vielfältig
il chiodino	der Hallimasch *(Pilzart)*
il finferlo	Pfifferling
vengono fatti	werden gemacht
tagliolini	*Bandnudelart*
la carta dei vini	Weinkarte
ricco/a	*hier:* reichhaltig
comprendere	enthalten
Part.: compreso	
veneto/a	aus dem Veneto, des Veneto
friulano/a	aus dem Friaul
naturalmente	natürlich
la grappa	*Schnaps*
14 b) scelgono	sie wählen aus
ordinare	bestellen
scambiare	tauschen
il menù	Speisekarte
le cappe sante	*Muschelart*
(venezianisch)	
gratinato/a	überbacken
il forno	Ofen
i gamberetti	Krabben
morbido/a	weich
il branzino	Seebarsch
marinato/a	mariniert
in saor *(venez.)*	*in Fett gebraten*
alla granseola *(venez.)*	*mit Krabbenmark*
la zuppa di pesce	Fischsuppe
castraure *(venez.)*	*noch kleine Artischocken*
il radicchio	Radicchio
il filetto	Filet
il rombo	Steinbutt
le moeche *(venez.)*	*Krabben mit noch weicher Schale*
fritto/a	in Fett gebraten
il fritto misto	*verschiedene in Fett gebratene Fischstücke*
il vitello	Kalb

15 a)	*il testo*	Text
	in base a	entsprechend
	l'abitudine	Gewohnheit
	alimentare *(Adj.)*	Ernährungs-
	la colazione	Frühstück
	importante	wichtig
	lo spuntino	Imbiss
	la merenda	*Zwischenmahlzeit*
	la minestra	Suppe
15 b)	il pasto	Mahlzeit
	più tardi	später
	tardi	spät
	la pizzetta	kleine Pizza
	riunito/a	vereint
	la tavola	(Ess-)Tisch
	un assaggino	Kostprobe
	la bruschetta	*geröstete Weißbrotscheibe mit Olivenöl*
	verso	gegen
	di solito	üblicherweise
	riunirsi	sich versammeln
	una volta	einmal
	la cena	Abendessen
	consistere in	bestehen aus
	la portata	Gang *(beim Essen)*
	semplice	einfach
	rilassarsi	sich entspannen
15 d)	simile	ähnlich
	Parlatene!	Sprecht darüber!
16 a)	straordinario/a	außergewöhnlich
	fra	zwischen
	l'enologia	Weinkunde
	la storia	Geschichte
	l'arte (f)	Kunst
	grande	*hier:* bedeutend, großartig
	il castello	Burg, Schloss
	offrire	bieten, anbieten
	tanto/a	viel
	l'itinerario	Weg, Rundfahrt
	scoprire	entdecken
	la dimora *(lit.)*	Haus
	contemporaneamente	gleichzeitig
	degustare	kosten, probieren
	eccelso/a	ausgezeichnet
	disseminato/a	verstreut
	a centinaia	zu hunderten
	il colle	Hügel
	la vigna	Weinberg
	Docg (denominazione di origine controllata e garantita)	*aus einem bestimmten Anbaugebiet, mit Garantie*
	nobile	adlig, edel
	il tesoro	Schatz
	la collina	Hügel, Hügelland
	subalpino/a	des Alpenvorlandes

l'agriturismo	vergleichbar mit „Ferien auf dem Bauernhof"
F.lli	Abkürzung für fratelli
Fraz. (la frazione)	Ortsteil
propone (proporre)	schlägt vor
la toma	Käsesorte in Piemont und Val d'Aosta
la nocciola	Haselnuss
all'albese	nach der Art von Alba
il peperone	Paprikaschote
proseguire	fortsetzen, weiterfahren
gli agnolotti	Nudelart
il coniglio	Kaninchen
il maiale	Schwein
la scelta	Wahl, Auswahl
sui 23 euro	um die 23 Euro
la locanda	Wirtshaus
superbo/a	großartig
al midollo	mit Knochenmark
la cantina	hier: Kellerei
conduce (condurre)	führt
numeroso/a	zahlreich
ricevere	hier: empfangen
il visitatore	Besucher
i proprietari stessi	die Besitzer selbst
disponibile a	bereit zu
ciò	das, dieses
riguardare	betreffen
la vinificazione	Weinherstellung
la degustazione	Probe, Verkosten
adattato/a	angepasst, bearbeitet

16 b)
descritto/a	beschrieben
scegliete	ihr wählt
farsi consigliare	sich beraten lassen

17)
il tartufo	die Trüffel
la fiera	Messe
il cortile	Innenhof
i trifolau (piemontesisch)	Trüffelsammler
precedente	vorhergehend
il bosco	Wald
giudicare	beurteilen
quindi	danach, daher, also
la superficie	Oberfläche
il residuo	Rest, Rückstand
la terra	Erde, Boden
la sabbia	Sand
superare	überwinden, überstehen
severo/a	streng
l'esame (m)	Prüfung
sopra	über, auf
conosciuto/a	bekannt
apprezzato/a	geschätzt
fruttare	einbringen
attualmente	gegenwärtig
la cifra	Zahl

indifferente	gleichgültig, unwichtig
l'economia	Wirtschaft
impareggiabile	unvergleichlich
unico/a	einzige(r/s), einzigartig
indispensabile	unentbehrlich
esaltare	hervorheben
tra di loro	untereinander
la calza di lana	Wollsocke
nebbioso/a	neblig
comunque	wie auch immer, auf jeden Fall
diviso/a	geteilt, aufgeteilt
il periodo	hier: Abschnitt
indicare	angeben

2 Spostarsi — sich bewegen

1 a)
il mezzo di trasporto	Verkehrsmittel
utilizzare	benutzen
il treno	Zug
l'aereo	Flugzeug
a piedi	zu Fuß

1 b)
il dipendente	Angestellter
la Rinascente	ital. Kaufhauskette
il collega	Kollege
durante	während
la pasticceria	Konditorei
il posto	Platz, Stelle
a due passi da	ein paar Schritte entfernt von
venire (unr.)	kommen
tanto	hier: sowieso
a proposito	apropos
metterci (molto)	(lange) brauchen
finora	bis jetzt
terribile	schrecklich
parcheggiare	parken
pensare	denken
l'aria	Luft
inquinato/a	verschmutzt
respirare	atmen
avere ragione	Recht haben
facile	leicht
cercare	suchen
il posteggio	Parkplatz
il divieto di sosta	Parkverbot
la sosta	Ruhepause, Halt
dappertutto	überall
fare diversamente	es anders machen
fuori (Präp.)	außerhalb von
scomodo/a	unbequem
Pazienza!	Da kann man nichts machen!
la pazienza	Geduld
ultimo/a	letzte(r/s)
la ditta	Firma

1 c)	**il corso d'italiano**	Italienischkurs
2)	la comodità	die Bequemlichkeit
	l'inquinamento	*hier:* Luftverschmutzung
	svolgere	durchführen
	Part.: **svolto**	
	l'inchiesta	Untersuchung
	l'intervista	Interview
	la destinazione	Zielort
	da solo	alleine
	avere rispetto per	Rücksicht nehmen auf
	l'ambiente (m)	Umwelt
3 a)	più spesso	öfter
	quante volte?	wie viele Male?
	una volta	einmal
	una volta al giorno	einmal pro Tag
	ogni due giorni	jeden zweiten Tag
	ordinare	*hier:* ordnen
3 b)	normalmente	normalerweise
	l'estero	Ausland
4)	la panetteria	Bäckerei
	la bici	*kurz f.* bicicletta
	la nave	Schiff
5 a)	**il progetto**	Projekt, Plan
	la parte	der Teil
	forse	vielleicht
	meglio (Adv.)	besser
	noleggiare	mieten
	il noleggio	Miete
	ricordare	erinnern an, *hier:* sich erinnern an
	il problema	Problem
	il traghetto	Fähre
	guidare	fahren
	l'autostrada	Autobahn
	Onda verde	*Verkehrsnachrichten im Radio*
	l'onda	Welle
	lamentarsi	sich beklagen
	cominciare	beginnen
	rilassante	entspannend
	riuscire a vedere	es schaffen zu sehen
	almeno	wenigstens
	le Tombe dei giganti	*steinzeitliche Sippengrabstelle*
5 b)	il vaporetto	*Linienschiff in Venedig*
5 c)	**viaggiare**	reisen
	secondo	nach, gemäß
	il passaggio pedonale	Fußgängerüberweg
6 a)	**la domanda**	Frage
	il punto	Punkt
	pubblico/a	öffentlich
6 b)	**finire** (-isco)	aufhören, fertig werden;
	finire qc.	beenden

	ringraziare	danken
	la gentilezza	Freundlichkeit
7 a)	**per**	für, wegen, *hier:* in Richtung
	la piscina	Schwimmbad
	comunale	Gemeinde-, Stadt-
7 b)	scendere *Part.:* sceso	aussteigen
	lì	dort
	l'angolo	Ecke
	il tabaccaio	Tabakladen
	Accidenti!	*(ugs.)* Verflixt!
	il semaforo	Ampel
	l'indicazione (f)	Hinweis
7 c)	*ripetere*	wiederholen
	l'incrocio	Kreuzung
	la statale (*kurz für:* la strada statale)	Staatsstraße
	statale	staatlich
8 a)	il collegamento	Verbindung
	stabile	fest, dauerhaft
	studiare	*hier:* untersuchen
	la soluzione	Lösung
	restare sulla carta	ein Stück Papier bleiben
	restare	bleiben
	propone (proporre)	schlägt vor
	sottomarino/a	unter dem Meer
	la proposta	Vorschlag
	progettare	entwerfen
	il ponte sospeso	Hängebrücke
	la campata	*hier:* Stück zwischen zwei Pfeilern
	la galleria	Tunnel
	artificiale	künstlich
	l'arcata	Bogen
	il/la migliore	der/die/das beste
	l'associazione (f)	Verein, Verband
	protezionistico/a	*hier:* Umweltschutz-
	essere contrario/a	dagegen sein
	il mito	Mythos
8 b)	*lo svantaggio*	Nachteil
	il vantaggio	Vorteil
	la costruzione	der Bau
	discusso/a	umstritten
	proponete (proporre)	ihr schlagt vor
	essere a favore di...	für ... sein
	la rapidità	Schnelligkeit
	economico/a	wirtschaftlich
	l'opera	Werk
	l'avanguardia	Avantgarde
	il costo	Kosten
	elevato/a	hoch
8 c)	raggiungibile	erreichbar
	la ferrovia	Eisenbahn
	il diretto	Eilzug
	l'espresso	Schnellzug

il vagone-letto	Schlafwagen
il vagone-cuccetta	Liegewagen
la località	Ort, Ortschaft
la penisola	Halbinsel
proseguire	fortsetzen, weiterfahren
consentire	ermöglichen
raggiungere	erreichen
Part.: **raggiunto**	
lo stretto	Meeresenge (*hier:* die Straße von Messina)
il pedaggio	Autobahngebühr, Maut
il tratto	Strecke
la superstrada	*Schnellstraße ohne Mautgebühr*
correre	rennen, *hier:* verlaufen
lungo (*Präp.*)	entlang
la litoranea	Küstenstraße
entrambi li /entrambe le	beide
l'arteria	Schlagader*, hier:* Verkehrsader
permettere *Part.:*	erlauben
permesso	
l'attraversamento	Überquerung
effettuare	durchführen
a bordo	an Bord
l'aliscafo	Tragflächenboot
impiegare	benötigen, anwenden
la traversata	die Überfahrt
lo scalo	*hier:* Flughafen
i più vicini	die nächsten
scegliete	ihr wählt

8 d)	**Pasqua**	Ostern
	avere intenzione di	die Absicht haben zu
	lo sciopero	der Streik
	durare	dauern
	chissà?	wer weiß?
	dopodomani	übermorgen
	difficilmente	schwerlich
	possibile	möglich
	incontrare	treffen, antreffen
	il più completo	der vollständigste
	completo/a	vollständig
	il calendario	Kalender

9 b)	la pagina	Seite
	il quotidiano	Tageszeitung
	la data	Datum
	il sottotitolo	Untertitel

9 c)	*spiegarne il significato*	die Bedeutung hiervon erklären

9 d)	la multiproprietà	Mehrfacheigentum
	la sovvenzione	Subvention
	la misura	Maßnahme
	previsto/a	vorgesehen
	la sanità	Gesundheit
	il cittadino	Bürger

il vigile	Verkehrspolizist
l'aiuto	Hilfe
è dato	wird gegeben
il socio	Mitglied
pagare	bezahlen
la quota	*hier:* Beitrag
la multa	Geldstrafe

9 e)	*annotare*	aufschreiben
	il compagno	Kamerad, Freund
	veramente	wirklich
	alleggerire (-isco)	entlasten
	proprio/a	eigen
	l'uso	Benutzung
	la tessera	Ausweis
	pratico/a	praktisch
	pulito/a	sauber

3 Lavorare

1 a)	**la rivista**	Zeitschrift
	il quotidiano	Tageszeitung
	il diario	Tagebuch
	commerciale	Geschäfts-, Handels-
	il dépliant	Prospekt
	addormentarsi	einschlafen
	tardi	spät
	stamattina	heute Morgen
	la sveglia	Wecker
	far colazione	frühstücken
	veloce	schnell
	perdere *Part.:* **perso**	verlieren, *hier:* verpassen
	arrivare tardi	zu spät kommen
	arrivare	ankommen
	Addio!	Lebe wohl!
	Fisiologia Vegetale	Pflanzenphysiologie
	seguire	*hier:* besuchen
	annoiarsi	sich langweilen
	da morire	(*ugs.*) „tödlich"
	il/la docente	Dozent(in)
	è una vera pizza!	ist fürchterlich langweilig!
	la speranza	Hoffnung
	il materasso	Matratze
	trasferirsi	umziehen
	sbagliare strada	sich verfahren
	sbagliare + *Subst.*	verfehlen, verwechseln
	non ... affatto	überhaupt nicht
	provare a	versuchen zu
	chiamare	anrufen, rufen, nennen
	il telefonino	das Handy
	finito il film ...	nachdem der Film zu Ende war, ...
	precipitarsi	*hier:* schnell gehen
	la giornataccia	schlechter Tag
1 c)	*irregolare*	unregelmäßig
	il participio passato	Partizip der Vergangenheit

2 a) orribile — schrecklich
la visita guidata — Führung *(im Museum)*
la visita — Besuch
i fuochi d'artificio — Feuerwerk
noioso/a — langweilig
pesante — schwer, *hier:* erdrückend

3 la facoltà — *(Universität:)* Fakultät
Erboristeria — Heilpflanzenkunde
il libretto — Broschüre
la possibilità — Möglichkeit
l'alloggio — Unterkunft

3 c) il diploma — Abschluss *(Schule)*
ve lo racconta — sie erzählt es euch

3 d) **la tecnica** — Technik
erboristico/a — die Heilpflanzen betreffend
è nato — ist geboren, *hier:* ist entstanden
l'anno accademico — Studienjahr
iscriversi — sich anmelden, sich einschreiben
la scuola media superiore — *die Oberstufe (9.–13. Klasse)*
medio/a — mittlere(r/s), durchschnittlich
superiore — obere(r/s)
la durata — Dauer
il numero — *hier:* Anzahl
programmato/a — programmiert, vorausgeplant
la frequenza — *hier:* Besuch
obbligatorio/a — vorgeschrieben
la fitofarmacia — Schädlingsbekämpfung
occuparsi di — sich beschäftigen mit
la gestione — Führung, Verwaltung
agroindustriale — größere Agrarbetriebe betreffend
inoltre — außerdem
avere luogo — stattfinden
direttamente — direkt
l'azienda — Betrieb, Firma
certo *(Adv.)* — sicherlich
l'aspetto — *hier:* Aspekt
il più interessante — der interessanteste
manualmente — mit der Hand
apprendere *Part.:* appreso — lernen, erfahren
luglio — Juli
prendere parte a — teilnehmen an
acquisire (-isco) — erwerben
maggiore — größer
l'esperienza — Erfahrung
l'attività — Tätigkeit
richiesto/a — gesucht
infatti — in der Tat
aumentare *itr* — wachsen

curare — behandeln, pflegen
lo sbocco professionale — berufliche Perspektive
professionale — beruflich
agricolo/a — landwirtschaftlich
specializzato/a — spezialisiert
la pianta — Pflanze
medicinale — Heil-
dispone di (disporre) — verfügt über
la coltivazione — Anbau
le più estese — die ausgedehntesten
esteso/a — ausgedehnt
in cima a — ganz oben auf
la cima — Gipfel
il colle — Hügel
fra — zwischen
il monte — Berg

riguardare — betreffen
la formazione — Ausbildung
lavorativo/a — beruflich

il numero chiuso — der Numerus clausus
svolgersi *Part.:* **svolto** — sich abspielen
l'amministrazione (f) — Verwaltung
praticamente — praktisch
l'incontro — Treffen
più grande — größer

3 e) **la malattia** — Krankheit
esistere — existieren
il genere — Art
qualcuno/a — irgend jemand
il campo — Feld, Bereich

4 a) **la direzione** — Direktion, Leitung
il rappresentante — Vertreter
la ragioniera — Industriekauffrau
il ragioniere — Industriekaufmann
il laboratorio — Labor
la maestra di scuola materna — Kindergärtnerin
la scuola materna — Kindergarten
l'operaio — Arbeiter
eseguire — durchführen
l'analisi (f) — Analyse
organizzare — organisieren
il rapporto — Beziehung, *hier:* Bericht

4 b) *la frase* — Satz
il grande magazzino — Kaufhaus
il liceo scientifico — naturwissenschaftliches Gymnasium
lo stabilimento — Werk, Gebäudekomplex
l'impegno — Verpflichtung

5 a) essere laureato/a (in ...) — den Hochschulabschluss (in ...) haben
l'economia — Wirtschaft
il commercio — Handel
il contratto — Vertrag

lo studio	*hier:* Kanzlei	
il commercialista	Steuerberater	
la fine	Ende	
duro/a	hart	
stressante	stressig	
ho avuto	*hier:* ich habe bekommen	
l'offerta	Angebot	
la cassa di risparmio	Sparkasse	
perciò	daher, deshalb	
accettare	annehmen, akzeptieren	
più sicuro/a	sicherer	
sicuro/a	sicher	
lo sportello	Schalter *(Bank, Bahnhof, Post,)*	
la fatica	Mühe	
... fa	vor *(zeitlich)*	
il concorso interno	der interne Wettbewerb	
il concorso	Wettbewerb	
il/la responsabile	der/die Verantwortliche	
l'impresa	Unternehmen	
passare a / in	wechseln zu	
il/la responsabile finanziario/a	kaufmännische(r) Leiter(in), Controller	
ricevere	bekommen	
la robotica	Robotertechnik	
la scuola dell'obbligo	Pflichtschule, *umfasst* scuola elementare *(5 Jahre) und* scuola media *(3 Jahre)*	
diventare	werden	
l'autoveicolo	Fahrzeug	
l'officina	Werkstatt	
sfruttare	ausnutzen	
IVECO	*(Industrial Vehicle Company)*	
metalmeccanico/a	Metall- und Maschinen-bau-	
il dipartimento	Abteilung	
l'acquisto	Kauf, Einkauf	
produrre *(unr.)*	herstellen, produzieren	
Part.: **prodotto**		
l'autocarro	Lastwagen	
a tempo pieno	in Vollzeit	
la mansione	Aufgabenbereich	
principale	hauptsächlich	
l'assemblaggio	Zusammenbau	
soddisfatto/a di	zufrieden mit	
troppo/a	zu viel	

5 b)	aziendale	Firmen-, Betriebs-
	l'amministratore delegato	Geschäftsführer
	generale	allgemein, Gesamt-
	la segreteria	Sekretariat
	l'interno	*hier:* Inland
	il flusso	Fluss, Lauf
	le risorse umane	Personal

5 c)	*descrivere*	beschreiben
	Part.: descritto	
	il settore	Sektor
	il luogo	Ort
	indovinare	raten, erraten
	tessile	Textil-
	dirigere *Part.:* diretto	leiten
	il reparto	Abteilung
	mandare	schicken
	il caporeparto	Abteilungsleiter
	gli elettrodomestici	Elektrogeräte
	la struttura	Struktur
	disegnare	zeichnen, entwerfen
	l'assistenza clienti	Kundendienst
	rilasciare	ausstellen *(Dokumente)*
	aiutare qu.	jemandem helfen
	chimico/a	chemisch
	l'infermiere	Krankenpfleger
	lo studio medico	Arztpraxis
	amministrativo/a	Verwaltungs-

5 d)	l'ambulatorio	Arztpraxis, Ambulanz

5 e)	piacevole	angenehm

7)	*l'emittente (f)*	Sender
	lo stipendio	Gehalt

8)	marino/a	Meeres-

8 a)	il poeta	Dichter
	il salinaro	Salinenarbeiter
	la lavorazione	Bearbeitung
	vivo/a	lebendig
	rimuovere	wegschaffen
	la carriola	Schubkarren
	cocente	brennend
	il mese	Monat
	estivo/a	sommerlich
	incantato/a	zauberhaft
	il mulino a vento	Windmühle
	il silenzio	Stille, Schweigen
	lavorare duro	hart arbeiten
	i versi	Verse *(Gedicht)*
	la tenacia	Beharrlichkeit
	il mondo	Welt
	circondare	umgeben
	il ricordo	Erinnerung
	la fede	Glaube
	da poeta	als Dichter
	il cammino	Weg

8 b)	lo spunto	Anregung
	dimenticare	vergessen

9 a)	la vista	Sicht
	i Fenici	die Phönizier
	è favorito/a	wird begünstigt
	particolare *(Adj.)*	besondere(r/s)
	la densità salina	Salzgehalt
	la condizione	Bedingung

la siccità	Trockenheit
il vento	Wind
l'evaporazione (f)	Verdunstung
avvenire	geschehen
la vasca	Becken
il passaggio	Übergang, Durchgang
formare	bilden
viene frantumato/a	wird gebrochen
a mano	von Hand
viene raccolto/a	wird gesammelt
il cumulo	Haufen
viene coperto/a	wird abgedeckt
la tegola	Ziegel
la pioggia	Regen
macinare	mahlen
la commercializzazione	Vermarktung
la squadra	Mannschaft, Gruppe
la guida	Führung
introdotto/a	eingeführt
l'estensione (f)	Ausdehnung
il rendimento	Leistung, Ertrag
nel corso dei secoli	im Lauf der Jahrhunderte
arrivavano	sie kamen (an)
caricare	laden
la superficie	(Ober-)Fläche
era	war
l'ettaro	Hektar
la tonnellata	Tonne (1000 kg)
annuo/a	jährlich
la ricchezza natura-listica	Naturvielfalt
camminare	gehen, wandern
l'acetosella	Sauerampfer
nidificare	nisten
la specie	Art
l'uccello	Vogel

9 b)

rileggere	noch einmal lesen
per scritto	schriftlich
frantumare	brechen

Ripasso 1

1)

una volta	hier: früher einmal
la dieta alimentare mediterranea	Essgewohnheiten des Mittelmeerraums
cambiare itr. Perf.: è cambiato/a	sich ändern
la mancanza	das Fehlen
certo/a	gewiss, sicher
il fatto	Tatsache
surgelato/a	tiefgefroren
preconfezionato/a	Fertig-
pronto/a	fertig, bereit
il microonde	Mikrowellenherd
Immaginatelo voi!	Malt euch das aus!
uguale	gleich
il proverbio	Sprichwort

Regione che vai, cucina che trovi!	„Andere Länder, andere Küche!"
Per fortuna!	Zum Glück!
la gente	die Leute
le vongole	Venusmuscheln
certamente	sicher
menzionato/a	erwähnt

2)

a catena	nacheinander
domandare	fragen
il battello	Personenschiff

3)

la segnaletica	Beschilderung

4)

risolvere	lösen, auflösen
l'anagramma (m)	Buchstabenversetzrätsel
l'errore (m)	Fehler
per punizione	zur Strafe
riconoscere	erkennen
anagrammato/a	verschlüsselt

5)

raramente	selten

6)

la riunione	Treffen, Sitzung

7 a)

coltivare	anbauen (Landwirtschaft)
il trattamento	Behandlung
il titolare	Inhaber
stare a cuore	am Herzen liegen
il benessere	Wohlbefinden
il consumatore	Verbraucher
il collaboratore	Mitarbeiter
la paga	Lohn
il casolare	entlegenes Landhaus
genuino/a	unverfälscht
l'agricoltura	Landwirtschaft
disposto/a a	bereit zu
lavorare	hier: bearbeiten
il disoccupato	Arbeitsloser
trovarsi	sich befinden
la Val Tiberina	das Tibertal
il confine	Grenze
collegare	verbinden
fatturare	umsetzen (Wirtschaft)
la ricerca	Forschung
lo sviluppo	Entwicklung

7 b)

il fatturato	Umsatz

4 Oggi mi sento proprio bene.

1 a)

da favola	fabelhaft
la maga	Wahrsagerin
predire (wie dire) Part.: predetto	voraussagen
la salute	Gesundheit
il ferro	Eisen
credere	glauben
Come va?	Wie geht es?
sentirsi	sich fühlen

	Non c'è male.	(Es geht mir) nicht schlecht.
	Così così.	So, so / Nicht besonders.
	male (Adv.)	schlecht
1 b)	**stanco/a**	müde
	preoccupato/a	besorgt
	triste	traurig
	nervoso/a	aufgeregt, nervös
	malato/a	krank
	il freddo	Kälte
	avere freddo	frieren
	il sonno	Schlaf
	avere sonno	müde sein
	l'influenza	Grippe
	il caldo	Wärme
	avere caldo	schwitzen
	la paura	Angst
2 b)	*mimare*	mimisch darstellen
	Cos'hai?	Was hast du / Was fehlt dir?
2 c)	riferirsi a (-isco)	sich beziehen auf
3 a)	*la cadenza*	Tonfall
	appropriato/a	passend
	invece	hingegen
3 b)	**raffreddato/a**	erkältet
	chiedere di qu.	nach jemandem fragen, jemanden verlangen
5 a)	**la colpa**	Schuld
	tornare	zurückkehren
	più tardi del solito	später als üblich
	Finalmente!	Endlich!
	Sono qui che aspetto da tre ore.	(ugs.) Ich warte hier seit drei Stunden.
	il ritardo	Verspätung
	succedere Part.: **successo**	geschehen, passieren
	nulla	nichts
	l'imprevisto	das Unvorhergesehene
	puntuale	pünktlich
	la verità	Wahrheit
	la scusa	Entschuldigung, hier: Vorwand
5 b)	*a coppie*	paarweise
	concludersi	zu Ende gehen
5 c)	Sarebbe bello!	Es wäre schön!
6)	**rappresentare**	darstellen
	il particolare	Detail
	la sala	Saal, Raum
	massimo/a	größte(r/s)
	l'esempio	Beispiel
	la pittura	Malerei
	il liberty	Jugendstil

6 a)	**la testa**	Kopf
	l'occhio	Auge
	il naso	Nase
	la bocca	Mund
	il collo	Hals
	la spalla	Schulter
	il braccio Pl.: **le braccia**	Arm
	la mano Pl.: **le mani**	Hand
	il dito Pl.: **le dita**	Finger
	la gamba	Bein
	il ginocchio Pl.: le ginocchia	Knie
	il piede	Fuß
7 a)	**il disturbo**	gesundheitliche Beschwerde
	il rimedio	Abhilfe
	il mal di stomaco	Magenschmerzen
	lo stomaco	Magen
	il mal di ... (Körperteil)	Schmerzen an ...
	il dente	Zahn
	la febbre	Fieber
	la gola	Hals
7 b)	la camomilla	Kamille, Kamillentee
	smettere di	aufhören zu
	coprirsi	hier: sich warm anziehen
	coprire Part.: **coperto**	bedecken, abdecken
	il miele	Honig
	omeopatico/a	homöopathisch
7 c)	**contro**	gegen
7 d)	**la risposta**	Antwort
	simile	ähnlich
8 a)	andare a correre	joggen
8 b)	**la voce**	Stimme
	far male	wehtun
	lo sciroppo	Sirup, hier: Hustensaft
	Quante ne devo prendere?	Wie viele muss ich einnehmen?
	ne	davon
	aspettare	warten, erwarten
	rischiare	riskieren
	la bronchite	Bronchitis
	esagerare	übertreiben
	piuttosto	hier: eher, lieber
	telefonare a qu.	jemanden anrufen
	avvisare	informieren
	guarire (-isco)	genesen
	presto	bald
	peggio per lei	(sie ist) selber schuld
8 c)	il tranquillante	Beruhigungsmittel
	la tisana	Kräutertee
	l'alloro	Lorbeer
	la tosse	Husten

10)	**necessario/a**	notwendig
	la palestra	Turnhalle, *hier:* Sportverein
	la cura	Behandlung *(Medizin)*, Kur
	il cioccolatino	Praline
	fumare	rauchen
	dimagrire (-isco)	abnehmen
	la dieta	Diät
11)	**il consiglio**	Rat, Ratschlag
12 a)	**la foglia**	Blatt *(Pflanze)*
	la buccia	Schale *(von Obst und Gemüse)*
	il tegamino	kleiner Topf
13 a)	serale	Abend-
	il partecipante	Teilnehmer
	Pentecoste	Pfingsten
	la pelle	Haut
	la ruga	Hautfalte
	Appena arrivati, ...	Kaum angekommen, ...
	subito	sofort
	dentro	hinein in
	la fossa	Grube
	il fango	Schlamm
	far ringiovanire	jünger werden lassen
	bisogna	man muss
	Una volta usciti, ...	Sobald man draußen ist, ...
	fare il bagno	baden
	sdraiato/a	ausgestreckt
	la roccia	Felsen
	in prossimità di	in der Nähe von
	la fessura	Spalte
	dalla quale	aus welcher
	il vapore	Dampf
	lo sguardo	Blick
	rivolto/a a	gewandt zu
	abbattere	*hier:* bekämpfen
	godere	genießen
	accogliente	freundlich
13 b)	Ci sono già stato.	Ich bin schon dort gewesen.
13 c)	l'arcipelago	Inselgruppe
14 a)	fare parte di	gehören zu
	la più vicina	die nächstgelegene
	Erodoto	Herodot
	lo storico	Historiker
	sacro/a	heilig
	Tucidide	Thukydides
	appare (apparere)	erscheint
	il fumo	Rauch
	la fiamma	Flamme, Feuer
	il colore	Farbe
	clamoroso/a	aufsehenerregend
	borbottare	murmeln

	sprigionando	verströmend
	forte	stark
	l'odore	Geruch
	lo zolfo	Schwefel
	fessurato/a	mit Spalten
	fuoriesce (fuoriuscire)	entweicht
	il calore	Wärme
	selvaggio/a	wild
	Levante	Osten
	Ponente	Westen
	ormai	jetzt
	la fumarola	*Rauchfahne des Vulkans*
	la sorgente	Quelle
	giallastro/a	gelblich
	bollente	kochend
	il litorale	Küste
	orientale	östlich
	gorgogliare	gurgeln, brodeln
	100°C	*gelesen:* cento gradi centigradi
	centigradi	Celsius(-Grade)
	la base	Basis
	il faraglione	(hohe, schlanke) Klippe
	vi è	*entspricht* c'è
	la pozza	Pfütze
	tiepido/a	lau, lauwarm
	grigiastro/a	gräulich *(Farbe)*
	acre	scharf, beissend
	l'idrogeno (m) solforato	Schwefelwasserstoff
	cospargersi di	sich bedecken mit
	il corpo	Körper
	salutare *(Adj.)*	heilsam
	sciacquarsi	sich abwaschen
	l'inalazione (f)	Inhalation
	la respirazione	Atmung
	occidentale	westlich
	sgorgare	sprudeln
	indicato/a	angezeigt
	l'artrite	Arthritis, Gelenkentzündung
	risalgono a	gehen zurück auf
	il ripristino	Instandsetzung
	l'impianto	Anlage
	risalente	zurückgehend
	a.C. (avanti Cristo)	vor Christus
	la grotta sudatoria	Schwitzgrotte
	la testimonianza	Zeugnis
14 c)	la gastrite	Gastritis, Magenschleimhautentzündung
	il dolore	Schmerz

5 Come restiamo? Wie verbleiben wir?

1 a)	richiamare	zurückrufen, noch einmal anrufen *(Telefon)*
	attendere	warten

	Dimmi!	Aufforderung zum Reden oder zum Bestellen (wörtl.: Sag mir!)
	Chiamala!	Ruf sie an!
	Sta parlando	spricht gerade
	Pronto!	Hallo! *(am Telefon)*
	l'attimo	Augenblick
	restare in linea	am Apparat bleiben
	la linea	Linie, *hier:* Leitung
2 a)	**stare tranquillo/a**	unbesorgt sein
	tranquillo/a	ruhig
	appena *(Konj.)*	kaum, sofort nachdem
	fare + *Inf.*	*Inf.* + lassen
	sapere *(unr.)*	wissen, können
	sbagliare	*itr.:* sich irren
2 b)	**il regalo**	Geschenk
3 a)	**dottor** *(vor dem Nachnamen)*	Doktor
4)	**occupato/a**	beschäftigt, *hier:* belegt
5 a)	**discutere** *Part.:* **discusso**	diskutieren
5 b)	godersi	genießen
	pigro/a	faul
	immaginare	sich vorstellen
	ora che ci penso	jetzt, wo ich gerade dran denke
	settecentesco/a	aus dem 18. Jahrhundert
	due-, tre-, ..., nove-centesco/a	aus dem *Due-, Tre-, ..., Novecento*
	strano/a	eigenartig
	il mostro	Monster
	soggiornare	sich aufhalten
	gli appunti	Notizen
	la descrizione	Beschreibung
	il principe	Fürst
	costruire (-isco)	bauen
	da bambino/a	als kleines Kind
	i genitori	Eltern
	allora *(Adv.)*	damals
	rivedere *Part.:* **rivisto**	wiedersehen
	solito/a	üblich, gewohnt
	il fifone / la fifona	Angsthase
	i tuoi	deine Eltern
	lo spirito	Geist
	Ma va'!	Ach, geh'!
	il discorso	Rede
	passare	vorbeigehen, vorbeikommen
	l'albergo	Hotel
	l'orario	Fahrplan
	l'altro ieri	vorgestern
	l'AST (f)	*Linienbusgesellschaft*
	far vedere	zeigen
	tra un'ora	in einer Stunde
	tra + *Zeitraum*	in

	fra + *Zeitraum*	in
	Mi raccomando!	Ich bitte sehr darum!
6 a)	**il biglietto**	Eintrittskarte, Fahrkarte
	accompagnare	hinbringen, begleiten
6 b)	**disturbare**	stören
	dare	*Theater/Kino:* geben, aufführen
	prossimo/a	nächste(r/s)
	l'opera	*hier:* Oper
	brutto/a	häßlich
	lo squallore	Trostlosigkeit
	invitare	einladen
6 c)	**la gita**	Ausflug
	sembrare	scheinen
	la commedia dell'arte	*italienische Stegreif-komödie*
	divertente	unterhaltsam
	la telefonata	Anruf
	i suoi	seine/ihre Eltern
7)	riproposto/a	neu präsentiert
	venire a prendere qu.	jem. abholen kommen
	andare a prendere qu.	jem. abholen gehen
8 a)	**la voglia**	Lust
	i sette peccati capitali	die sieben Todsünden
	la commedia	Komödie
	l'imbianchino	Anstreicher
	essere libero/a	Zeit haben
8 b)	*a due a due*	jeweils zu zweit
	scegliendo	wählend
	lo spettacolo	Vorstellung
	la pagina	Seite
	il riposo	Pause
8 c)	invitare a	einladen/auffordern zu
	l'entusiasmo	Begeisterung
	oppure	oder
	rifiutare	ablehnen
	il giro	Rundfahrt, Rundgang
	il mercato delle pulci	Flohmarkt
	l'opera dei pupi	*Marionettentheater*
	la partita	Spiel, Partie
	andare a trovare	*(eine Person)* besuchen gehen
	il doge	Doge
	l'imperatore (m)	Kaiser
9 b)	**mettersi d'accordo**	sich einigen
10 a)	**preoccuparsi**	sich Sorgen machen
	è che ...	es ist so, dass
	la calma	Ruhe
	calma, calma!	nur mit der Ruhe!
	l'importanza	Bedeutung
10 b)	**la causa**	Ursache
	dialogare	sich unterhalten
	rimanere bloccato/a	stecken bleiben

il conoscente	Bekannter
per la strada	auf der Straße
l'appuntamento	Verabredung, Treffen
il contrattempo	Zwischenfall

10 c) far tardi — lange aufbleiben

11 a) il bacio — Kuss
il fiol (Dialekt) — = figlio
il compleanno — Geburtstag

11 b) l'invito — Einladung

12) il volo — Flug
Brema — Bremen
il soggiorno — Aufenthalt
l'azienda agrituristica — *agriturismo*-Hof

13) patito (m) di — Fan, Freak
navigare — *hier:* im Internet surfen
la posta elettronica — e-mail
la manifestazione — Veranstaltung

14) l'attore — Schauspieler
l'origine (f) — Ursprung
il pupo — *spezielle Marionettenart*
fin da — schon seit
Senofonte — Xenophon (griech. Schriftsteller)
nominare — nennen, erwähnen
la diffusione — Verbreitung
intorno a — um ... herum
la metà — Hälfte, Mitte
influenzare — beeinflussen
ispirarsi — sich inspirieren lassen
rievocare (rievoco) — ins Gedächtnis rufen
le gesta — (Helden-)Taten
il cavaliere — Ritter
l'amante (m/f) — der Liebhaber, die Geliebte
appassionato/a — leidenschaftlich
esprimere — ausdrücken
il sentimento — Gefühl
riflettere — widerspiegeln
la maniera — Art und Weise
comune — *hier:* gewöhnlich
il traditore — Verräter
impersonare — verkörpern
fiero/a — stolz
coraggioso/a — mutig
travolto/a — mitgerissen
il binomio — Wortpaar
l'odio — Hass
i locali in cui ... — die Lokale, in denen ...
rappresentare — *hier:* aufführen
la rappresentazione — *hier:* Aufführung
a voce alta — mit lauter Stimme
il suggerimento — Ratschlag
scommettere — wetten
presunto/a — mutmaßlich
il vincitore — Gewinner

vengono costruiti — werden gebaut
l'artigiano — Kunsthandwerker
il falegname — Schreiner
realizzare — realisieren
lo scheletro — Skelett
il fabbro — Schmied
l'armatura — Rüstung
viene creato/a — wird geschaffen
lo scultore — Bildhauer
il sarto — Schneider
il velluto — Samt
la seta — Seide
differenziarsi — sich unterscheiden
tra cui — unter ihnen
il puparo — Puppenspieler

15 a) il pezzo — *hier:* Theaterstück
ispirato/a a — inspiriert von
il personaggio — *hier:* Theaterfigur
il tratto di carattere — Charakterzug
ricco/a — reich
avaro/a — geizig
il commerciante — Händler
sicuro di sé — selbstsicher
nutrito/a — ernährt
generoso/a — großzügig
il contadino — Bauer
l'operazione (f) — *hier:* Unternehmung
a sorpresa — überraschend
la sorpresa — Überraschung
a volte — manchmal
proposto/a — *hier:* vorgeführt
allora *(Adj.)* — damalige(r/s)
la corte — Hof
nascere — geboren werden
chiamato/a — genannt
la compagnia — *hier:* Schauspielertruppe
sono formate — werden gebildet
professionista — professionell
girare *itr.* — umherfahren
la bravura — das Können
fisso/a — fest
caratterizzato/a — charakterisiert
la maschera — Maske

15 b) la scena — Bühne
la società — Gesellschaft
perfetto/a — perfekt
il burattino — Handpuppe
il romanzo — Roman
messo/a in scena — inszeniert
riservare una sorpresa — eine Überraschung enthalten
trattarsi di — sich handeln um
il teatrante — Theaterschauspieler
prevedere — vorsehen
la mescolanza — Mischung, Vermischung
in genere — allgemein
l'utilizzo — Verwendung

	il linguaggio	Ausdrucksweise
	il teatro di figura	Puppen- und Marionettentheater
	creare	schaffen
	il tratto	Wesenszug
	il pupazzo	*hier:* Theaterpuppe
	il limite	Grenze
	la violenza sintetica	*die auf Gestik beschränkte Gewalt*
	vivere di	leben von
15 c)	recitare (recito)	aufführen
	allegro/a	fröhlich
	serio/a	ernst
	l'occasione	Gelegenheit
	ultimamente	kürzlich

6 Come mi sta?   Wie steht es mir?

	su misura	nach Maß
	il sarto	Schneider
	la modifica	Änderung
	lo stilista	*hier* Modeschöpfer
	le scarpe	Schuhe
	venire in mente	in den Sinn kommen
1 a)	esigente	anspruchsvoll
	stare a pennello	perfekt sitzen *(Kleidung)*
	la giacca	Jacke, Jackett
	il soprabito	Übergangsmantel
	l'altezza	Höhe
	i pantaloni (mpl)	Hose
	il cotone	Baumwolle
	il vestito	Kleid, Anzug
	attillato/a	enganliegend
	il colore	Farbe
	chiaro/a	hell, klar
	il completo	Kostüm, Hosenanzug
	da + *Preisangabe*	zu
	il taglio	Schnitt
	la camicetta	Bluse
	la seta	Seide
	il cappotto	Mantel
	la lana	Wolle
	la pelle	Leder
	gli accessori	Accessoires
	la camicia	Hemd
	il cappello	Hut
	Dai!	Los!
	entrare	eintreten
	curioso/a	neugierig
2)	**la pubblicità**	Werbung
	il capo di abbigliamento	Kleidungsstück
	la maglia	Trikot, Pulli
	il maglione	Pullover
	il giubbotto	sportl. Jacke, Weste
	l'abitino	kleines Kleid

	la gonna	Rock
3 a)	*sceglie (scegliere)*	wählt
	senza dirne il nome	ohne den Namen (von ihm) zu sagen
	indossare	*(Kleidung)* tragen
	il lino	das Leinen
	il velluto	der Samt
	la vernice	der Lack
	il cuoio	das Leder
	il tessuto	der Stoff, das Gewebe
	sintetico/a	synthetisch
	misto/a	gemischt
	a righe	gestreift
	a quadri	kariert
	a fantasia	bunt, mit Fantasiemuster
	a disegni geometrici	mit geometr. Muster
	in tinta unita	uni
4 a)	*la cintura*	Gürtel
	griffato/a	mit (sichtbarem) Firmenlogo
	il prezzo accessibile	erschwinglicher Preis
	accessibile	zugänglich
	il costume da bagno	Badeanzug, Badehose
	la tuta	Trainingsanzug
	la ginnastica	Gymnastik
	economico/a	*hier:* billig
	a buon mercato	billig
	girare *itr.*	umherfahren, umhergehen
4 b)	*il contrario*	Gegenteil
4 c)	i sandali	Sandalen
6)	puro/a	rein
	la lana vergine	Schurwolle
7 a)	**sposare qu.**	jem. heiraten
	per allegria	*hier:* zum Spaß
	l'allegria	Fröhlichkeit
	adesso	jetzt
	ricordarsi qc.	sich an etwas erinnern
	piovere	regnen
	forte	stark
	il funerale	Beerdigung
	orrendo/a	entsetzlich
	buttare via	wegwerfen
	buttare	werfen
7 b)	*parlando*	sprechend
	la maglietta	T-Shirt
	i guanti	Handschuhe
	le calze	Strümpfe, Socken
	colorato/a	farbig
	l'impermeabile	Regenmantel
	gli stivali	Stiefel
7 c)	il vestitino	Kleidchen
	aderente	enganliegend

8 b)	*sottolineare*	unterstreichen
	acquistare	kaufen
	la taglia	Kleidergröße
	Che taglia porta?	Welche Größe haben Sie?
	il bottone	Knopf
	stretto/a di vita	eng in der Taille
	la vita	*hier:* Taille
	la manica	Ärmel
	altrimenti	andernfalls
	perfetto/a	perfekt
	il paio, *Pl.:* **le paia**	Paar
	Che numero porta?	Welche Schuhgröße haben Sie?
	stretto/a di punta	eng an der Spitze
	la punta	Spitze
	magari	vielleicht
	la carta di credito	Kreditkarte
10 b)	*guardando*	anschauend
	accorciare	kürzen
	semplice	einfach
11 b)	*l'oggetto*	Objekt
	la sciarpa	Schal
11 c)	**sportivo/a**	sportlich
12	**la misura**	das Maß
13	**importante**	wichtig
	poco (*Adv.*)	wenig, nicht sehr
	dove capita	irgendwo
	preferito/a	bevorzugt
15 b)	raffinato/a	raffiniert
	intervistare	interviewen
	il gestore	Inhaber
16 a)	l'abito	Anzug
	sartoriale	Schneider-
	pagare	*hier:* sich auszahlen
	il comparto	*hier:* Branche
	anzi	im Gegenteil
	continuare a crescere	weiter wachsen
	sia ... che	sowohl ... als auch
	fondato/a	gegründet
	mondiale	Welt-
	maschile	männlich
	il profilo	*hier:* Gesichtspunkt
	rispetto a	im Vergleich zu
	artigianale	handwerklich
	cucire	nähen
	la media	Durchschnitt
	impiegato/a	benötigt, aufgewendet
	la sartoria	Schneiderei
	la fiducia	Vertrauen
	il difetto	Fehler
	in più	mehr
16 b)	futuro/a	zukünftige(r/s)

il professionista	*hier:* Fachmann
il futuro	Zukunft
di cui	*hier:* von denen, davon
% (*gelesen*: per cento)	Prozent
l'esportazione (f)	Export
la rassegna	Schau
l'alta moda	exklusive Mode
la passerella	Steg, Laufsteg
la spesa	die Ausgabe
annuale	jährlich
sostenuto/a	*hier:* getragen
l'allievo	Schüler
il diplomato	*hier:* (Schul-)Abgänger
agire (-isco)	handeln
la collaborazione	Zusammenarbeit
sovvenzionare	subventionieren
riconosciuto/a	anerkannt
l'impegno	*hier:* Einsatz
un giorno	*hier:* eines Tages
il sinonimo	Synonym
la sfilata di moda	Modenschau
incredibile	unglaublich

16 c)	lo studio	*hier:* Studie
	il marchio	Marke
	il lusso	Luxus
	la griffe (*frz.*)	Marke (*Mode*)
	l'affare (m)	Geschäft
	la capitale	Hauptstadt
	contare	zählen
	centinaia di	hunderte von
	l'esposizione (f)	Ausstellung
	l'estate (f)	Sommer
	affascinante	faszinierend
	conclusivo/a	abschließend
	il fiore	Blume, Blüte
	la scalinata	Freitreppe
	il cotonificio	Baumwollfabrik
	vengono esportati	sie werden exportiert
	l'area	Gebiet
	il decennio	Jahrzehnt
	la confezione	*hier:* das Nähen
	firmato/a	*hier:* mit (sichtbarem) Firmenlogo
	il profumo	Parfüm
	i gioielli	Juwelen, Schmuck
	l'acquirente (m)	Käufer
	la calzatura	Schuhwaren
	il grossista	Großhändler

Ripasso 2

1 a)	il dietologo	Ernährungsberater
	l'allergia alla polvere degli ambienti	Hausstauballergie
	l'ambiente	*hier:* geschlossener Raum
	per via di	wegen

	evitare	meiden
	il fisico	Körper
	eliminare	beseitigen
	seguire	*hier:* befolgen
	aumentare *tr.*	steigern
	la difesa	*hier:* Abwehrkräfte
	il comportamento	Verhalten
	sano/a	gesund
	regolarmente	regelmäßig
	l'aria aperta	die frische Luft
	ne basta poco/a	davon genügt wenig
	il sintomo	Symptom
	fastidioso/a	lästig
	diminuire (-isco)	abnehmen
1 b)	la trasmissione radiofonica	Radiosendung
2)	la valigia	Koffer
3)	giugno	Juni
	l'opera lirica	Oper
	la danza	Tanz
	la prenotazione	Reservierung
	l'azienda di soggiorno	Kurverwaltung
	la partecipazione	Teilnahme
	il musicista	Musiker
	il compositore	Komponist
	la commissione	*hier:* Auftrag
	preciso/a	genau

7 Tanti auguri! Brindiamo!

	Tanti auguri!	Alles Gute!
	l'augurio	Glückwunsch
	brindare	anstoßen *(beim Trinken)*
1)	**compiere gli anni**	Geburtstag haben
	stare + *Gerundium*	dabei sein zu + *Inf.*
	gli occhiali *(mpl.)*	Brille
	togliersi la giacca	die Jacke / das Jackett ausziehen
	baciare	küssen
	la tartina	Häppchen, Schnittchen
	l'ospite	Gast
	Attenzione!	Achtung!
2	abbracciare	umarmen
	sorridere	lächeln
	battere le mani	in die Hände klatschen
	battere	schlagen
3)	la memoria	Gedächtnis
	a memoria	auswendig
	ricordarsi	sich erinnern
	Mi sembra di no.	Nein, wie mir scheint.
4)	**singolo/a**	einzelne(r/s)
5)	il Papa	Papst
	il Ministro degli Esteri	Außenminister

	la personalità	Persönlichkeit
6 a)	i preparativi	Vorbereitungen
	stare per + *Inf.*	im Begriff sein ... zu + *Inf.*, gleich + *Inf.*
	A che punto siete?	Wie weit seid ihr?
	la confusione	Durcheinander
	il palloncino	Luftballon
	gonfiare	aufblasen
	la candela	Kerze
	A tra poco!	Bis gleich!
7)	**la congratulazione**	Glückwunsch
8 a)	**come mai?**	wieso? wie kommt's?
	Figurati!	*(ugs.)* Aber natürlich!
	l'esame (m)	Prüfung
	presentare	vorstellen
	Buon compleanno!	Alles Gute zum Geburtstag!
	subito	sofort
	la guida Touring	*kurz für: la guida del Touring Club*
	la guida	Reiseführer
	Touring Club d'Italia (TCI)	*großer tourist. Verein u. Verlag*
	ringraziare di cuore	herzlich danken
	il cuore	Herz
	il pensiero	*hier:* Aufmerksamkeit
	i salatini	Salzgebäck
	Alla tua salute!	Auf dein Wohl!
8 c)	**offrire** *Part.:* **offerto**	anbieten
9 a)	l'onomastico	Namenstag
9 b)	**il pezzo**	Stück
	Non mi sento.	*hier: Mir ist nicht danach (zumute).*
10)	L'onomastico cade in giugno.	Der Namenstag ist im Juni.
	cadere	fallen
	gennaio	Januar
	febbraio	Februar
	marzo	März
	maggio	Mai
	settembre	September
	ottobre	Oktober
	novembre	November
	dicembre	Dezember
	festeggiare	feiern
	San ... / Santo ... / Sant' ...	der Heilige ...
	Santa ... / Sant' ...	die Heilige ...
	santo/a	heilig
11 a)	**la data**	Datum
12 a)	***prendere nota***	aufschreiben
	il cibo	Speise
	la bevanda	Getränk

12 b)	regalare	schenken
12 c)	pronto/a	fertig, bereit
	il festeggiato	der Gefeierte, Jubilar
	accogliere	empfangen
13 a)	Auguri di felicità!	Glückwünsche!
	cordiale	herzlich
	Felicitazioni!	Glückwunsch!
	Un brindisi a ...!	Ein Prosit auf ...!
	gli sposi	Brautleute
	derivare da	herkommen von
	il sacerdote	Priester
	il volere	Willen
	gli dei	Götter
	attraverso	durch
	il presagio	Anzeichen
	l'evento	Ereignis
	cattivo/a	schlecht, böse
	felice	glücklich
	l'augurio	*hier:* Vorzeichen
	il desiderio	Wunsch
	l'avvenimento	Ereignis
	il matrimonio	Hochzeit; Ehe
	adoperare	gebrauchen
	il saluto	Gruß
	bere alla salute di qu.	auf die Gesundheit von jemand trinken
	alzare	heben
13 b)	l'aria	*hier:* Arie
	cantare	singen
	le nozze	Hochzeit
	tagliare	schneiden
	il primo atto	der erste Akt
	il salotto	*hier:* Salon
	La tavola è apparecchiata.	Der Tisch ist gedeckt.
	innamorato/a	verliebt
	nel momento in cui ...	in dem Moment, in dem ...
	l'inno	Hymne
	la giovinezza	Jugend
	esortare	auffordern
	la gioia	Freude
	la bellezza	Schönheit
	fiorente	blühend
	la spensieratezza	Sorglosigkeit
	indicando	zeigend auf
	lo sguardo	Blick
	giungere	ankommen
	modesto/a	bescheiden
	ottiene (ottenere)	erhält
	il successo	Erfolg
	il capolavoro	Meisterwerk
	la morte	Tod
	muore	stirbt
14)	suonato/a da	gespielt von
	l'organo	Orgel

il canto	Lied, Gesang
usare + *Inf.*	pflegen zu +*Inf.*
quest'ultimo/a	der/die letztgenannte
è sostituito/a	wird ersetzt
il rinfresco	Stehempfang
i confetti	Mandelkonfekt
sognare	träumen von
il velo	Schleier
però	jedoch
stupire (-isco)	verwundern
il matrimonio civile	standesamtliche Trauung
celebrare	feiern
storico/a	historisch
resterà	wird bleiben
stravagante	extravagant

8 Andando in bici

	andando	gehend, fahrend
	è considerato	wird betrachtet als
	il completamento	Vollendung
1 a)	collegare	verbinden
1 b)	Ci siete già stati?	Seid ihr schon dort gewesen?
	ci	*hier:* dort
1 c)	attraversare	durchqueren
2 a)	l'insieme (m)	Ensemble, Gesamtheit
	il corso del fiume	Flusslauf
	il fiume	Fluss
	unire a (-isco)	verbinden mit
	lo sviluppo	Entwicklung
	la villeggiatura	Sommerfrische
	ricco/a	reich
	il maestro	Meister
	l'arte (f)	Kunst
	affrescare	mit Fresken bemalen
	numeroso/a	zahlreich
	l'artista	Künstler
	il re	König
	a partire da	seit
	estendere *Part.*: esteso	erweitern
	il dominio	Herrschaft
	la terraferma	Festland
	commissionare	in Auftrag geben
	crescente	wachsend
	la difficoltà	Schwierigkeit
	la scoperta	Entdeckung
	indurre a *Part.*: indotto	veranlassen zu
	ampio/a	ausgedehnt
	il podere	Landgut
	l'abitazione	Wohnung
	l'investimento	Investition
	terriero/a	Land-
	sorgere *Part.*: sorto	entstehen, sich erheben
	successivo/a	darauf folgend
	vero/a e proprio/a	wahr, richtig

	ducale	Herzogs-
	Palazzo Ducale (in Venedig)	Dogenpalast
	presentarsi	sich zeigen
	tuttora	heute noch
	la dimora (lit.)	Haus
	ammirare	bewundern
	l'opportunità	Gelegenheit
	il battello	Personenschiff
	quotidianamente	täglich
	la promozione	Förderung
2 b)	l'escursione (f)	Ausflug
	verso	nach (Richtung), gegen
	viceversa	umgekehrt
	la rotta	Kurs (bei Schiff und Flugzeug)
	il burchiello	venezian. Schiff
	la storia	Geschichte
	l'imbarco	Einschiffung
	la navigazione	Schifffahrt
	l'arrivo	Ankunft
	il molino	Mühle
	previsto/a	vorgesehen
	il rientro	Rückkehr
	il pullman	Omnibus
	tranne	außer
	l'ingresso	Eingang
	l'illustrazione (f)	hier: Erklärung
	facoltativo/a	freigestellt, nicht zwingend
3 a)	l'itinerario	Weg, Rundfahrt
	il percorso	Strecke
	ciclistico/a	Fahrrad-
	l'oasi naturalistica	hier: Naturschutzgebiet
	l'anatra	Ente
	lagunare	Lagunen-
	la cartina	hier: kleine Landkarte
	il tragitto	Strecke
	proposto/a	vorgeschlagen
	il paesaggio	Landschaft
	l'area	Gebiet
	protetto/a	geschützt
3 b)	i signori Zanetti	Herr und Frau Zanetti
	due righe	ein paar Zeilen
4 a)	**fare il biglietto**	die Fahrkarte kaufen
4 b)	**la partenza**	Abfahrt
	il trasporto bicicletta: verkürzt für il trasporto della bicicletta	Fahrradtransport
	la prenotazione	Reservierung
	il binario	Gleis
	la biglietteria	Fahrkartenausgabe
	il tabellone	Anzeigetafel
6 a)	**rapido/a**	schnell

	lento/a	langsam
	la sicurezza	Sicherheit
	la puntualità	Pünktlichkeit
	il relax	Entspannung
7)	tramite	durch
	solo/a + Zahl	nur
	la riva	Ufer
	attrezzato/a	ausgestattet
	la vela	hier: Segelsport
	il canottaggio	Rudersport
	rispettoso/a	respektvoll
	il cavallo	Pferd
	il sentiero	Pfad
	tracciato/a	hier: ausgeschildert
	tabellato/a	hier: in der Karte verzeichnet
	l'etnografia	Völkerkunde
	cimbro/a	zimbrisch (deutschsprachige Minderheit)
	situato/a	gelegen
	impegnativo/a	anspruchsvoll
	l'ospitalità	Gastfreundschaft
	invernale	Winter–
	legato/a a	verbunden mit
	omonimo/a	gleichnamig
	noto/a	bekannt
	la stazione sciistica	Skigebiet
	da cui	von dem
	il rifugio	hier: Berghütte
	la valle	Tal
	la meta	Ziel
	quindi	danach, daher, also
8 a)	**l'andata**	Hinfahrt
	il ritorno	Rückfahrt
	il supplemento	Zuschlag
10)	**Che tempo fa?**	Wie ist das Wetter?
	Fa freddo.	Es ist kalt.
	C'è afa.	Es ist schwül.
	l'afa	Schwüle
	C'è il sole.	Die Sonne scheint.
	C'è vento.	Es ist windig.
	il vento	Wind
	Fa bel tempo.	Das Wetter ist schön.
	Fa brutto tempo.	Das Wetter ist schlecht.
	nevicare	schneien
	nuvoloso/a	bewölkt
	C'è nebbia.	Es ist neblig.
	la nebbia	Nebel
11 a)	**l'estate (f)**	Sommer
	relativo/a	hier: dazugehörig
12)	**venire a trovare**	(eine Person) besuchen gehen
	la margheritina	Gänseblümchen
	su!	auf!

	se ne è andato	ist weggegangen
	la neve	Schnee
13 a)	**la pioggia**	Regen
	il rovescio	Regenschauer
	il temporale	Gewitter
	mosso/a	bewegt
	agitato/a	(Meer:) stürmisch
13 b)	inst**a**bile	unbeständig
	moderato/a	gemäßigt
13 d)	la previsione del tempo	Wettervorhersage
14)	nevoso/a	schneereich
	fruttuoso/a	ertragreich
	errato/a	falsch
	sedersi	sich setzen
	il prato	Wiese
	la r**o**ndine	Schwalbe
	il proverbio	Sprichwort
	dist**i**nguersi da	sich unterscheiden von
	il modo di dire	Redensart
	la sentenza	Urteil
	la raccomandazione	Empfehlung
	l'avvertimento	Hinweis
	l'enciclopedi**a**	Lexikon
	orale	mündlich
	la saggezza popolare	Volksweisheit
	comprens**i**bile	verständlich
	assieme	zusammen
	il gesto	Gebärde
	la vivacità	Lebendigkeit
	quotidiano/a	täglich
	la raccolta	Sammlung
	l'agricoltura	Landwirtschaft
	persino	sogar
	il ciclo	Zyklus
	l'osservazione (f)	Beobachtung
	la doga	hier: Fass
	il mosto	Most
	zappare	hacken
	t**i**ngere	färben
	dip**i**ngere	malen
	la falce	Sichel, Sense
	il pugno	Faust
	la luna	Mond, hier: Monat
	il carciofaio	hier: der Artischocken bringt
	il ciliegiaio	hier: der Kirschen bringt
	l'onore	Ehre
	spaccare	spalten
	la pietra	Stein
	pi**o**vere a catinelle	in Strömen regnen
	il gelo	Frost
	l'osso, Pl. le ossa	Knochen
	il limone	Zitrone

	stancare	müde machen
	la luce	Licht
	farsi avaro/a	sich rar machen
	l'**a**nima	Seele
	malchiuso/a	schlecht verschlossen
	il portone	Tor
	sfarsi	sich auflösen
	il petto	Brust
	scrosciare	rauschen, tosen
	la tromba	Trompete
	l'oro	Gold
	la solarità (lit.)	Helligkeit
	l'osso di seppia	Tintenfisch-Knochen

9 Quando ero a ...   Als ich in .... war

1 a)	il racconto	Erzählung, Bericht
1 b)	verbale	hier: Verb-
	il collegio	Internat, Wohnheim
	distante	entfernt
	tutti/e	alle
	il laboratorio lingu**i**stico	Sprachlabor
	registrare	aufnehmen
	l'errore (m)	Fehler
	la pronuncia	Aussprache
	corre**ggere**	korrigieren
	sce**gliere (unr.)**	wählen
	la conferenza	Vortrag
	il documentario	Dokumentarfilm
	ogni tanto	ab und zu
	proiettare	vorführen (z. B. einen Film)
	di so**lito**	üblicherweise
	capire (-isco)	verstehen
	la realtà	Wirklichkeit
	parecchio	ziemlich viel
	divertirsi	sich vergnügen
	la corriera	Überland-Linienbus
	dopo tutto	schließlich
	pur (verkürztes pure)	doch
	fare il bagno	baden
	il fatto	Ereignis, Tatsache
	isolato/a	isoliert
	ripetuto/a	wiederholt
2 a)	sottolineato/a	unterstrichen
3)	regolare (Adj.)	regelmäßig
	ausiliare (Adj.)	Hilfs-
	riflessivo/a	reflexiv, rückbezüglich
4 a)	la s**i**llaba	Silbe
	accentuato/a	betont
5 a)	le azioni contempor**a**nee	die gleichzeitigen Handlungen

5 c)	da studente	als Student
	da + *Alter oder Tätigkeit*	als
	chiacchierare	plaudern
6 a)	*abituale*	gewohnheitsmäßig
	il passato	Vergangenheit
7 a)	la casa editrice	Verlag
	l'editore	Verleger, Verlag
	la cosina	kleine Sache
	il circolo	Verein
	gli scacchi	Schachspiel
	il dopolavoro ferroviario	*Freizeitorganisation der italienischen Eisenbahn*
	ferroviario/a	Eisenbahn-
	fermarsi	Halt machen, sich aufhalten
	la camminata	*hier:* Wanderung
7 c)	*la motivazione*	Begründung
8)	**la campagna**	Land *(im Ggs. zur Stadt)*
9 a)	**il campeggio**	Campingplatz
	la favola	Märchen
	particolare *(Adj.)*	besondere(r/s)
10 a)	*il compagno*	Freund, Kamerad
	il campanile	Kirchturm
	l'orologio	Uhr
	segnare le otto	acht Uhr anzeigen
	deserto/a	menschenleer, verlassen
	la fila	die Reihe
	acceso/a (accendere)	eingeschaltet
	ciascuno/a	jede(r/s)
	il cartello	Schild
	il parabrezza	Windschutzscheibe
	indicare	anzeigen, bezeichnen
	battere otto colpi	acht Mal schlagen
	l'autista (m/f)	Fahrer
	puntualmente	pünktlich
	piegare	zusammenfalten
	azionare	betätigen
	la chiusura	Schließung
	innestare la marcia	den Gang einlegen
	la marcia	Gang *(Motor)*
	sistemarsi	*hier:* Platz nehmen
	la parte	*hier:* Seite
	il finestrino	Fenster *(Auto, Zug, Bus)*
	il sedile	Sitzbank
	di fondo	hinten
	il fondo	Hintergrund, hinterster Teil
	il boy-scout	Pfadfinder
	la metà	Mitte, Hälfte
	il corridoio	Gang, Flur
	i vecchietti	*ironisch:* ältere Personen
	vestito/a a festa	festlich gekleidet
	vestito/a	gekleidet
	tenere *(unr.)*	halten

	il rosone	Rosette
	la copertina	Titelseite
	il circondario	Umgebung
	percorrere	durchfahren
	Part.: percorso	
	semideserto/a	fast menschenleer
	funzionare	funktionieren
	rallentare	verlangsamen, langsamer werden
	fare manovra	wenden *(Fahrzeug)*
	sdraiarsi	sich hinlegen
	lo spazio	Raum, Platz
	erboso/a	grasbewachsen
	piano piano	sehr langsam
	piano	langsam, leise
	godere di	genießen
10 b)	essere seduto/a	sitzen
11	il ricordo	Erinnerung
12	grande	*hier:* bedeutend
	il bimbo	*kurz für: il bambino*
	grasso/a	dick, fett
	grosso/a	kräftig
	ruvido/a	rauh
	folto/a	dicht
	invadere	eindringen in
	la fronte	Stirn
	la risata	Lachen
	lo strillo	Schrei
	la bambola	Puppe
	la trottola	Kreisel
	il salto	Sprung
	il cerchio	Reifen
	la palla	Ball
	la dolcezza	*hier:* Sanftheit
	il maschiotto	lebhafter Junge
	affliggere	plagen, quälen
	disposto/a a	bereit zu
	perdonare	verzeihen
	salvo	außer
	l'orrore	Horror, Abscheu
	l'occupazione (f)	Beschäftigung
	mentire (-o/-isco)	lügen
	fingere di *Part.:* finto	vortäuschen zu
	Non serve a nulla.	Das nützt nichts.
	l'autrice	Autorin
	animato/a da	belebt von
	fantasioso/a	fantasievoll
	spettacolare	spektakulär
	il ventre	Bauch
	lo sfondo	Hintergrund
12 a)	il passatempo	Zeitvertreib
	rifiutarsi	sich weigern
	l'opinione (f)	Meinung

12 b) fisico/a — körperlich
il comportamento — Verhalten

13 scolastico/a — schulisch
raramente — selten
disadorno/a — schmucklos
sovraffollato/a — überfüllt
il grembiule — Schuluniform
costretto/a a — gezwungen ... zu
il castigo — Bestrafung
ritenere — halten für
addirittura — sogar
la punizione — Strafe
la bastonata — Schlag
la bacchettata — Stockschlag
la sberla — Ohrfeige

insaccato/a — eingepackt
la palandrana — langer Mantel
oscuro/a — dunkel
la preghiera — Gebet
il coro — Chor
il principio — *hier:* Anfang
picchiare — schlagen
sodo — fest, kräftig
lieto/a — froh
collettivo/a — gemeinsam

il capo — Kopf
la morsa — Schraubstock
svincolarsi — sich losreißen
fermare — halten
supplicare — anflehen, flehen
l'istante — Augenblick
afferrare — ergreifen
mordere — beißen, anbeißen
accanitamente — wütend

la pluriclasse — Einklassenschule
l'inizio — Anfang
scettico/a — skeptisch
rivedere — *hier:* revidieren
il punto di vista — Standpunkt
singolarmente — einzeln
il livello — Niveau
la socializzazione — Sozialisation
in grado di — in der Lage zu
approfondire (-isco) — vertiefen
a vicenda — gegenseitig
pronto/a — *hier:* aufgeweckt
generoso/a — großzügig

13 a) la composizione — Zusammensetzung
l'insegnamento — Unterricht
l'istruzione (f) — Unterricht
il vestiario — Bekleidung
il premio — Belohnung

Ripasso 3

1) arrabbiarsi — wütend werden

4) il filo — Faden
ambientare in / a — spielen lassen in *(Roman, Film)*
somigliare — ähneln
concludere — beschließen
pronunciare — aussprechen
avaro/a — *hier:* wortkarg
la meteorologia — *hier:* Wettervorhersage
rinfrescare — abkühlen
promettere — versprechen
 Part.: promesso
lo scialle — Schultertuch
impossibile — unmöglich
il transatlantico — Überseeschiff
la (sedia a) sdraio — Liegestuhl
in coperta — an Deck
ci vogliono — sie sind nötig
specificato/a — näher bestimmt
il sogno — Traum
pare (parere) — scheint
indeciso/a — unentschlossen
la crociera — Kreuzfahrt

10 Ci penso io.
Daran denke ich. / Das erledige ich.

1 c) staccare — *hier:* die Arbeit unterbrechen
pieno/a di — voll mit
il disastro — Katastrophe
bisogna — man muss
volerci (ci vuole, ci vogliono) — notwendig sein
tranquillizzare — beruhigen
il cognato — Schwager
l'idraulico — Installateur

1 d) il soccorso — Hilfe

2 a) **il favore** — Gefallen
riuscire a *(unr.)* — es schaffen zu
riuscirci — dies/das schaffen
ci — daran, dahin
di sicuro *(Adv.)* — sicher
il dizionario — Wörterbuch
il passaggio — das Mitfahren

2 b) **la richiesta** — Anfrage

3 a) **imbucare** — einwerfen
passare — *hier:* geben, reichen
la valigia — Koffer
carico/a — beladen; aufgeladen
pure (bei Aufforderungen) — ruhig, doch

4)	positivamente	in positiver Weise
	abbassare	leiser stellen
	il volume	Lautstärke
	tenere (unr.)	halten, hier: beaufsichtigen
	prestare	leihen
	guardare il bambino	das Kind beaufsichtigen
	riparare	reparieren
	il freno	Bremse
5 b)	ormai	jetzt
	andare via	wegfahren, weg gehen
	Dica pure!	ähnlich wie Mi dica!
	sposarsi	heiraten
	riconoscere	wiedererkennen
	un bel viaggio	hier: eine weite, anstrengende Reise
	trattarsi di	sich handeln um
	sopportare	(v)ertragen
	pensare a	daran denken zu
	portare fuori il cane	den Hund ausführen
	voler dire	bedeuten
	gentile	freundlich
	migliore (Adj.)	besser
	ritirare la posta	den Briefkasten leeren
	ritirare	abholen
5 d)	pulire (-isco)	sauber machen
	la notizia	Nachricht
7)	qc. serve a qu.	eine Sache nützt jem., jem. braucht eine Sache
8)	sicuramente	sicher
	reagire (-isco)	reagieren
9 a)	innamorato/a	verliebt
	stressato/a	gestresst
	rivolgersi a	sich wenden an
	Part.: rivolto	
	l'agenzia	Agentur, Büro
	programmare	vorausplanen
9 b)	complicato/a	kompliziert
10 a)	rientrare	zurückkommen
10 b)	evidenziato/a	hervorgehoben
	beh	nun, na gut
11	lo scambio	Austausch
	il volantino	Flugblatt
	il tassista	Taxifahrer
	l'elettricista	Elektriker
	il servizio	Dienstleistung
	nel limite del possibile	im Rahmen des Möglichen
	il limite	Grenze
	il bollino	Klebemarke
	utile	nützlich
	in cambio di	im Austausch gegen
	la media	Durchschnitt

11 a)	il timbro	Stempel
	l'adesivo	Aufkleber
	il tesserino	Ausweis
	la fattura	Rechnung
11 c)	la disponibilità	Verfügbarkeit
12	la crusca	Kleie
	la farina	Mehl
	sempliciotto/a	einfältig
	capire a volo	sofort begreifen
	poiché	weil
	il somaro	Esel
	il mulino	Mühle
	macinare	mahlen
	il sacco	Sack
	il grano	Korn, Weizen
	caricare	laden, aufladen
	avviarsi	sich auf den Weg machen
	tirare	ziehen
	l'asino	Esel
	esclamare	ausrufen
	birbante	Schelm
	povero/a	arm
	la disgrazia	Unglück
	la tristezza	Traurigkeit
	impressionato/a	beeindruckt
	annunciare	ankündigen
	la cesta	Korb
	benedire (wie dire)	segnen, weihen
	distribuire (-isco)	verteilen
	l'ammalato	der Kranke
	nato/a	geboren
	lasciare	lassen, verlassen
	il luogo d'origine	Ursprungsort
	stabilirsi (-isco)	sich niederlassen
	ben diverso/a	sehr verschieden
	ritrovarsi	sich wieder finden
	meridionale	südlich
	conferire (-isco)	geben, verleihen
	l'attributo	Eigenschaft
	il narratore	Erzähler
12 a)	ricostruire (-isco)	rekonstruieren
	faticare	Mühe haben

11 Andrò, vedrò, ...

	andrò	ich werde gehen
	vedrò	ich werde sehen
1	la ricotta	Art Quark
1 b)	l'avventura	Abenteuer
1 c)	la ragazzina	kleines Mädchen
	chiamato/a	genannt
	la coroncina	Kränzchen
	la felce	Farn

	sorreggere	stützen
	Part.: sorretto	
	guadagnare	verdienen
	la chioccia	Glucke
	il pulcino	Küken
	il pollo	Huhn
	finire	*hier*: enden
	la pentola	Kochtopf
	l'agnellino	kleines Lamm
	figliare	Junge werfen
	il vitellino	Kälbchen
	la casetta	kleines Haus
	il terrazzino	Balkon
	la gente	die Leute
	l'inchino	Verbeugung
	all'improvviso	plötzlich
	la nuvola	Wolke
5)	realizzare	realisieren
	l'affare (m)	Geschäft
	conversare	sich unterhalten
6 a)	l'oggetto	*hier*: Betreff
	la riunione	Treffen, Sitzung
	il fornitore	Lieferant
	lo stand (*engl.*)	Messestand
	la piastrella	Fliese
	artistico/a	künstlerisch
	allegare	beilegen
	stabilire (-isco)	festsetzen
	pregare	bitten
	cordiale	herzlich
	il saluto	Gruß
7 a)	la maiolica	Fayence (*glasierte*
		Tonware)
	diffondersi	sich verbreiten
	Part.: diffuso	
	sin da	schon seit
	l'antichità	die Antike
	la presenza	Vorhandensein
	la terra	Erde, Boden
	argilloso/a	tonhaltig, lehmig
	costituire (-isco)	begründen, bilden
	la materia prima	Rohstoff
	rivolto/a a	gewandt zu, gerichtet an
	la varietà	Vielfalt
	è dovuto/a a	ist zurückzuführen auf
	affiancarsi	sich an die Seite stellen,
		sich verbinden
	ideato/a	ausgedacht, geschaffen
	il fiore all'occhiello	Vorzeigeobjekt
	il fiore	Blume, Blüte
	l'occhiello	Knopfloch
	tenere	*hier*: standhalten
	riprendersi	sich wieder erholen
	scendere	*hier*: sinken, abnehmen
	l'imprenditore	Unternehmer
	attento/a	aufmerksam

	intercettare	auffangen
	il segnale	Signal
	la domanda	*hier*: Nachfrage
	il distretto	Gebiet
	riprendere	wieder aufnehmen
	Part.: **ripreso**	
	la corsa	*hier*: Rennen
	la soddisfazione	Zufriedenheit
	il produttore	Produzent, Hersteller
	la sede	Sitz, Standort
	il polo ceramico	*hier*: Standort der
		Keramikherstellung
	l'occupato	Beschäftigter
	il metro quadrato	der Quadratmeter
	pari a	entsprechend
	% (*gelesen*: **per cento**)	Prozent
7 b)	conveniente	günstig
8 a)	i sanitari	sanitäre Einrichtungen
	fissare	festmachen, vereinbaren
	interessato/a	interessiert
	la collezione	Sammlung
	l'oggettistica	Gebrauchsgegenstände
	il socio	Gesellschafter, Mitglied
	attualmente	gegenwärtig
	l'affiliato	*hier*: Mitglied
	notevole	beachtlich
	unitamente a	zusammen mit
9 a)	**l'amore**	Liebe
9 b)	ricorrere a	greifen zu
	in anticipo	im Voraus
10 a)	**il sogno**	Traum
	felice	glücklich
	allevare	(*Tiere:*) züchten, halten
	coltivare	*hier*: pflegen
	l'orto	Gemüsegarten
11)	i nuraghi	*bronzezeitliche Turm-*
		bauten
	appassionato/a di	begeistert von
	il villaggio	Dorf
	nuragico/a	Nuraghen-
	le domus de jànas	*steinzeitliche Felsen-*
		gräber
	la fortezza	Festung
	il blocco	*hier*: Steinblock
	megalitico/a	aus großen Steinen
	squadrato/a	*hier*: behauen
	la difesa	Verteidigung
	il bronzetto	kleine Bronzefigur
	il guerriero	Krieger
	complesso/a	umfassend, komplex
	la reggia	der Königspalast
	la civiltà	die Kultur
	il tempietto a pozzo	*Brunnenheiligtum*
	scavato/a	ausgehoben

	la parete	Wand
	roccioso/a	felsig
	il periodo eneolitico	das Äneolithikum (Über-gangszeit zwischen Stein- und Bronzezeit)
	la sepoltura	Begräbnis
	la Dea Madre	Muttergöttin
	il toro	Stier
	il pilastro	Pfeiler
	la trave	Balken, Stützbalken
	il sedile	hier: steinerne Sitzstelle
	il focolare	offene Feuerstelle
	allungato/a	verlängert, länglich
	la protezione	der Schutz
	simbolico/a	symbolisch
12)	il presente	Gegenwart
	il simpaticone	sehr sympathischer Typ
	essere promosso/a	versetzt werden
	giurare	schwören
	lo scolaretto	junger Schüler
	il voto	hier: Schulnote
	lodevole	lobenswert
	il filobus	Oberleitungsbus
	sudare	schwitzen
	disperarsi	verzweifeln
	far tredici	im Fußballtoto gewinnen (alle 13 Spiele richtig tippen)
	compilare	ausfüllen
	il pronostico	hier: Tipp
	la promessa	Versprechen
	volare	fliegen
	accadere	geschehen
	conquistare	erobern
	la filastrocca	Kinderreim
	il cielo	Himmel
	dopo aver letto e discusso	nachdem ihr gelesen und diskutiert habt
	riassumere	zusammenfassen
	il contenuto	Inhalt
	la poesia	Gedicht
	il piano	hier: Plan

12 Chi erano, chi siamo

1 a)	la guida	hier: (Touristen-)Führer
	il musicista	Musiker
	la barcaccia	wörtlich: schlechtes Boot
1 b)	il chiarimento	Erklärung
	nascere Part.: nato	auf die Welt kommen
1 c)	morire Part.: morto	sterben
	a causa di	wegen
	la disoccupazione	Arbeitslosigkeit
	la scheda telefonica	Telefonkarte
	il soggiorno parigino/a	der Aufenthalt in Paris

2 a)	cantare	singen
	la colonna sonora	Filmmusik, Soundtrack
	televisivo/a	Fernseh-
	la casa discografica	Plattenfirma
	comportarsi	sich benehmen
	il divo	Star
	conosciuto/a	bekannt
	il successo	Erfolg
	vestire	sich kleiden
	canticchiare	vor sich hin singen
	profondo/a	tief
	il cantautore	Liedermacher
2 b)	innamorarsi	sich verlieben
	la laurea	Universitätsabschluss, Doktortitel
3)	Topolino	Mickymaus
4)	napoletano/a	Neapolitaner(in)
	Adesso tocca a te!	Jetzt bist du an der Reihe!
5 a)	il magistrato	Richter, hier: Staats-anwalt
	i dati	Daten
	personale	persönlich
	il titolo di studio	Ausbildungsabschluss
	coniugato/a	verheiratet
	la morte	Tod
	il funzionario della Provincia	Beamter in der Provinz-verwaltung
	rilevante	relevant, wichtig
	la magistratura	Justiz (Richter und Staatsanwälte)
	il giudice istruttore	Untersuchungsrichter
	il giudice	Richter
	il procuratore della Repubblica	Staatsanwalt
	la nomina	Ernennung
	gli Affari penali	Strafsachen
	il ministero di Grazia e Giustizia	Justizministerium
	il trasferimento	Versetzung
5 c)	verificare	überprüfen
5 a) Teil B		
	servire messa	ministrieren, bei der Messe dienen
	Terminati gli studi superiori, ...	Nachdem die Höhere Schule abgeschlossen war, ...
	terminare	beenden
	gli studi superiori	der Besuch der Höheren Schule
	la domanda	hier: Antrag
	l'iscrizione (f)	Einschreibung
	l'accademia navale	Marineakademie
	contemporaneamente	gleichzeitig
	la giurisprudenza	Jura

il diritto	Recht
avere la meglio	die Oberhand behalten
il pretore	Amtsrichter
il pubblico ministero	Staatsanwalt
aggiunto/a	Hilfs-
subire (-isco)	erleiden
è stato assassinato	ist ermordet worden
la scorta	Eskorte

6)

detto/a	genannt
la stella	Stern; Star
La ciociara	*deutscher Filmtitel:* „Und dennoch leben sie"
ciociaro/a	aus der Ciociaria (*Landschaft bei Frosinone/ Lazio*)
girare	drehen *(Film)*
inseparabile	unzertrennlich
dedicarsi	sich widmen
sostenere (*wie* tenere)	unterstützen

7)

il curriculum vitae	Lebenslauf
la nascita	Geburt
ulteriore	weitere(r/s)
la qualifica	Qualifikation
la conoscenza	Kenntnis
linguistico/a	sprachlich, Sprach-
l'occupazione (f)	*hier:* Arbeitsverhältnis

Ripasso 4

1)

il dado	Würfel
procedere	vorwärts gehen
saltare	überspringen
il turno	Runde
tirare	*hier:* werfen
Sono arrivato primo.	Ich bin als erster angekommen.

2)

il territorio	Gebiet
la solitudine	Einsamkeit
boschivo/a	bewaldet
la quercia da sughero	Korkeiche
la segnalazione	Kennzeichnung
il ruscello	Bach

Alphabetisches Wortschatzregister

Term	Ref
laboratorio	3.4
laboratorio linguistico	9.1
lagunare	8.3
lamentarsi	2.5
lana	6.1
lana vergine	6.5
lasciare	10.12
latte	1.6
laurea	12.2
lavorare	R1.7
lavorare duro	3.8
lavorativo/a	3.3
lavorazione	3.8
legato/a a	8.7
lento/a	8.6
Levante	4.14
liberty	4.6
libretto	3.3
liceo scientifico	3.4
lieto/a	9.13
limite	5.15, 10.11
limone	8.14
linea	5.1
linguaggio	5.15
linguistico/a	12.7
lino	6.3
litorale	4.14
litoranea	2.8
livello	9.13
località	2.8
locanda	1.16
lodevole	11.12
luce	8.14
luglio	3.3
luna	8.14
lungo (*Präp.*)	2.8
luogo	3.5
luogo d'origine	10.12
lusso	6.16
ma	1.2
Ma va'!	5.5
macelleria	1.2
macinare	3.9, 10.12
maestra di scuola materna	3.4
maestro	8.2
maga	4.1
magari	6.8
maggio	7.10
maggiore	3.3
magistrato	12.5
magistratura	12.5
maglia	6.2
maglietta	6.7
maglione	6.2
maiale	1.16
maiolica	11.7
mal di stomaco	4.7
malato/a	4.1
malattia	3.3
malchiuso/a	8.14
male	4.1
mancanza	R1.1
mancare	1.9
mandare	3.5
manica	6.8
maniera	5.14
manifestazione	5.13
mano	4.6
mansione	3.5
manualmente	3.3
maraschino	1.11
marca	1.7
marchio	6.16
marcia	9.10
margheritina	8.12
marinato/a	1.14
marino/a	3.8
marzo	7.10
maschera	5.15
maschile	6.16
maschiotto	9.12
massimo/a	4.6
materasso	3.1
materia prima	11.7
matrimonio	7.13
matrimonio civile	7.14
maturazione	1.7
mazzetto	1.9
media	6.16, 10.11
medicinale	3.3
medio/a	3.3
megalitico/a	11.11
meglio	2.5
mela	1.1
melanzana	1.11
memoria	7.3
mentire	9.12
menù	1.14
menzionato/a	R1.1
mercato	1.1
mercato delle pulci	5.8
merenda	1.15
meridionale	10.12
mescolando	1.9
mescolanza	5.15
mese	3.8
messo/a in scena	5.15
meta	8.7
metà	5.14, 9.10
metalmeccanico/a	3.5
meteorologia	R3.4
metro quadrato	6.16, 11.7
metterci (molto)	2.1
mettersi d'accordo	5.9
mezzo di trasporto	2.1
Mi dica!	1.6
Mi raccomando!	5.5
Mi sembra di no.	7.3
microonde	R1.1
miele	4.7
migliore (*Adj.*)	2.8
migliore (*Adv.*)	10.5
mimare	4.2
minestra	1.15
minestrone	1.2
ministero di Grazia e Giustizia	12.5
Ministro degli Esteri	7.5
misto/a	6.3
misura	2.9, 6.12
mito	2.8
moderato/a	8.13
modesto/a	7.13
modifica	6.0
modo di dire	8.14
mondiale	6.16
mondo	3.8
monte	3.3
morbido/a	1.14
mordere	9.13
morire	12.1
morte	7.13, 12.5
mosso/a	8.13
mosto	8.14
mostro	5.5
motivazione	9.7
mulino	10.12
mulino a vento	3.8
multa	2.9
multiproprietà	2.9
muore	7.13
musicista	R2.2, 12.1
napoletano/a	12.4
narratore	10.12
nascere	5.15, 12.1
nascita	12.7
nato/a	10.12
naturale	1.7, 1.11
naturalmente	1.14
nave	2.4
navigare	5.13
navigazione	8.2
ne	4.8
se ne è andato	
senza dirne il nome	6.3
nebbia	8.10
nebbioso/a	1.17
necessario/a	4.10
negozio di alimentari	1.7
nel corso dei secoli	3.9
nel limite del possibile	10.11
nervoso/a	4.1
neve	8.12
nevicare	8.10
nevoso/a	8.14
nidificare	3.9
nobile	1.16
nocciola	1.16
noioso/a	3.2
noleggiare	2.5
noleggio	2.5
nomina	12.5
nominare	5.14
Non c'è male.	4.1
Non mi sento.	7.9
Non serve a nulla.	9.12
normalmente	2.3
notare	1.1
notevole	11.8
notizia	10.5
noto/a	8.7
novembre	7.10
nozze	7.13
nulla	4.5
numero	3.3
numero chiuso	3.3
numeroso/a	1.16, 8.2
nuraghi	11.11
nutrito/a	5.15
nuvola	11.1
nuvoloso/a	8.10
oasi naturalistica	8.3
obbligatorio/a	3.3
occasione	5.15
occhiali (*fpl*)	7.1
occhiello	11.7
occidentale	4.14
occorrere	1.12
occuparsi di	3.3
occupato (*m*)	11.7
occupato/a	5.4
occupazione	9.12; 12.7
odio	5.14
odore	4.14
offerta	3.5
officina	3.5
offrire	1.16, 7.8
oggettistica	11.8
oggetto	6.11; 11.6
ogni	1.2
ogni due giorni	2.3
ogni tanto	9.1
ognuno/a	1.8
olio di oliva	1.9
omeopatico/a	4.7
omonimo/a	8.7
onda	2.5
Onda verde	2.5
onomastico	7.9
onore	8.14
opera	2.8, 5.6
opera dei pupi	5.8
opera lirica	R2.2
operaio	3.4
operazione	5.15
opinione	9.12
opportunità	8.2
oppure	5.8
ora	1.14
ora che ci penso	5.5
orale	8.14
orario	5.5
ordinare	1.14, 2.3
organizzare	3.4
organo	7.14
orientale	4.14
originario/a	1.14
origine	5.14
orizzonte	R3.4
ormai	4.14, 10.5
oro	8.14
orologio	9.10
orrendo/a	6.7
orribile	3.2
orrore	9.12
ortica	1.14
orto	11.10
oscuro/a	9.13
ospitalità	8.7
ospite	7.1
osservare	1.4
osservazione	8.14
osso	8.14
ossobuco	1.11
osteria	1.14
ottimo/a	1.11
ottobre	7.10
pacco	1.4
paesaggio	8.3
paga	R1.7
pagare	2.9; 6.16
pagina	2.9, 5.8
paillard	1.11
paio	6.8
Palazzo Ducale	8.2
palestra	4.10
palla	9.12
palloncino	7.6
pane	1.1
panetteria	2.4
panna	1.11
pantaloni (*mpl*)	6.1
Papa	7.5

Grammatikregister

Die Ziffern verweisen auf die Lektionen, in denen der betreffende Grammatikstoff behandelt wird.
Die Angaben mit römisch II beziehen sich auf Band 2.

Grammatikregister

Lösungen zum Übungsteil (Esercizi)

Riprendiamo

2   1. – Di dov'è? 2. – Che cosa fa? 3. – Come si chiama di nome? 4. – Cosa ha studiato? 5. – Dove ha lavorato per molti anni? 6. – Da quando si occupa di narrativa?

3   1. **di** Capri 2. a nord **di** Firenze. 3. **di** Caserta, **a** Milano. 4. **in** giardino? 5. **di** storia dell'arte, **sul** tuo tavolo. 6. **al** cinema o **a** un concerto. 7. **in** centro, **per** mia madre. 8. **alle** sei. 9. A nord **della** Puglia, **nel** Mare Adriatico. 10. **a** letto 11. **tra** le due finestre. 12. **in** Sicilia. 13. **a** ballare, **con** il suo ragazzo. 14. **in** Trentino. 15. **a** Milano. 16. **con** il prosciutto. 17. **in** Puglia. 18. **da** Giulio. 19. **per** venti metri, **a** sinistra. 20. **in** Italia **per** lavoro.

5   Mi chiamo Caterina e abito a Cividale del Friuli. Ho un fratello e una sorella. **La nostra** casa è piccola ma confortevole. **Nostro** padre passa spesso il pomeriggio in giardino perché gli piace curare le piante. Da qualche anno **nostra** madre non abita più con noi. **Mio** fratello studia a Trento. Lui e Federica, **la sua** ragazza, passano spesso il fine settimana da noi e portano anche **il loro** cane. Nerone è intelligente e conosce bene anche **il nostro** vicino, che lo porta spesso in giro.

6   Possibili soluzioni
2. Sì, lo parlo. No, non lo parlo. 3. Sì, lo vogliamo fare. 4. Sì, lo compro io. 5. Sì, la conosciamo. 6. Sì, lo leggiamo. 7. Lo prenoto io.

7   Possibili risposte
Peter è andato in Umbria.
Ha fatto un corso d'italiano a Perugia.
A Orvieto ha comprato del vino.
Ha praticato il surf sul Lago Trasimeno/sul mare.
A Cortona è andato a vedere i sarcofaghi etruschi.
Poi si è riposato al Lago Trasimeno.

Lezione 1

1 a)   fagioli – funghi – mele – basilico – cavolo – sardine – carote – rucola

b)

				B	A	N	A	N	A	
			G	A	M	B	E	R	O	
			S	E	D	A	N	O		
		S	A	L	S	I	C	C	I	A
P	R	E	Z	Z	E	M	O	L	O	
		A	R	A	N	C	I	A		
				C	A	V	O	L	O	
		F	U	N	G	O				

2

L	D	O	A	P	P	•	D
E	A	T	I	T	O	V	I
I	N	E	D	A	I	N	A
E	N	M	A	A	N	G	M
•	O	I	T	•	A	•	O
D	A	•	E	N	D	•	O

Proverbio: **L'appetito viene mangiando.**

---

3   Possibili soluzioni
3. Vado più volentieri al mercato.
4. Sì, ci vado. / No, non ci vado.
5. Sì, la conosco. / No, non la conosco.
6. Sì, ci siamo stati. / No, non ci siamo stati.
7. Ci andiamo il sabato. / Non ci andiamo mai.
8. Ceniamo a casa. / Ceniamo al ristorante.

4   1. **Lo** compro. 2. **Le** mangio. 3. **Li** rosolo. 4. **La** trito.

5   pestare – aggiungere – mescolare – versare – assaggiare
È la ricetta del pesto per il minestrone di Asti.

6 a)   Possibili soluzioni
2. antipasti   – prima del primo piatto
3. vino   – a cena
4. gelati   – in estate
5. pasta   – a pranzo
6. olive   – nell'insalata

b)   2. Ordini gli antipasti prima del primo piatto?
Sì, **li** ordino. / No, non **li** ordino.
3. Bevi il vino a cena? Sì, **lo** bevo. / No, non **lo** bevo.
4. Mangi i gelati in estate?
Sì, **li** mangio, ma non sempre.
5. Mangi la pasta a pranzo? Sì, **la** mangio.
6. Metti le olive nell'insalata? No, non **le** metto.

7   Possibili soluzioni
3. Sì, ce l'abbiamo. / No, non ce l'abbiamo.
4. Sì, ce li ho. / No, non ce li ho.
5. Sì, ce le abbiamo. / No, non ce le abbiamo.
6. Sì, ce l'ho. / No, non ce l'ho.
7. Sì, ce le abbiamo. / No, non ce le abbiamo.

8   Avete le patate?   – Sì, ce le abbiamo.
Hai le carote?   – Sì, ce le ho.
Abbiamo il pane? – Sì, ce l'abbiamo.
Ha la carne?   – Sì, ce l'ho.
Hanno la birra?   – Sì, ce l'hanno.
Ha i capperi?   – Sì, ce li ha.
Ha i contorni?   – Sì, ce li ho.

9   Mi dia un litro di vino, per favore.
etc.

10   Possibili soluzioni
un barattolo di: marmellata, maionese, funghi
una bottiglia di: vino, aranciata, Martini
un pacchetto di: caffè, biscotti, spaghetti
un chilo di: cipolle, patate, gamberi

11   CARNE: osso buco, fegato, agnello
PESCE: gamberi, sardine, pesce spada, tonno
FRUTTA: arance, banane, melone
VERDURA: carote, peperoni, sedano, pomodori
BEVANDE: vino, aranciata, birra, acqua minerale, succo di frutta

12

```
                          1       2
                          V       B
                1 P E P E         A
                          N       S
                  3       E       I
                  C       Z       L
        2 A M A R O       I       I
                  L       A       C
              3   T O N N O       O
        4 P A N E A       4       5
                  L       S       P
        5 G R I G L I A T A       O       6
                  O       P       M       P
                7         O       O       I
                  O       R       D       A
              6 D I       T       O       T
                  I       O       R       T
        7 A C E T O B A L S A M I C O
```

13 Possibili soluzioni

a) 1. diciamo 2. dice 3. dico 4. dite 5. dici 6. dicono

b) 1. Mi può portare una forchetta, per favore? 2. Vorrei un'altra bottiglia di vino, per favore. 3. Grazie, ma il pesce non mi piace, preferisco la carne. 4. Scusi, che dolci avete? 5. Vorrei ancora un po' di contorno, per favore. 6. Il conto, per favore.

15 a) Friuli Venezia Giulia

VINI / FUNGHI / PROSCIUTTI / FORMAGGI / PANNA / MONTAGNA / IN / UNA / PAROLA

b) 1. In Friuli Venezia Giulia. 2. Montagna 4. È un bicchierino di grappa. 5. No, i prezzi non sono mai salati.

Lezione 2

1

infinito	io	tu	lui/lei/Lei	noi	voi	loro
venire	vengo	vieni	viene	veniamo	venite	vengono

va-po-ret-to

2 1. Giovanni va **in** America **in** vacanza, **in aereo**. 2. I Martini vanno **al** cinema Capitol sempre **in tram** perché abitano proprio davanti alla fermata. 3. Quest'anno loro vanno **in** montagna **a** Cortina, **con la macchina** dei nonni. 4. Ad Andrea piace andare **in moto** con la sua ragazza il fine settimana. 5. Sabato andiamo **a** Milano **in treno** per fare spese. 6. Lasciamo la macchina in garage e andiamo **in** centro **a piedi**.

3 1. Incontra le amiche una volta alla settimana. 2. Si alza alle cinque due volte alla settimana. 3. Telefona a sua zia ogni sera. 4. Fa ginnastica due volte al giorno.

5 1. **a** due passi dal centro. 2. **a** fare la spesa **in** bicicletta. 3. **in** ufficio **con** la nostra macchina. 4. **in** vacanza all'estero. 5. **a** Burano **in** vaporetto. 6. **con** l'autobus delle 10.00? **in** autobus 7. **a** piedi, **a** piedi **al** lavoro. 8. per andare **in** Calabria; andare **in** treno 9. **in** vacanza **al** mare, **in** montagna. 10. **al** lavoro, **in** campagna.

6 1. **ti conviene** 2. **Le conviene** 3. **ci conviene** 4. **gli conviene** 5. **Mi conviene** 6. **vi conviene**

7

guardare	**Non guardare!**	**Non guardi!**
leggere	**Non leggere!**	**Non legga!**
venire	**Non venire!**	Non venga!

8 Possibili soluzioni

Non dormire a lungo!
Non disturbare i vicini!
Usa la bicicletta!
Prendi l'autobus!
Non ascoltare tutto il giorno musica elettronica!

Lavori con cura!
Non venga in ritardo!
Annaffi i fiori!
Finisca entro le sei!
Non usi troppo concime!

9 (4 parole) Come vai al lavoro?
(5 parole) In macchina, con un collega.
(4 parole) Ti conviene parcheggiare qui.
(8 parole) In centro c'è divieto di sosta dappertutto.
(3 parole) Pensa all'ambiente!
(7 parole) Ogni giorno vengo con te al corso.

10 **bella – venire – vengono – il – prendere – conviene – in – lei – con – battello – al**

11 Abito a Livorno da tre mesi e due mesi fa ho venduto la macchina. Tutti mi chiedono come faccio, ma davvero non è un problema. Vado al lavoro in autobus o in bicicletta e per le vacanze prendo l'aereo o il treno. Vicino a casa c'è il supermercato e per andare in centro ci vogliono solo dieci minuti a piedi. Insomma non manca niente. In città è meglio spostarsi senza macchina.

Lezione 3

1

aprire	apre	ha aperto
cominciare	comincia	è cominciato/a ha cominciato
durare	dura	è durato/a
alzarsi	si alza	si è alzato/a
dire	dice	ha detto
spendere	spende	ha speso
venire	viene	è venuto/a
fare	fa	ha fatto
lavarsi	si lava	si è lavato/a
addormentarsi	si addormenta	si è addormentato/a
svegliarsi	si sveglia	si è svegliato/a

2 a) 2. Normalmente io in vacanza spendo molto, ma quest'anno ho speso poco. 3. I cinema chiudono normalmente a mezzanotte, ma la scorsa settimana hanno chiuso alle tre. 4. Il postino viene sempre alle nove, ma oggi è venuto dopo le dieci. 5. Normalmente il quotidiano costa 90 centesimi, ma oggi è costato 1 euro e 5. 6. La segretaria normalmente scrive molte lettere, ma oggi ha mandato solo un fax. 7. Tutte le settimane loro leggono molte riviste, ma questa settimana non hanno letto niente. 8. Quasi sempre i film durano 90 minuti, ma ieri sera il film è durato due ore.

b) ho finito – è costato – è cominciato – è piaciuto – È durato – è finito

3 a b) Possibili soluzioni

Carla ha letto il giornale alle sette e trenta. – Alle otto ha preso l'autobus. – Alle otto e trenta ha aperto il laboratorio e ha fatto delle analisi. – All'una ha pranzato e dalle due alle tre e mezza ha fatto una pausa. – Alle quattro ha scritto rapporti e ha chiuso il laboratorio alle sette e mezzo. – Ha cenato alle otto e mezzo. (**assistente di laboratorio**)

Michele si è alzato alle sette e ha fatto colazione alle sette e mezzo. – Dalle otto a mezzogiorno ha letto, parlato e studiato. – Alle dodici e trenta ha mangiato alla mensa e alle due e mezza è andato in biblioteca. – Alle sei e mezza è andato al cinema con gli amici. (**studente**)

Antonio ha fatto ginnastica alle sei. – Mezz'ora dopo si è lavato. – Alle sette ha preso la macchina e alle otto meno un quarto è arrivato in ufficio. – Alle otto ha cominciato a lavorare: ha aperto la corrispondenza, ha letto e scritto e alle due ha parlato con il capo. – Alle diciassette ha lasciato l'ufficio. (**segretario**)

4 1. Un mese **fa** il caporeparto **ha deciso** di comprare cinque nuovi computer.
2. La mia collega **impara** il tedesco **da** alcuni mesi.
3. Il film che **abbiamo visto** una settimana **fa** non ci è **piaciuto**.
4. Peccato! Il professor Berti non **dà** più lezioni **da** un anno.
5. **Da** qualche giorno il nostro dipartimento di logistica non **si occupa** più dell'area Sud.
6. I Botta **si sono trasferiti** a Roma un anno **fa**.
7. Il corso di francese **è finito da** pochi giorni.
8. – Perché Agata non **è venuta** ?
   • **Si è fermata** dalla sua vicina per vedere il video del Palio di Siena.
9. Lo scorso semestre le lezioni **sono durate** fino a marzo.
10. La riunione **è durata** troppo, **abbiamo perso** tempo e non **abbiamo deciso** nulla.
11. Mario è molto preoccupato. Mi **ha detto** che la sua ditta **ha chiuso** una settimana **fa**.

5 1. Sandro è ragioniere.
2. Pietro è designer.
3. Michele è medico.

6

segretaria	E L E T T R O T E C N I C O
caporeparto	I I M P I E G A T O S N A A
insegnante	M P C S A G R A • L A F P I
tassista	A R O C H I M I C O R E O R
commessa	D T M R E S • E M E T R R A
elettrotecnico	E M I T T I L A D O M E T
vigile	S E E T N A N G E S N I P E
designer	I R S T A S S I S T A E A R
rappresentante	G O S O A E L I G I V R R G
maestra	N T A R T S E A M P A T E
chimico	E T M E D I C O R T E • O S
impiegato	R A P P R E S E N T A N T E
sarto	
scrittore	
attore	
regista	
medico	
infermiere	

Proverbio: Impara l'arte e mettila da parte.

7 TRADUCIAMO PRODUCI PRODUCIAMO TRADUCONO
TRADUCE PRODUCO TRADUCI TRADUCO
traducete produce producete producono

8   **Mi sono alzata** – cinque e mezza – doccia – uscita – cornetto – in – a – scritto – tradotto – ho risposto – all'ufficio – perché

9 Ho 32 anni e da sei anni lavoro come assistente di laboratorio all'ospedale San Maurizio a Latina. Quattro volte al mese devo lavorare anche di notte e questo non mi piace. Tre mesi fa ho cominciato a cercare un nuovo lavoro e ho già ricevuto alcune offerte da laboratori in altre città. Forse mi devo trasferire. Chi lo sa?

Ripasso 1

1 più – molto – aceto – profumato – vini – piccole – legno – hanno

2 **Possibili soluzioni**
1. **Li** incontriamo… 2. No, non **la** guardo spesso. 3. Sì, **la** mangiamo. 4. Sì, **le** leggiamo. 5. No, non **lo** prendo. 6. No, non **la** prendiamo. 7. **Li** facciamo… 8. **Le** disegna il designer.

3

			T	R	A	M		
		F	R	E	S	C	A	
I	N	S	E	G	N	A	N	T	E
			D	A				
		P	O	E	T	A		
B	I	C	I	C	L	E	T	T	A
A	S	S	I	S	T	E	N	T	E
		E	T	T	O			

4 a) **Possibili soluzioni**
Mario è un amico,…
Lavora in una segreteria.
No, lavora part time.

b) 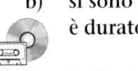 si sono trasferiti – a – si è fermata – hanno perso – è durato – ha visto – di – ha chiuso – al – è finito – a

5 1. Sì, **ci vengo** volentieri. 2. **Ci siamo alzati** alle otto e mezza. 3. **Mi dia** un chilo di peperoni.
4. Sì, **ci sono stata** ieri. 5. **Si sono** trasferiti/e un anno fa.

6 1. Taglio le patate e **le** rosolo con il rosmarino.
2. **La traduco** io. Non è difficile. 3. Al mercato, prima di comprare le olive **le** assaggio. 4. Sì, **lo** prendo tutti i giorni.
5. Il tecnico vende gli elettrodomestici e **li** ripara.

7 1. **ha aperto** 2. **Sono venuti** 3. **è finita – è durata**
4. **ho letto** 5. **è piaciuto – abbiamo speso**

8 a) a Pisa – al mare – in campagna – all'estero – in/al centro – al cinema – al ristorante – all' università – in ufficio – alla posta – in Inghilterra – in panetteria – in Friuli – al museo – in vacanza – alla mensa

b) in nave – in treno – con l'ultimo autobus – in bicicletta – con la macchina della ditta – in tram

9 a) – Prima di partire ci **conviene** telefonare al porto. Marco, mi **dai** il numero?
   • Mi dispiace, non **ce l'ho**. Chiedi a Giulio. Lui **ce l'ha** di sicuro perché **ha telefonato** ieri.
   – Giulio. Giuliooo!
   ▲ Sì, **vengo**. Allora?
   – Mi **dai** il numero del porto?
   ▲ Io? Il numero del porto? No, non **ce l'ho**.
   Telefona all'ufficio informazioni!

b) quindi – per – ma – ma – perché

Lezione 4

1 1. **Sono – Ho** 2. **è – ha** 3. **ho** 4. **ha – ha**
5. **è** 6. **Avete** 7. **siamo**

2 2. Sono raffreddati. 3. Ho l'influenza. 4. Ci sentiamo nervosi/e. 5. Ho mal di testa. 6. Ha la febbre.

3 1. mol**to** nervosa 2. mol**te** lettere – mol**ti** clienti.
3. po**che** ore. 4. mol**to** sonno. 5. trop**po** tardi.
6. Trop**pa** gente – mol**ta** paura.

4 volere: vorrei, vorresti, vorrebbe, vorremmo, vorreste, vorrebbero
dovere: dovrei, dovresti, dovrebbe, dovremmo, dovreste, dovrebbero
potere: potrei, potresti, potrebbe, potremmo, potreste, potrebbero

vorrei	dovresti	potrei
ich möchte	*du solltest*	*ich könnte*
	du müsstest	*ich dürfte*

5 – Ho trentanove di febbre!
• Dovresti restare a letto.
– Sì, hai ragione.

– Sono nervoso!
• Potresti prendere un tranquillante.
– Preferisco riposarmi un po'.

– Siamo stanchi morti!
• Dovreste lavorare meno.
– Hai ragione, ma il nostro capo…

– Santo cielo, che paura!
• Non ti preoccupare.
– Non devo preoccuparmi?

– Marco e Giulio sono in ritardo!
• È vero. Dovrebbero chiamare un taxi!
– No, li accompagno io.

– Volete rimanere qui?
• Grazie, ma vorremmo tornare in albergo.
– Come volete, ci vediamo domani.

6 1. **Vorremmo** 2. **dovresti** 3. **dovrebbero** 4. **vorrei**
5. **potreste** 6. **potrebbe**

7 una – mano – lava – l'altra – tutte
Proverbio: „Una mano lava l'altra e tutte e due lavano il viso".

8 a)

	il	lo	lo/l'	la	la/l'	i	gli	le
in	nel	nello	nell'	nella	nell'	nei	negli	nelle
di	del	dello	dell'	della	dell'	dei	degli	delle
su	sul	sullo	sull'	sulla	sull'	sui	sugli	sulle
da	dal	dallo	dall'	dalla	dall'	dai	dagli	dalle
a	al	allo	all'	alla	all'	ai	agli	alle

b) 1. Prima di partire vorrei andare **dal** parrucchiere. 2. Qui **in** casa ho molto caldo, andiamo **sul** balcone. 3. I responsabili **degli** acquisti sono **in** riunione per parlare **dell'** ultimo contratto. 4. Durante il mio lavoro devo telefonare spesso **ai** clienti. Oggi ho telefonato **a** un cliente italiano. 5. **Nei** negozi **del** centro i prezzi sono veramente troppo alti. 6. Ma tu sei sempre raffreddato, perché non vai **dal** medico? 7. Un proverbio italiano dice: „Lontano **dagli** occhi, lontano **dal** cuore."

9 Ne prendo quindici gocce.
Ne prendo tre giorni.
Ne prendo una tazza.
Ne prendo mezza.
Ne prendo un cucchiaio.

10 1. ne – 2. ne – 3. lo – 4. ci – 5. ne – 6. lo – 7. le/li – 8. ne – 9. Lo – 10. la – 11. le

11 a) essere in forma, un'antica ricetta, energia positiva, prima della colazione

b) **Possibili risposte**
svogliato: senza voglia
adeguarsi: adattarsi
la giusta carica: essere fiduciosi, avere molta energia

12 a) Possibili risposte
1. Anch'io. / Io invece no. / Anche tu? 2. Io non le prendo.
3. Anche tu! 4. Sì, anche noi. 5. Io invece no.

b) Possibili risposte
2. Secondo me la dovresti provare. 3. Secondo noi la dovresti fare anche tu. 4. Secondo me li dovrebbe seguire.

Lezione 5

1 A. Pronto! B. aspettare qualche minuto C. voglio ritelefonare io più tardi D. risponde la segreteria italiana della Telecom E. non sono a casa, telefonami al numero del mio telefonino

2

TU	LEI	NOI
Ascoltali!	Li ascolti!	Ascoltiamoli!
Telefonale!	*Le telefoni!*	Telefoniamole!
Aspettale!	Le aspetti!	Aspettiamole!
Aspettalo!	Lo aspetti!	Aspettiamolo!
Ascoltala!	*La ascolti!*	Ascoltiamola!
Scrivigli!	Gli scriva*!*	*Scriviamogli!*

3

Vorrei conoscerlo. → *Lo vorrei conoscere.*	il direttore, il tuo amico,…
Potreste avvisarle? ← Le potreste avvisare?	le colleghe,…
Vorremmo leggerli. → *Li vorremmo leggere.*	i giornali,…
Potete incontrarlo. → *Lo potete incontrare.*	il direttore,…
Dovresti telefonargli. ← Gli dovresti telefonare.	al tuo amico,…
Puoi richiamarci? → *Ci puoi richiamare.*	noi

4 1. L'ho vista. 4. L'ho ordinato.
2. Le abbiamo scritte. 5. No, non l'ho visitata.
3. Sì, li abbiamo visitati.

5 1. … l'abbiamo invitata. 4. … li ho pagati.
2. … l'ha bevuto. 5. … le abbiamo guardate.
3. … l'ha trovata. 6. … li avete visitati.

6

infinito	io	tu	lui/lei	noi	voi	loro
sapere	so	sai	sa	sappiamo	sapete	sanno
stare	sto	stai	sta	stiamo	state	stanno

7 Possibili soluzioni
1. Il signor De Nicola è andato in ufficio con i suoi colleghi.
2. Che peccato! Paolo e sua moglie non hanno trovato i biglietti per il concerto. 3. Anna e il suo ragazzo hanno visto la partita con i loro vicini. 4. I miei fratelli ed io abbiamo guardato il catalogo della mostra dei Macchiaioli con gli zii. 5. Patrizia, Anna ha riportato i tuoi libri 6. Io ho festeggiato il compleanno con i miei amici. 7. I miei amici ed io ci siamo incontrati alle nove davanti al cinema. 8. Voi avete invitato le vostre amiche a cena.

8 Scusa, sono in ritardo perché…
1. … ho perso il treno. 2. … è venuta la vicina. 3. … non ho sentito la sveglia. 4. … ho letto a lungo. 5. … mi sono addormentato. 6. … la lezione è durata più del solito.

9 dimmi – i suoi – Gli –le – I miei – i tuoi – Vediamoci

Lezione 6

1 *gonna* scarpe giacca cintura
pantaloni cappotto pullover completo
camice cappello maglione calze

2 1. Mi piacciono solo i pantaloni **in** tinta unita. 2. Quel cappotto **di** lana di Missoni mi piace molto **per** i colori. 3. Ho comprato al mercato una giacca **di** pelle nera. 4. La giacca **a** quadri **di** tua sorella è molto elegante. 5. Il signor Grosso è molto robusto e va **al** mare **con** la sua camicia **a** fiori. 6. Le scarpe **di** vernice che sono **in** vetrina costano troppo. 7. La mia vecchia zia **di** Firenze porta volentieri una camicetta **di** seta rosa **con** il colletto **di** velluto. 8. I vestiti confezionati **su** misura sono belli ma costano un sacco **di** soldi.

3 a) a: *Il signore porta una giacca.* b: *Agata porta una camicetta.*

c: Gustavo porta i .... d: L'amico di Paolina porta i ....
pantaloni corti. ....   pantaloni lunghi. ....

b) 2. Gustavo è più sportivo dell'amico di Paolina.
3. Agata è più elegante di Enza.
4. Federico è più bello di Gustavo.
5. Enza è più alta di Paolina.

c) 2. L'amico di Paolina è meno sportivo di Gustavo.
3. Enza è meno elegante di Agata.
4. Gustavo è meno bello di Federico.
5. Paolina è meno alta di Enza.

5 1. che – 2. di – 3. del – 4. dei – 5. dei – 6. che

6 **Possibili soluzioni**
2. Il pesce è più buono **della** carne.
3. Stare a casa è più comodo **che** uscire.
4. Comprare al mercato è più economico **che** da Valentino.
5. Far fare le modifiche dal sarto è più caro **che** farle in casa.
6. Un vestito nero è più elegante **di** un vestito a fiori.

8 **Possibili soluzioni**
Ve lo porto.– Te li prestiamo.
Glielo... – Gliele... – Ce li...

9 1. te lo do. 2. te li danno? 3. **Se la** mette 4. **gliel'** ho detto
5. **te l'**ho già detto 6. **me li** hanno mandati

10

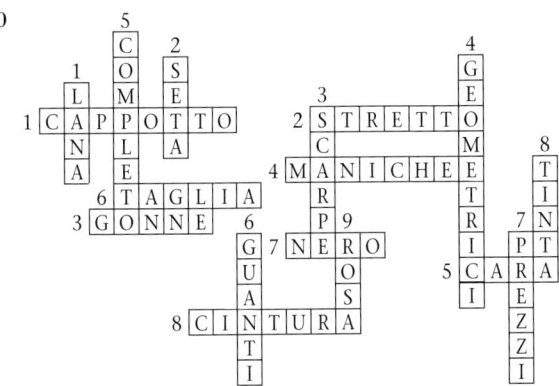

Ripasso 2

1 1 C, 2 E, 3 D, 4 G, 5 B, 6 A, 7 H, 8 F

2 a) 1. **undici e trenta** 2. **svegliato** 3. **troppo a lungo**
4. **sta male** 5. **potrebbe** 6. **farmacista** 7. **stress** 8. **la**

3 1. Per la festa **vorrei** comprare una camicia di seta. **Ne** ho vista una ma è cara. 2. Avete un'idea? **Potremmo** andare in go-kart per provare la nuova pista. 3. Ti ho aspettato alla fermata. Quando sei in ritardo **dovresti** avvisare. 4. Loro **dovrebbero** stare più tranquilli. Secondo me non è un problema. 5. **Ne dovreste** scrivere almeno dieci.

4 1. Puoi telefonar**le** dopo le nove.
2. Sì, sono io. Di**mmi**!
3. – Signor Ricci, posso chiamar**La** stasera?
• Mi dispiace, non sono a casa. **Mi richiami** domani.
4. Sabato andiamo a teatro, ricordate**vi** dei biglietti.
5. Ricordiamo**ci** che domani comincia il festival.

5 1. **Li ha mangiati** il cane. 2. Sì, **l'ho invitata** ieri.
3. Non **li ha cuciti** nessuno. 4. **Le abbiamo comprate** alla Standa.

6 1. **i tuoi** 2. **i suoi** 3. **i loro** 4. **I miei** 5. **i miei**

7 Ciao Elisa, ho due biglietti per il concerto di Luca Carboni di domani al Palasport. Vuoi venire? Sarebbe più bello che incontrarci in piazza. Rispondi presto.
– (Sono) d'accordo. Ci vediamo da me alle sei. Poi prendiamo la metropolitana, è più comodo che in macchina.

8 **Possibili soluzioni**
1. No, non **glielo** portiamo.   4. Sì, **ce le** facciamo fare.
2. Sì, **me lo** metto.   5. Sì, **gliela** dico sempre.
3. Sì, **me lo** offre spesso.   6. Sì, **gliela** porto volentieri.

9 1. dei – 2. di – 3. che – 4. come – 5. che – 6. di

Lezione 7

1 a) a. Marisa sta bevendo. b. La signora Carlini sta mangiando.
c. Marco e Carla stanno parlando. d. Beppe sta guardando.
e. Franco e Matteo stanno entrando.

b) **Possibili soluzioni**
Il ragazzo a sinistra sta bevendo.
Le coppie dietro il tavolo stanno parlando.
La signora bionda sta aprendo la porta.
Il ragazzo a destra si sta togliendo la giacca.

3

-are	-ere	-ire	verbi riflessivi
ballare parlare	mettere scrivere	sentire aprire	togliersi la giacca baciarsi
sta ballando **sta parlando**	sta **mettendo** sta **scrivendo**	sta sentendo **sta aprendo**	si **sta togliendo...** si stanno **baciando**

fare	facendo
dire	dicendo
bere	**bevendo**

4 3. Prendi l'ombrello, sta per piovere. 4. Mi ascolti? Sì, ma sto pensando al regalo per il compleanno di Paola. 5. Stiamo cercando una casa più grande perché questa è troppo piccola. 6. Ho poco tempo perché sto imparando il francese. 7. Carla non c'è, ma certamente sta per arrivare.

5
– Buon compleanno! Tanti auguri!
• Grazie, Luigi, vieni…
– Aspetta, questo è per te.
• Grazie, grazie. Che bello! Cos'è?
– Guarda, aprilo!
• Oh, un CD di Nek.
– Ti piace ?
• Sì, tantissimo, lo sai.

6 Possibile soluzione
La festa di Ludovica è finita tardi. Tutti si sono divertiti e hanno mangiato veramente bene. Gli ultimi invitati stanno per andare via e Ludovica sta iniziando a fare ordine. Giorgio e Alessio vogliono aiutarla. Per prima cosa tolgono i palloncini rimasti e poi vogliono smontare i tavoli. Mentre guarda i regali che ha ricevuto, Ludovica sente suonare il telefono e risponde. È Luisa. Avvisa che sta per arrivare con il suo ragazzo. Così la festa continua.

7 1. sta 2. c'è 3. È 4. ci sono 5. sto 6. sono 7. C'è 8. stiamo

8 a) marzo, agosto, ottobre, settembre, febbraio, giugno, dicembre, luglio

b) gennaio, aprile, maggio, novembre

9 1. **Gennaio** è il primo mese. 2. **Marzo** è il terzo mese. 3. Il **primo** gennaio è festa. 4. Natale è il 25 dicembre. 5. L'**otto** marzo è la festa della donna.

10 1. il trentesimo compleanno. 2. sta mettendo in ordine. 3. vero. 4. stanno per cadere. 5. sport.

Lezione 8

1 ① Viaggiatori in Italia.
② Le ville lungo il Brenta.

2 Possibili soluzioni
• Sì, sono stata ad una gita.
• No, con alcuni amici.
• Abbiamo visitato l'Oasi di Giare.
• Ci siamo andati sabato scorso. Abbiamo preso la bicicletta e siamo andati da Dogaletto all'Oasi di Giare. Ci siamo divertiti, abbiamo visto una bella chiesa romanica, abbiamo anche osservato anatre e uccelli lagunari.
– Che bello! La prossima volta ci vengo volentieri.

3 a) 1. Da quale binario – **per** 2. **per** la Giudecca 3. **Per** il centro 4. **per** Parma 5. **Da** dove 6. **Da** Venezia

b) 1. **di** prima classe 2. **Per** la gita – due etti **di** prosciutto per i panini. 3. **Per** il ritorno 4. Andando **in** treno **da** Milano **a** Torino 5. **con/da** Marco 6. **Da** dove – **per** l'oasi 7. **in** biglietteria

5 Possibili soluzioni
Secondo me…
…passare alcuni giorni al lago è più noioso che fare un viaggio in bicicletta.
…fare una vacanza rilassante è più piacevole che viaggiare in macchina.
…la comodità è più importante della rapidità.
…

7 a) 1. **venendo** 2. **Aprendo** 3. **leggendo** 4. **comprando** 5. **Facendo**

b) 3. Aspettando avete preso il caffè?
4. Mentre noi telefoniamo, voi preparate i panini.
5. Mentre tu guardi la carta della città, io leggo l'orario del museo.
6. Aggiustando la bicicletta ascolto la radio.
7. Mentre tu cerchi un parcheggio, noi compriamo le bibite.
8. Venendo in intercity ho guardato il paesaggio

8 Possibili soluzioni
In autunno quando fa brutto tempo mi metto un maglione.
In inverno quando nevica non andiamo a sciare.
In estate quando c'è afa chiudo le persiane.
In autunno quando c'è la nebbia vado piano in macchina.
In inverno quando piove non uso la bicicletta.

9 1. caldo 2. freddo 3. Piove 4. Cielo 5. nebbia 6. un sole

10 Possibile soluzione
Con l'arrivo dell'autunno e della pioggia l'anima diventa triste. Ma i gialli dei limoni, che in Italia possiamo vedere maturi in autunno anche nei cortili di città, ci restituiscono l'allegria.

Lezione 9

1 ero – **eri** – era – eravamo – eravate – erano
facevo – facevi – faceva – **facevamo** – facevate – **facevano**
finivo – **finivi** – **finiva** – **finivamo** – **finivate** – finivano

2 a)

frequento	ho frequentato	frequentavo
facciamo	*abbiamo fatto*	facevamo
leggi	hai letto	*leggevi*
siete	siete stati/e	eravate
vanno	sono andati/e	andavano
ho	*ho avuto*	avevo
lavorate	avete lavorato	*lavoravate*
guarda	ha guardato	guardava
posso	ho potuto	potevo

b) Possibili soluzioni
Quando frequentavo il liceo, avevo tanti amici. Da ragazzi facevamo spesso delle feste ed eravamo sempre in tanti.
…

3 2. Mentre eravamo al cinema, ha iniziato a piovere. 3. Non ho più rivisto Ernesto da quando andavamo insieme in montagna. 4. Ogni volta che incontravo Rosalba andavamo a prendere qualcosa al bar insieme. 5. Saremmo andati al Jazz festival, ma i biglietti erano esauriti. 6. Quando ero bambina, andavo ogni domenica dai miei nonni.

4 1. mentre 2. ogni 3. Quando/ogni 4. Mentre 5. Mentre 6. Ogni 7. Quando 8. Quando

5 1. facevo 2. ho preso 3. eravamo – sono arrivati – c'era 4. c'erano 5. è finita – c'eravamo / c'erano 6. abbiamo preso – avevamo 7. mi sono addormentato/a. 8. mi piaceva – ho vinto 9. Siamo rimasti – avevamo 10. Volevo – ho frequentato

6 volevo – Ci siamo conosciuti – ho telefonato – era – ho chiesto – funzionava – Sono uscito – voleva – ho fatto – c'era – ci siamo visti

8 teneva – funzionavano – rallentava – guardavano – era – Hanno mangiato

9   1. L'anno scorso abbiamo lavorato ogni sera **fino alle** otto e mezza. 2. Da ragazzo abitavo **in collina vicino a** Fiesole. 3. **In** luglio abbiamo fatto tante camminate **nelle** Alpi. 4. Durante il corso facevamo sempre colazione **in un bar** proprio davanti **al** Palazzo Ducale. 5. **In** estate passavamo le serate **parlando di** politica seduti **sul** balcone.

10   1. (–), 2. (+), 3. (–), 4. (–), 5. (–), 6. (+), 7. (–), 8. (+), 9. (+), 10. (–).

Ripasso 3

1   Possibili soluzioni
    paesaggio: collina, alta montagna, mare…
    mezzi di trasporto: nave, bicicletta, treno…
    stagioni e tempo: estate, inverno…/afa, piove…
    mesi: gennaio, maggio…
    persone: albergatore, tassista, barista…
    architettura: musei, chiese, piazze…

2   1. **Andando** – 2. **sta per partire** – 3. **sta facendo** 4. **Guidando** – 5. **stanno per arrivare** – 6. **Facendo**

3
festa della donna	08-03	inverno
giorno della liberazione d'Italia	25-04	primavera
Natale	25-12	inverno
festa del lavoro	01-05	primavera
Capodanno	01-01	inverno
ferragosto	15-08	estate

5   di fronte alla stazione/al porto/dal binario quattro/sulla terrazza/in battello/con il treno diretto/a piedi/da Milano/ in centro/(torniamo) dal museo/all'ostello della gioventù/ accanto alla cabina telefonica/sul balcone/sul Brenta/ al lago/alla mensa/vicino all'aeroporto

6   Possibili soluzioni
    Siamo partiti da Milano alle nove in treno e siamo arrivati a Venezia all'una. Siamo andati all'ostello della gioventù in vaporetto. Siamo rimasti una settimana perché volevamo vedere il festival del cinema. Nei primi tre giorni abbiamo visto cinque film interessanti. L'ultimo giorno abbiamo fatto una gita a Jesolo, c'erano molti turisti e anche il tempo non era molto bello: c'era afa, ma il mare era abbastanza pulito. Abbiamo pranzato in una pizzeria sulla spiaggia e alle quattro siamo partiti da Venezia con il treno che arriva a Milano alle 20.30.

8   1. stanno per arrivare. 2. sta per piovere. 3. libero. 4. l'onomastico. 5. hanno portato a Patrizia un piccolo regalo. 6. sono stati insieme nel sud dell'Italia. 7. una sorpresa a Patrizia.

9   **sono stati** – **sono passati** – **hanno avuto** – **era** – **ha/è piovuto** – **c'era** – **è stato** – **hanno lasciato** – **piovere** – **avevano** – **ha invitati** – **hanno accettato**

Lezione 10

1   Possibili soluzioni
a) 2. abbiamo bisogno dell'idraulico. 3. Ho bisogno dell' ombrello. 4. Ho bisogno del falegname. 5. Abbiamo bisogno del medico.

b) 2. bisogna telefonare. 3. bisogna chiamare l'ACI. 4. bisogna chiedere ai vicini.

3
io	tu	lui/lei/Lei	noi	voi	loro
riesco	riesci	riesce	riusciamo	riuscite	riescono
tengo	tieni	tiene	teniamo	tenete	tengono

4   *Sig. Mancuso:* **Ho bisogno di** – **chiedere di** – **Si tratta di**
    Sig. Romano: **riusciamo a** – **chiediamo ai** – **di** – **pensare a** – **pensiamo**
    Sig. Romano: **bisogna** – **penso**

5   Possibili soluzioni
    2. Sì, ne ho voglia. 3. Sì, ci pensiamo noi. 4. Sì, ne abbiamo bisogno. 5. No, non ne ho voglia. 6. Sì, ci riusciamo. 7. Sì, ne parliamo spesso. 8. Sì, ne avrei voglia.

6 a) 1. **bene** 2. **buono** 3. **bene** 4. **buono** 5. **bene** 6. **buono**
  b) 1. **meglio** 2. **meglio** 3. **migliore** 4. **meglio** 5. **migliore** 6. **meglio**

7   2. → Ne ha bisogno lui. → Serve a lui. 3. → Ne ha bisogno lei. → Serve a lei. 4. → Ne avete bisogno voi. → Serve a voi. 5. → Ne ha bisogno lui. → Serve a lui. 6. → Ne hanno bisogno loro. → Serve a loro. 7. → Ne hanno bisogno loro. → Serve a loro. 8. → Ne hai bisogno tu. → Serve a te.

8   1. **ma** 2. **perché** 3. **Per** 4. **perciò** 5. **quindi** 6. **per questo**

10   1. (–) 2. (+) 3. (–) 4. (+) 5. (+) 6. (+) 7. (–) 8. (–) 9. (+) 10. (–)

Lezione 11

1
	1	2	3	4	5	6	7	8	9
1	C	O	M	P	R	E	R	Ò	
2 V	E	N	D	E	R	E	T	E	
3 A	V	R	E	M	O				
			4 S	A	R	À			
			5 S	A	R	A	I		
6 P	A	R	T	I	R	A	N	N	O
	7 C	O	M	I	N	C	E	R	E M O
	8 P	O	R	T	E	R	À		

Partirò il **prossimo** lunedì.

2   **comprerò** – **metterò** – **farò** – **saranno** – **venderò** **saranno** – **venderò** – **farò** – **sarà** – **dirà**

3   1. **saremo** 2. **arriverà** 3. **mi sono occupato/a** 4. **lavora** 5. **Andiamo** 6. **ci siamo fermati/e abbiamo parlato** 7. **si sposeranno** 8. **avete preso**

5   Possibili soluzioni
    Dalle nove alle undici farà le analisi di laboratorio.
    Alle undici e un quarto avrà una conferenza dal capo del dipartimento.
    Dopo incontrerà il rappresentante della Bayer.
    Alle sette telefonerà a Francesco e alle nove e mezza sarà ad un concerto Jazz.

6 b) 1 (+), 2 (–), 3 (–), 4 (+)

7   1. la casetta **più bella** 2. gli affari **migliori**. 3. le occasioni **migliori**. 4. il fiume italiano **più lungo**. 5. il teatro **più interessante** 6. i **più attivi**.

8 1. Il signor Krankl è soddisfatto del suo soggiorno di lavoro in Italia. 2. Il signor Krankl tornerà per la prossima collezione. 3. Il signor Krankl abita in Austria. 4. Il prossimo anno il signor Krankl visiterà la Sardegna con la moglie. 5. Vicino a Nuoro si possono vedere le Tombe dei giganti. 6. Il Flumendosa è un fiume.

9 Ho risparmiato molto e per la prossima estate ho in programma una lunga vacanza. Verrà con me anche il mio ragazzo. Non andremo lontano, ma la vacanza sarà lunga e vedremo città e località interessanti. I soliti viaggi di studio attraverso l'Italia non ci piacciono e quindi abbiamo organizzato tutto noi. Andremo in treno fino a L'Aquila e faremo un giro del Parco Nazionale d'Abruzzo: ci vogliono circa due settimane andando a piedi. Chissà se vedremo orsi e lupi!
Dopo due settimane nella natura andremo per qualche giorno in Umbria, a Orvieto e Perugia. Lì ci fermeremo tre giorni per vedere qualche concerto del Festival Jazz.

Lezione 12

1 a) 1. il Duomo di Milano 2. il Ponte di Rialto di Venezia 3. la Torre di Pisa 4. il Tempio della Concordia di Agrigento 5. il Castel Del Monte in Puglia 6. il particolare della Creazione di Adamo della Cappella Sistina 7. il Colosseo di Roma 8. l'Altare della patria a Roma

2 è nato – è avvenuto – ha imparato – si è dovuto trasferire ha eseguito – ha realizzato – ha eseguito – È morto

3 Possibili soluzioni
1. Amedeo Modigliani è nato a Livorno il 12 luglio 1884.
2. Ha frequentato l'Accademia di Belle Arti a Firenze.
3. Già da ragazzo non aveva una salute di ferro.
4. Nel 1905 si è trasferito a Parigi.
5. Le donne dei suoi ritratti hanno il collo **lungo**.

4 3. Ci siamo dovuti trasferire / **Abbiamo dovuto trasferirci** a Matera.
4. **Avete voluto** visitare molte chiese.
5. Non **ha voluto** chiedere ai suoi genitori. 6. **Abbiamo potuto** incontrarlo. 7. Non **ho potuto** aspettare. 8. Non **si sono voluti occupare** / Non **hanno voluto occuparsi** di questo problema.
9. Non **sono potuti** / **hanno potuto** rimanere a lungo.

5 1. voleva 2. Dovevo 3. Volevamo 4. poteva 5. voleva

6 a) Possibili soluzioni
1. ha ricevuto 2. è iniziata 3. ha inaugurato 4. è diventato 5. hanno vinto 6. è nata 7. ha distrutto 8. ha eletto

7 b) Possibile soluzione
Luca Ricci è nato a Viterbo il 15 gennaio 1975. È italiano. È sposato dal 12 aprile 1999 con Patrizia Della Rovere. Sua figlia si chiama Carolina ed è nata il 3 febbraio 2000. Nel 1995 si è diplomato presso l'istituto tecnico commerciale. Nel 1996 ha conseguito la qualifica di Esperto in Marketing presso l'ENFAP di Roma. Oltre all'inglese, ha buone conoscenze della lingua tedesca. Conosce bene l'uso del computer. Ha lavorato part-time presso il Comune di Viterbo e con contratto di formazione presso lo studio di consulenza finanziaria Miosi & Figli di Roma. Grazie alle sue conoscenze di tedesco, ha potuto fare un tirocinio presso lo studio di consulenza industriale Schäfer & Wäckerle di Monaco di Baviera. Attualmente lavora nel dipartimento finanze e controlling della LUXOTTICA di Agordo.

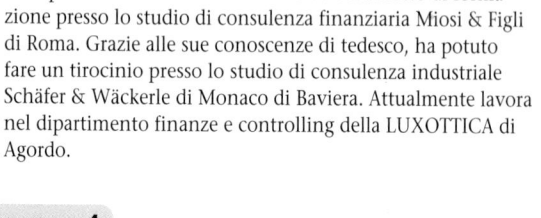

Ripasso 4

1 1. No, non ne ho bisogno. 2. Sì, ne abbiamo voglia./Sì, ne avremmo voglia ma… 3. Sì, ne ho voglia. 4. No, non ne abbiamo. 5. Sì, ne ho bisogno. 6. Sì, ne abbiamo già parlato. 7. No, ne vedrò solo alcuni. 8. Certo, non ne ho dimenticato nessuno.

2 1. ci vogliono 2. **Bisogna** 3. **Ci vuole** 4. **hanno bisogno della** 5. **ha bisogno di** 6. **bisogna** 7. **ci vogliono**

3 Possibili soluzioni
1. No, non ci riusciamo. 2. Ci penso io.
3. Ci riuscirà sicuramente. 4. Naturalmente non ci credo.
5. No, non ci riesco. Aiutami per favore.

4 1. ci – 2. Ne – 3. ne – 4. ci – 5. ci

5 1. In quest'albergo ci siamo trovati / siamo stati bene, il servizio è ottimo. 2. È meglio aspettare, perché abbiamo bisogno ancora di altre informazioni. 3. La proposta dell'ufficio di Milano mi sembra migliore. 4. Questa pasta al salmone è molto buona, tuo fratello cucina davvero bene. 5. Secondo me è meglio parlarne con il direttore.

6 1. per – 2. quindi – 3. perciò – 4. perché – 5. ma

7

vado	sono andato/a	andavo	andrò
prendi	hai preso	prendevi	*prenderai*
fa	*ha fatto*	faceva	farà
veniamo	siamo venuti	*venivamo*	verremo
scrivete	avete scritto	scrivevate	scriverete
si incon-trano	si sono incon-trati	*si incontra-vano*	si incontre-ranno

8 …questo è il posto più comodo.
…Barolo e Orvieto sono i vini migliori.
…quelle delle ceramiche sono le fiere più interessanti.
… è l'attore più famoso.
… è la piazza più armonica.
… è la lezione più noiosa.

9 Sono nato – ho frequentato – avevo –ha dovuto trasferirsi / si è dovuta trasferire – era – parlavo – avevo – pensavo – riuscirò – ho potuto iscrivermi / mi sono potuto iscrivere – Ho fatto amicizia – sono – ho fondato – eravamo –hanno voluto rimanere / sono voluti rimanere – vivono

10 a) 1909: nata a Torino.
1936: laurea in Medicina
1945–47: assistente del professor Levi
1948–77: professoressa di Neurobiologia negli Stati Uniti
1986: il Premio Nobel per la medicina
1988: pubblicazione della sua autobiografia